智能+学院
INTELLIGENT+ ACADEMY

工业互联网系列丛书

U0722451

从零开始掌握工业互联网

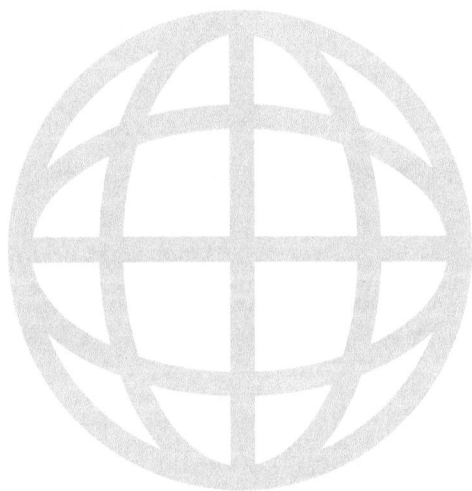

（理论篇）

曾衍瀚　顾钊铨　曹　忠　仇　晶　李　丹◎编著

Master the Industrial
Internet from Scratch

（Theoretical Perspectives）

人民邮电出版社
北　京

图书在版编目（CIP）数据

从零开始掌握工业互联网. 理论篇 / 曾衍瀚等编著
. -- 北京 : 人民邮电出版社，2022.1（2023.6重印）
（"智能+学院"工业互联网系列丛书）
ISBN 978-7-115-58109-9

Ⅰ. ①从… Ⅱ. ①曾… Ⅲ. ①互联网络－应用－工业
发展－研究 Ⅳ. ①F403-39

中国版本图书馆CIP数据核字(2021)第249278号

内 容 提 要

　　本书从网络互联体系和标识解析体系两方面剖析工业互联网网络，分别对工厂内、外网络，有线、无线网络，主流现场总线技术，工业以太网技术，主流标识解析体系进行了详细介绍和分析；对工业互联网平台的架构、核心技术进行了解读，深入分析和总结了国内外主流工业互联网平台的理论与技术；并从网络、控制、数据、设备和应用 5 个维度分析工业互联网面临的安全问题和相应的防护措施。最后，本书从标准的体系架构、标准化的需求和推进途径等层面展现了工业互联网标准的建设情况。

　　本书不仅适合工业互联网、物联网工程等相关专业的学生作为教材选用，也适合从事工业互联网相关工作的工程技术人员、政府及企事业管理人员、应用研究人员阅读。

　◆ 编　著　曾衍瀚　顾钊铨　曹　忠　仇　晶　李　丹
　　　责任编辑　李　强
　　　责任印制　陈　犇
　◆ 人民邮电出版社出版发行　　北京市丰台区成寿寺路 11 号
　　　邮编　100164　　电子邮件　315@ptpress.com.cn
　　　网址　https://www.ptpress.com.cn
　　　固安县铭成印刷有限公司印刷
　◆ 开本：720×960　1/16
　　　印张：17.75　　　　　　　　2022 年 1 月第 1 版
　　　字数：278 千字　　　　　　2023 年 6 月河北第 8 次印刷

定价：69.00 元

读者服务热线：(010)81055493　印装质量热线：(010)81055316
反盗版热线：(010)81055315
广告经营许可证：京东市监广登字 20170147 号

编委会名单

主　任：

孙延明　广州大学党委常委、副校长

金　键　中国信息通信研究院工业互联网与物联网研究所所长

副主任：

王满四　广州大学创新创业学院院长

曾衍瀚　广州大学电子与通信工程学院副院长

罗　松　中国信息通信研究院工业互联网与物联网研究所副所长

刘　阳　中国信息通信研究院工业互联网与物联网研究所副总工程师

高　琦　中国信息通信研究院工业互联网与物联网研究所副总工程师

委　员：

张延平　广州大学科研处副处长、教授

宋丹霞　广州大学管理学院副教授

顾钊铨　广州大学网络空间先进技术研究院副院长、教授

曹　忠　广州大学电子与通信工程学院系主任、讲师

李　丹　广州大学网络空间先进技术研究院博士后

仇　晶　广州大学网络空间先进技术研究院教授

刘东坡　中国信息通信研究院工业互联网和物联网研究所

李琦琦　中国信息通信研究院工业互联网与物联网研究所

孙先堂　中国信息通信研究院工业互联网与物联网研究所

马　超　中国信息通信研究院工业互联网与物联网研究所

池　程　中国信息通信研究院工业互联网与物联网研究所

刘　巍　中国信息通信研究院工业互联网与物联网研究所

艾　鹏　中国信息通信研究院工业互联网与物联网研究所

王宇鹏　中国信息通信研究院工业互联网与物联网研究所

龚文婧　中国信息通信研究院工业互联网与物联网研究所

揭　海　广州大学电子与通信工程学院系副主任、讲师

郑艳华　广州大学物理与材料科学学院讲师

李　藻　中科院广州电子技术有限公司高级工程师

黎　芳　广州大学电子与通信工程学院工程师

冯锦澎　广州大学电子与通信工程学院实验师

梁　乒　中科院广州电子技术有限公司高级工程师、项目经理

序 一

工业互联网连续 3 年被写入我国的政府工作报告中，是第四次工业革命的重要基石和关键支撑，也是我国新基建的重要内容，国家对于工业互联网建设的推动和支持力度在不断加大。然而，当前工业互联网行业人才短板问题突出，亟须培养大量既懂信息技术，又懂运营技术的专业人才。

在广州市工业与信息化局的组织协调下，广州大学孙延明教授团队与阿里巴巴、树根互联、航天云科技和机智云等公司联合编写的"智能⁺学院"工业互联网系列丛书——《从零开始掌握工业互联网（理论篇 / 产业篇 / 实操篇）》系列教材，其内容针对一线技术工人、工程师和管理人员的需要，可谓面向社会培养工业互联网产业与应用人才的"及时雨"。

该系列教材紧扣工业互联网建设对人才的要求，结合人才评价和认证标准，从对工业互联网思维的解读入手，并从产品、业态、商业模式、组织和运营 5 个维度阐释了工业互联网带来的产业变革和企业变革，还分析了工业互联网发展背景下的新职业挑战、新职业特征、新职业需求、新职业路径及新的职业伦理道德。根据工业互联网技术体系架构白皮书的定义，该系列教材从架构、网络、平台、安全和标准 5 个方面层层推进，为读者展现了技术体系、网络互联和标识解析体系、国内外主流工业互联网平台的架构与技术、面临的安全问题和防护措施，以及工业互联网标准的现状等工业互联网理论和技术的全景图。按照对应的知识点，依托主流工业互联网平台，结合具体的实操平台场景应用案例，针对信息物理系统、边缘计算、工业大数据、工业机理模型、数字孪生、工业 App 等专业领域的基本机理和操作方法，该系列教材还包含了技能实操训练教材。

该系列教材从不同的岗位视角出发，兼顾理论、技术、应用、管理各方面的知识需求，在处理工业与信息技术、经济与管理学科不同话语体系，以及知识的难度和深度等方面精心设计，以案例展示为主，有较强的可读性和培训的实操性，适合工业领域的工程技术人员、政府及企事业管理人员阅读，IT界的从业人员也可从中了解垂直行业数字化转型的要求，同时还可供工业互联网相关专业以及经济与管理专业的师生参考。工业互联网覆盖的行业广，涉及的技术领域宽，编写面向一线工作岗位的培训教材难度大。该系列教材勇于探索，希望其出版能鼓励更多的有志之士、企业管理人员及一线技术人员投身到工业互联网技术研究和应用的创新实践中来，推动企业向数字化、网络化和智能化方向发展。

中国工程院院士

2020 年 7 月

序 二

早在 2011 年 7 月，美国以通用电气（GE）公司为代表的企业就将工业互联网作为制造业升级的核心，提出了工业互联网的概念；而工业互联网的核心技术——CPS（信息物理系统）更是早在 2006 年就由美国国家科学基金会（NSF）给出了明确的定义，并被持续纳入该基金会的资助范围。德国在 2013 年正式提出"工业 4.0"战略，旨在通过政府直接干预等手段确保掌握新技术，提升制造业的智能化水平，建立具有适应性、资源效率及基因工程学的智慧工厂。

由此可见，工业互联网成为现代工业的一种标志，是信息化与工业化融合的一种结果，是从以消费互联网为主的网络世界逐步过渡到万物互联的工业互联网时代的时代标签。显然，工业互联网时代的来临给人类社会带来了众多挑战，工业互联网专业人才培养的社会供给能力不足、针对性不强与产业快速发展的不协调、不匹配就是其中一个突出的瓶颈问题。

广州大学孙延明教授组织来自电子与通信、计算机与网络、工商管理及产业经济的不同学科的老师，与阿里巴巴、树根互联等公司展开紧密合作，在广州市工业与信息化局的组织协调下编写了"智能⁺学院"工业互联网系列丛书——《从零开始掌握工业互联网（理论篇/产业篇/实操篇）》系列教材。本系列教材在教材定位、组织形式、教材内容等方面与通常的教学书籍有着显著的不同，分别从管理、基础理论和实操训练 3 个不同的视角，针对不同岗位人员的需要，兼顾理论、技术、应用、管理各方面的知识和能力需要，按照不同层次的人才需求，将工业与信息技术、经济与管理学科等不同话语体系相融合，构造了较为全面、跨层次和跨学科领域的工业互联网知识体系，具有鲜明的特色。其中"理论篇"从工业互联网思维下的管理变革入手，对全新的产品、业态、商业模式、组织方式、运营方法以及职业挑战、职业特征、职业需求、职业路径和职业伦理道德等进行了全面的分析。"理论篇"和"实操篇"参照《工业互联网白皮书》的结构，直接针对工业和信息化部最新颁布的《工业互联网人才培养白皮书（2020）》的岗位需求，以业界流行的工业互联网平台为实训基础，突出了行业的特点和直接需求，与认证相结合，实用性和针对性强。

　　本系列教材适用范围广泛，不仅适合工业领域的工程技术人员、政府及企事业单位的管理人员阅读，也可作为工业互联网相关专业及经济与管理专业师生的参考教材。希望本系列教材能为我国工业互联网人才培养和产业发展做出贡献。

中国工程院院士

方溢兴

2020 年 7 月

前　言

以互联网为代表的信息通信技术的快速发展极大地改变了人们的生活方式，并通过技术创新和模式创新不断渗透、影响实体经济领域，为传统制造业的变革带来巨大机遇。工业互联网的产生是以互联网为代表的新一代信息技术与制造系统深度融合的必然结果。基于物联网技术全面、深度地感知制造的物理过程，基于互联网实现信息资源的跨领域协同与开放共享，基于大数据技术对海量数据的强大分析能力，工业互联网全面集成、应用了云计算、大数据、移动互联网、物联网、人工智能、区块链等新兴技术，是连接工业全系统、全产业链、全价值链，支撑工业智能化发展的关键基础设施，是新一代信息技术与制造业深度融合的产物。

新中国成立 70 多年来，在一穷二白的基础上，从无到有，我国建成了全球规模最大、门类最齐全的现代工业体系，已成为全球产业链和供应链的关键节点，但在发展质量、创新能力、品牌塑造等方面，与发达国家相比，我们仍有较大的差距，大而不强的问题一直是亟须破解的瓶颈。放眼全球，德国提出"工业4.0"计划，美国提出"再工业化"和先进制造业国家战略计划，欧美先进国家的工业发展战略对我国的工业形成了较大的冲击，客观上要求提高我国制造业水平。继 2015 年"互联网＋"被写入我国的政府工作报告后，2019 年 3 月 5 日第十三届全国人民代表大会又提出"智能＋"，指出 2019 年要打造工业互联网平台，为制造业转型升级赋能。积极发挥中国互联网已经形成的比较优势，加快推进工业互联网发展，对强化工业基础和技术创新能力、促进先进制造业和现代服务业融合发展、建设制造强国、实现中国经济提质增效升级具有重要意义。

本书受广州市工业与信息化局委托，是"智能＋学院"工业互联网系列丛书——《从零开始掌握工业互联网（理论篇／产业篇／实操篇）》系列教材中的"理论篇"。本书内容设计源于阿里巴巴（工业互联网总部）、树根互联、航天云科技、白云电器等位于广州市的相关领域公司的实际需求，主要面向社会培养工业互联网产业急需的各类人才，特别是一线技术工人和管理人员。该系列教材还包括"产业篇"和"实操篇"两本。

本书的作者团队由从事物联网芯片与系统应用技术、计算机网络技术和网络空间安全研究的高校教师组成，他们在原有教学、研究和社会实践的基础上，通过对阿里巴巴（工业互联网总部）、树根互联、航天云科技、白云电器等位于广州的相关领域公司的广泛调研，针对当前工业互联网产业发展状况和不同学科背景的读者的现实需求，从理论基础入手，在确保专业性的前提下，努力处理好理论、技术与科普的关系，力争本书的可读性，希望能"抛砖引玉"，起到为读者深入学习工业互联网技术奠定基础的作用。

本人撰写了本书的前 3 章。第 1 章从社会发展和技术发展两个视角分析了工业互联网兴起的背景，进而明确工业互联网的定义，对智能制造的影响进行了深入剖析。第 2 章根据工业互联网的定义、系统描述及系统特征介绍，推演出工业互联网的技术体系架构，并将其进一步细化为独立于实现技术的体系架构、依赖于实现技术的体系架构。在工业互联网中，网络是基础，平台是核心，安全是保障。第 3 章从网络互联体系和标识解析体系两方面剖析工业互联网，分别对工厂内／外网络、有线／无线网络、主流现场总线技术、工业以太网技术、主流标识解析体系进行了详细介绍和分析。第 4 章由曹忠老师撰写，主要对工业互联网平台的架构、核心技术进行了解读，深入分析和总结了国内外主流工业互联网平台的理论与技术。第 5 章由顾钊铨老师和李丹老师撰写，从网络、控制、数据、设备和应用 5 个维度分析工业互联网面临的安全问题和防护措施。第 6 章由仇晶老师撰写，从标准的体系架构、标准化的需求和推进途径等层面展现了工业互联网标准的编制情况。

本书的完稿是整个撰写团队努力的结果。首先要感谢广州市工业与信息化局的胡志刚总工程师，他从专业和政府管理的视角提出了很多意见和建议，同时感谢局里其他领导组织的多场研讨会、评审会，对该书总体水平的把控和细节的完善给予了很大的帮助。其次，感谢阿里巴巴（工业互联网总部）、树根互联、航天云科技、白云电器等企业的无私奉献，感谢他们对本书的撰写给予了大力的支持！还有课题组主要负责人——广州大学创新创业学院的王满四院长带领的团队肩负了后勤保障及组织协调的重任。同时也要感谢我的研究生林奕涵、李儒国、杨敬慈、李志贤等，他们设计、编辑了翔实的图片，在他们的帮助下，本书才能得以图文并茂的方式呈现出来。同时，在选择图片的时候，我们也慎重考虑了图片的时效性、正面性和版权等问题。本书的作者在准备和写作的过程中认真阅读了很多书籍及文献，本书的内容凝聚了很多学者、从业者的心血与智慧，在此，对上述涉及的人员一并表示感谢！

本书可以作为工业互联网、物联网工程等相关专业的教材或参考书，也可供企事业单位中工业互联网技术研究与产品开发人员、技术和产品管理人员以及政府中负责制定工业互联网产业发展规划、管理工业互联网科研与产业的工作人员阅读。

最后，由于编者的水平和学识有限，书中难免存在很多缺点和不足之处，希望得到读者的谅解，也衷心期待广大读者的批评与指正。

曾衍瀚

2021 年 4 月

目 录

第 1 章

工业互联网概论

重大技术应用发展的背后，都必然有其深厚的社会发展和技术发展背景。工业互联网是互联网和新一代信息技术与工业系统全方位深度融合所形成的产业和应用生态，是工业智能化发展的基础。工业互联网概念的形成和发展也有其深刻的社会背景和内在的技术推动。本章在分析工业互联网发展的社会与技术背景的基础上，对工业互联网的基本定义和关键技术进行了系统讨论，帮助读者建立对工业互联网的初步认识，激发读者进一步学习工业互联网理论与技术的兴趣。

1.1　工业互联网发展的社会背景

1.1.1　工业互联网概念的提出

1. 互联网的形成与全球信息化的趋势

信息是人类认知世界万物的主要途径。从某种程度来说，人类文明的表征之一就是信息的获取与传承，信息的获取与传输技术也是人类文明提升的推动力和象征。30 万年前，语言的出现使人类获取了极为重要的交流手段，从而有了保留和传播人类创造的文明成果的可能；大约 5 400 年前，楔形文字的出现，标志着人类进入文明时代，文字使人类从生产中获取的经验知识得以继承、积累和传递；大约 1 900 年前，造纸术的改进是书写材料的一次革命，为人类文化发展作出了巨大的贡献；19 世纪，查尔斯·惠斯通（Charles Wheatstone）、威廉·库克（William-Cooke）及塞缪尔·莫尔斯（Samuel Finley Breese Morse）发明的电报和伽利尔摩·马可尼（Guglielmo Marconi）发明的无线电报使人类获得了实时可靠的远距离通信方式，信息的获取和交换逐步突破时间和空间的限制。随着通信技术和电子计算机技术的发展，互联网（Internet）应运而生，并在信息获取与传播的效率、靶向性、实时性、便捷性、互动联系、展现方式等各方面产生了革命性的创新与发展，标志着人类正式进入信息化时代。

互联网的本质是计算机网络，是用传输介质把位于不同地理位置的计算机和其他网络设备比如交换机、网桥、路由器等连接起来，实现资源共享、信息交互的系统。互联网是网络与网络之间连接起来的巨大网络，这些网络通过一组普遍适用的协议连接起来，在逻辑上形成单一且庞大的全球化网络。互联网最初起源于 1969 年美国国防部高级研究计划署的阿帕网（Advanced Research Projects Agency Network，ARPANET），该网络主要应用于军事指挥系统，它由多个分散的指挥站点构成，并确保当个别指挥站点被破坏后，其他所有站点间的通信仍是正常的。20 世纪 80 年代中期，为了促进各高校的科学技术研究及确保政府机构顺利开展工作，美国国家科学基金会（National Science Foundation，NSF）在美国建立了 6 个超级计算机中心。1986 年 7 月，NSF 资助建立了一个主干网络 NSFNET，它可以直接连接 6 个超级计算机中心，并且允许研究工作者对网络进行访问，从而能够检索资料并且共享研究成果。在美国发展 NSFNET 的时候，其他一些国家的高校和科研机构也在建设自己的广域网络，这些网络能兼容 NSFNET，它们最终奠定了互联网在世界各地的基石。20 世纪 90 年代以来，随着这些网络逐渐连接到互联网，当今世界各国的互联互通的网络也在逐步构建。1993 年，美国的信息高速公路计划在世界范围内掀起了信息高速公路的热潮，这同时标志着互联网发展的成熟与完善。

进入 20 世纪 90 年代后，互联网的使用人数呈指数增长。1999 年 3 月，全球互联网用户数仅有 1.71 亿，而到 2019 年，该数值达到 43.9 亿，全球有一半的人口"触网"。1994 年中国有了第一条互联网国际专线，中国真正意义上接入了互联网。而截至 2020 年 12 月，中国的网民规模达 9.89 亿，已占全球网民的 1/5，互联网普及率达 70.4%，高于全球平均水平。中国网民数量比美国和印度的总和还多，毋庸置疑，中国已经成为互联网用户数量最多的国家。互联网就像一张永远在扩张的蜘蛛网，将世界各地的人们连接起来，信息的获取和流动跨越了时间、空间的界限。

互联网作为一种仍处于快速发展时期且潜力无穷的信息获取和信息交换中心，造就了人类历史上最庞大的信息世界。根据国际数据公司（International Data Corporation，IDC）发布的《数据时代 2025》报告，如图 1-1 所示，全球每年产生的数据将从 2018 年的 33ZB 增长到 2025 年的 175ZB，相当于每天产生

491EB 的数据。1ZB 相当于 1.1 万亿 GB，如果把 175ZB 全部存在 DVD 光盘中，DVD 叠加起来的高度将是地球和月球距离的 23 倍（月地之间最近的距离约 39.3 万千米），或者绕地球 222 圈（1 圈约为 4 万千米）。目前美国的平均网速为 25Mbit/s，一个人要下载完 175ZB 的数据，需要 18 亿年。

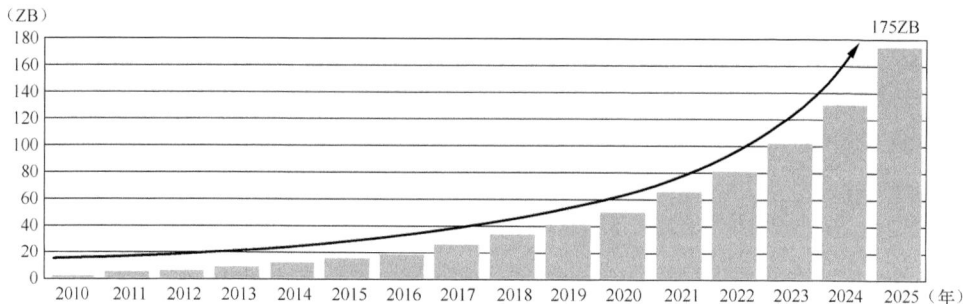

资料来源：数据时代 2025，赞助商：希捷，数据来自 IDC 全球数据圈，2018 年 11 月。

图 1-1　全球数据圈每年的规模（2010—2025）

在互联网飞速发展和广泛应用的前提下，全球信息化已成为当今时代发展的趋势。继农业时代和工业时代后，人类社会正逐步向信息时代靠拢，跨进人类历史发展的第 3 次浪潮。信息作为第一生产要素，构成了信息时代的重要技术基础和物质基础。信息化对社会的产业结构、生产活动方式、全球经济格局、组织结构、管理决策等诸方面产生了深刻而久远的变化。

2. 物联网实现信息世界与物理世界的融合

现实社会中物理世界与网络虚拟世界是分离的，物理世界的基础设施与信息基础设施也是分开建设的。如图 1-2 所示，在 2005 年信息社会世界峰会上，国际电信联盟正式提出"物联网"（Internet of Things，IoT）的概念。随着物联网的产生和发展，越来越多来自设备和物理世界的数据变得可用。物联网通过感知信息、连接万物和智能应用，将信息世界和物理世界的界限打破，并进一步融合。

物联网是指在物理世界中部署各种信息传感设备，这些设备具有一定的感知能力和计算能力，通过网络设施满足获取、传输与处理信息的需求，从而实现广域或大范围的人与各种物品或人与人之间甚至对象与对象之间的信息交换与互联。物联网是在互联网基础之上的延伸和扩展的与物相连的网络，是互联网的一种。

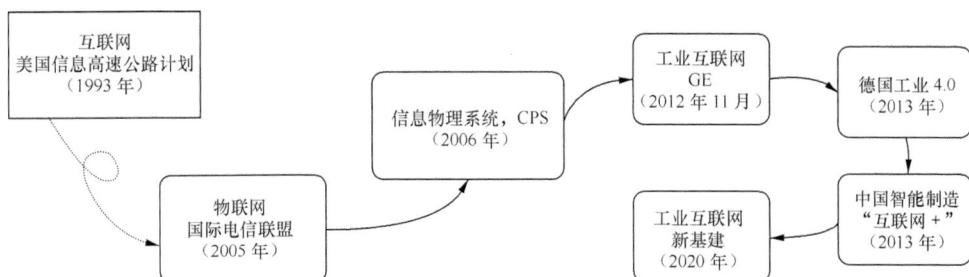

图 1-2　工业互联网等相关概念的演化

互联网的电子邮件、文件传输、万维网、搜索引擎、即时通信、网络音乐、网络视频、电子商务等，为人类构建了一个人与人之间进行信息交互与共享的信息世界。互联网中的信息是由人自己产生的，而物联网的大量信息是通过射频识别（Radio Frequency Identification，RFID）标签和传感器等自动产生的。通过网络通信系统的传输，由计算机用特定的智能信息处理软件处理之后，生成智慧处理策略，再通过控制终端设备对物理世界中的对象进行控制。例如在智能家居应用中，通过射频识别、红外感应器、全球定位系统（Global Positioning System，GPS）、地理信息系统（Geographic Information System，GIS）、音视频等信息传感设备，按照通用的传输协议把各个物品与网络链接进行通信与信息交互，以实现智能化识别、定位、跟踪、监控和联动报警管理。2006 年，美国国家基金委员会首次提出物联网应用的重要技术形态——信息物理融合系统（Cyber-Physical Systems，CPS）。CPS 是综合计算、网络和物理环境的多维复杂系统，突出对物的实时、动态的信息控制与服务。

推而广之，物联网借助到处存在的环境感知、网络通信和智能控制等系统设备，通过计算进程和物理进程彼此作用的反馈机制，实现深度融合和实时信息交换、传输来增加或扩展新的功能。各个物理实体受到不同系统工程安全、可靠、高效和实时的检测或控制，从而使物理系统具有计算、通信、精确控制、远程协作和自治的功能。互联网的出现改变了人与人之间交互的方式，而物联网的出现将改变人与物理世界交互的方式。物联网将整个世界互联起来，通过"泛在感知、可靠传输、智能处理"，最终实现信息世界与物理世界的融合。

3. 工业互联网实现信息传感设备与互联网的结合

工业互联网的概念由美国通用电气公司（General Electric Company，GE）在 2012 年 11 月发布的《工业互联网：突破智慧和机器的界限》白皮书中首先提出。该白皮书指出，工业互联网将整合两大革命性转变优势：其一是工业革命，伴随着工业革命，出现了无数台机器、设备、机组和工作站；其二则是更为强大的网络革命，在其影响之下，机器、信息与通信系统应运而生、不断发展。

该白皮书还指出体现工业互联网精髓的 3 种元素：智能机器、高级分析、工作人员。智能机器是指以先进的科学技术将现实世界中的机器、设备、团队和网络通过先进的传感器、控制器和软件应用程序连接起来。高级分析是使用基于物理的分析法、自动化和材料科学、预测算法、电气工程及其他相关学科的专业理论和知识来理解机器与大型系统的运作方式。工作人员用来建立员工之间的连接，实时与不同场所的人员进行交流，以实现更加高效智能的设计、操控、维护及高质量的后台服务与安全保障。有效融合工业互联网的三大要素，将为企业与经济体提供新的机遇。例如，传统的统计方法采用历史数据采集技术，这种技术往往将数据采集、分析结果和决策行为分离开来。随着系统监控技术的发展和信息技术成本的下降，在处理实时数据能力大大提高的同时，其工作规模也得以飞速壮大，高效的实时数据处理为整体系统的操作提供了新颖、开阔的视野。

当今的工业互联网是通过物联网将各种信息传感设备与互联网结合起来而形成的一个巨大网络。工业互联网的概念不难理解，但其内涵十分丰富。工业互联网是工业智能化发展的重要综合信息基础设施，从产业视角来看，工业互联网是互联网和新一代先进信息技术与工业系统全面深度交融所形成的产业和应用生态。其本质是以原材料、机器、信息系统、控制系统、产品以及人之间的互联互通为基础，通过对工业互联网数据的全面深度感知、实时动态输送与具体建模分析，形成智能决策方案与控制，促进智能制造业的发展，创建制造业智能化发展的核心。工业互联网的本质特性是以开放互联网络为基础实现互联互通，以数据为核心创造商业价值，以云平台为载体实现要素资源的整合，具体描述如下。

（1）互联网络为基础

工业互联网依托的网络包括传统互联网、移动互联网、物联网、通信网络等各类泛在网络，平台互联、生态构建、数据互通都基于网络。工业互联网是由许多应用、平台、生态等基于各类网络构建的，具有较强的水平区域、垂直行业的属性，因此它的平台效应、马太效应、网络外部性没有消费互联网那么强烈。工业互联网是企业互联的一种形式，从信息层面实现全产业链企业间的整合，形成信息对称和规模红利，具备互联网经济的利他特征，进而降低整个产业链（水平、垂直形态）的整体运营成本。

（2）数据为核心价值

信息经济、数字经济时代，数据取代物质资料成为核心资产，通过数据挖掘、应用，能够创造核心商业价值。数字化是网络化、智能化、虚拟化、个性化、去中心化和柔性化的基础。在产品整个生命周期、企业生产全流程中，现代设计、研发、仿真、制造、流程管理、营销服务、支付等都基于数字技术完成，这会沉淀下海量的数据资产。数据是生产、交换、分配、消费各个环节中不可或缺的纽带，技术流、物质流、资金流、人才流、服务流、信息流等通过大数据整合、催生、赋能，工业互联网本质上也是数字化的生产力，它沉淀了以产业为版图的全息大数据池，是大数据基础上的生产力创新与升级。

（3）云平台为载体

工业互联网通过平台载体整合汇聚、协同共享、优化配置生产要素资源，实现商业模式的创新，并提供各类协同创新服务。无论是工业领域的工业云、云制造等工业互联网，还是物流互联网、金融互联网、知识产权服务平台等生产服务业领域的服务业互联网，都基于云平台实现其资源汇聚、企业汇聚。通过平台实现研发模式、商业模式、应用模式、服务模式的创新，实现工业互联网的赋能作用。工业互联网的线上平台形式多样，既可以是生态类的平台，又可以是基于专业分工的技术类、专业类平台，也可以是提供综合服务的综合平台，还可以是细分垂直服务业的专业平台。

工业互联网应用于企业生产，带来 4 个方面的变革。一是智能化生产。基于海量数据的建模分析，形成智能决策和动态优化，显著提升生产效率，降低生产成本。二是网络化协同。借助网络整合分布于全球的设计、生产、供应链和销售资源，形成众包众创、协同制造等新模式，大幅度降低开发成本，缩短产品上市周期。三是个性化定制。基于互联网用户个性化需求，通过灵活地组织设计、制造资源和生产流程，实现低成本、大规模定制。四是服务化转型。通过对产品运行的实时监测，提供远程维护、故障预测、性能改进等一系列服务，实现工业企业服务化转型。

1.1.2　工业互联网的定义

工业互联网归类于泛互联网。作为最早提出工业互联网概念的公司，GE 认为工业互联网使用开放性网络将人、数据与机器三者之间进行连接，从而提高工业化生产力。工业互联网（Industrial Internet）在英文中和当前全球互通的互联网一致，也在一定程度上表明工业互联网是在当前的互联网技术基础上实现互联互通。

工业互联网是全新的技术领域和产业形态，目前没有明确的定义。IT 领域的在线词典 Techopedia 对工业互联网的解释是：工业互联网将智能机器或特定类型的设备与嵌入式技术和物联网相互联系起来。维基百科将"工业互联网"词条定向到"工业物联网"（Industrial Internet of Things，IIoT），IIoT 是指与计算机的工业应用程序（包括制造和能源管理）联网互联的传感器、仪器和其他设备。这种连通性允许数据收集、交换和分析，从而有可能促进生产力和效率的提高及其他经济利益。IIoT 是分布式控制系统的发展，它通过使用云计算来完善和优化过程控制，从而实现了更高程度的自动化。

2016 年我国成立工业互联网产业联盟，其对工业互联网的概念进行了权威的阐述，重点强调工业互联网中的角色，这包括了机器、物品、计算机与人，工业互联网将通过先进算法将信息网络、大数据、机器学习等各领域的应用技术与机器装备深度整合，从而令机器更加智能，保证相关机器在网络中复杂物理结构的接卸与传感装置和功能软件的集成的可实现与高效性。

本书采用中国工业互联网产业联盟发布的《工业互联网体系架构》对工业互联网的定义：工业互联网是互联网和新一代信息技术与工业系统全方位深度融合

所形成的产业和应用生态，是工业智能化发展的关键综合信息基础设施。工业互联网的本质是以机器、原材料、控制系统、信息系统、产品及人的网络互联为基础，通过对工业数据的深度感知，实时传输、交换，快速计算处理及高级建模分析，实现智能控制、运营优化和生产组织方式的变革。

1.1.3 各国工业互联网产业发展规划

当前，工业互联网正成为世界各国关注的热点、发展的重点、竞争的焦点。工业互联网产业体系与工业体系深度叠加，涵盖工业数字化转型的各个方面，加速工业数字化、网络化、智能化转型升级的历史进程，展现出难以估量的潜力空间。工业互联网日益成为第四次工业革命的基石。发展工业互联网是抢占这一轮工业革命制高点和主导权的必由之路。

1. 美国先进制造业

美国是互联网领域的大国，具备先进的互联网技术及在消费行业方面广泛的应用基础和经验，美国正在将大数据采集、分析、反馈及互联网技术在消费行业的应用经验引入工业领域。2011 年 7 月，以 GE 为代表的企业将工业互联网作为制造业升级的核心，提出了工业互联网的概念。国家层面上，美国政府认为，推动国家未来经济发展的引擎要背靠以工业互联网为基础的智能化制造业，持续推出先进制造业战略行动，并充分发挥信息时代先进科学技术的优势，积极挖掘互联网与制造业等信息科学技术交融创新的发展路径，以工业互联网为抓手，强化创新驱动的前沿引领优势，确保全球领先地位。

全球金融危机之后，美国政府重新关注制造业问题，于 2012 年提出先进制造业伙伴计划（Advanced Manufacturing Partnership，AMP）。如图 1-3 所示，在 2014 年发布的 AMP2.0 报告《加速美国先进制造业》中，美国明确了 3 个优先发展领域：制造业中的先进传感、先进控制和平台系统；虚拟化、信息化和数字制造；先进材料制造。在基础科学和应用科学研究领域，工业互联网的核心使能技术 CPS 的研发连续 14 年受美国国家科学基金会的资助。2018 年，美国国家科学技术委员会下属的先进制造技术委员会发布了《先进制造业美国领导力战略》报告，提出了发展和推广新的制造技术，教育、培训和匹配制造

业劳动力，扩大国内制造业供应链能力三大任务，确保美国国家安全和经济
繁荣。

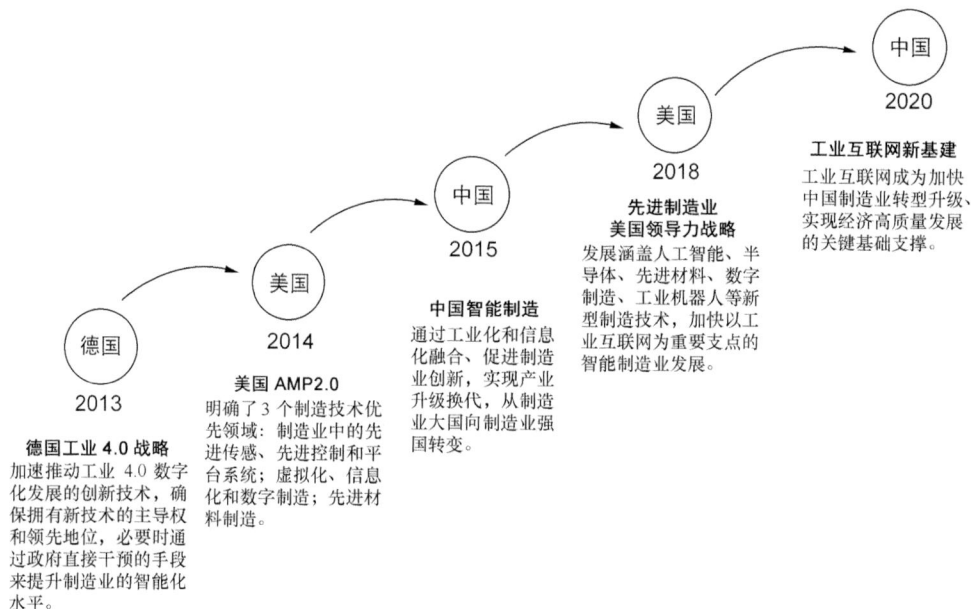

德国
2013

德国工业 4.0 战略
加速推动工业 4.0 数字
化发展的创新技术，确
保拥有新技术的主导权
和领先地位，必要时通
过政府直接干预的手段
来提升制造业的智能化
水平。

美国
2014

美国 AMP2.0
明确了 3 个制造技术优
先领域：制造业中的先
进传感、先进控制和平
台系统；虚拟化、信息
化和数字制造；先进材
料制造。

中国
2015

中国智能制造
通过工业化和信息
化融合、促进制造
业创新，实现产业
升级换代，从制造
业大国向制造业强
国转变。

美国
2018

**先进制造业
美国领导力战略**
发展涵盖人工智能、半
导体、先进材料、数字
制造、工业机器人等新
型制造技术，加快以工
业互联网为重要支点的
智能制造业发展。

中国
2020

工业互联网新基建
工业互联网成为加快
中国制造业转型升级、
实现经济高质量发展
的关键基础支撑。

图 1-3 中、 德、 美工业互联网产业发展规划时间图

在 GE、亚马逊、IBM、谷歌、思科和微软等诸多领头企业的带领作用下，
美国充分发挥人工智能、云计算、大数据等强大的技术支撑作用及企业强烈的工
业互联网应用需求，快速形成了多层次、多方位的产业群体，从而在工业互联网
发展领域逐步占据了主导地位。

2. 德国工业4.0

相比于美国在互联网领域的领先优势，德国的竞争优势在制造业。在此背景
下，结合传统的制造业优势，德国在 2013 年的汉诺威工业博览会上正式提出工
业 4.0 战略的概念。此外，德国陆续发布《新高科技战略（3.0）》《数字化战
略 2025》和《德国工业战略 2030》等，在标准规范、技术研发、数字化转型和
工业 4.0 发展等方面做出了全面战略部署。《德国工业战略 2030》指出，互联网
与机器的相互连接技术在工业 4.0 时代中占据举足轻重的地位，互联网在工业领
域中的应用慢慢成为标配。德国明确提出，要加速推动工业 4.0（机器与互联网

互联）数字化发展的创新技术，为了确保率先拥有新技术的主导权，必要时可通过政府直接干预的手段来提升制造业的智能化水平，建立具有适应性、资源效率及基因工程学的智慧工厂，在商业流程及价值流程中整合客户及商业伙伴资源，保证在竞争中处于领先地位。其要点是建设 CPS 网络，并在智能生产、智能工厂、智能物流、智能服务等方面实现横向集成、纵向集成和端对端集成，在标准化和参考架构、管理复杂系统、工业宽带基础、安全和保障、工作的组织和设计、培训与再教育、监管框架、资源利用效率等 8 个领域推动工业 4.0 的融合发展。

工业 4.0 要实现产品和机器的互联，工厂、消费者、信息数据、产品的互联，最终实现万物互联互通，重新构造整个社会的生产方式。德国制造业的许多工厂已经具备建设的条件，但是在智慧连接方面还稍显欠缺。而这种虚拟和现实的互联可通过 CPS 实现，CPS 即为工业 4.0 的核心。它通过将物理设备与互联网进行连接，让物理设备具有通信、计算、控制、远程协调和自动调节等智能功能，并将信息、资源、物体及人紧密联系在一起，从而创建万物互联的物联网及其相关服务。从某种意义上说，工业 4.0 是德国针对自身特点推出的超越计划。他们不盲目跟随美国互联网发展的方向，而是根据自身在制造研发领域的特点，制定个性化方案，力图实现弯道超车。

虽然美国和德国针对智能制造业分别提出工业互联网和工业 4.0 两个不同的概念，但二者都是为了适应自身的不同需求和工厂批量化生产的矛盾提出的应对方案。美国侧重利用基础科学、信息技术、工业、互联网等领域的综合优势，构建全球性的生态体系组织，从大数据应用等软科技切入，带动制造业全流程、全环节竞争力的整体提升；德国是基于制造装备、工业软件、工业自动化等方面的行业领军地位，通过整个工业体系的协同运转，强化硬科技优势，同时拓展软科技的能力。

3. 我国工业互联网产业发展规划

（1）智能制造

新中国成立以来尤其是改革开放以来，我国制造业持续快速发展，建成了门类齐全、独立完整的产业体系，有力地推动了工业化和现代化进程，显著地增强了综合国力，支撑起世界大国的地位。然而，与世界先进水平相比，我国制造业仍然大而不强，在自主创新能力、资源利用效率、产业结构水平、信息化程度、质量效益等方面差距明显，转型升级和跨越发展的任务紧迫而艰巨。放眼世界各国，德国提出了"工业 4.0"的概念，美国提出了先进制造业、"再工业化"和国家战略计划，欧美发达国家的工业和制造业发展战略对我国工业造成了较大的影响，客观上要求我国提高整体制造业水平。

相比工业 4.0 侧重于技术上的引领，智能制造更多的是政策上的引导，是由上而下的顶层设计。智能制造在中国经济转型的过程中起着非常重要的推动作用，有利于促进制造业创新，实现产业升级换代，保持我国制造业的国际竞争力。

（2）互联网＋

"互联网＋"是把互联网的创新成果与经济社会各领域深度融合，推动技术进步、效率提升和组织变革，提升实体经济的创新力和生产力，形成更广泛的以互联网为基础设施和创新要素的经济社会发展新形态。在全球新一轮科技革命和产业变革中，互联网与各领域的融合发展具有广阔的前景和无限的潜力。国务院在 2015 年 7 月正式发布的《国务院关于积极推进"互联网＋"行动的指导意见》中明确，围绕"互联网＋"，把互联网的创新成果与经济社会各领域深度融合，进一步促进社会发展。

积极发挥中国互联网已经形成的比较优势，对实现中国经济的提质增效升级具有重要意义。2020 年，中国提出要加快 5G、数据中心、工业互联网等新型基础设施建设的进度。作为实现人、机、物全面互联的重要载体，工业互联网成为加快制造业转型升级、实现经济高质量发展的关键基础支撑。2021 年 1 月 13 日，工业和信息化部印发《工业互联网创新发展行动计划（2021—2023 年）》，提出在网络体系、标识解析、平台体系、数据汇聚、新型模式、融通应用、关键标准、技术能力、产业协同、安全保障和开放合作等重点方面采取措施。到2023 年，工业互联网新型基础设施建设量质并进，新模式、新业态大范围推广，产业综合实力显著提升。

1.2　工业互联网发展的技术背景

随着科技的发展，传统产业与新一代信息技术诸如云计算、大数据、互联网、物联网和人工智能等加速融合，新的生产方式、组织方式和商业模式方兴未艾，工业互联网汇聚了物联网、云计算、大数据、移动宽带等新一代信息技术的创新成果，并与智能制造有关的软硬件技术相结合，将信息连接对象由人扩大到具备自我感知能力和执行能力的智能物体，体现了互联网、通信技术等的集成优势，推动全球工业体系的智能化变革。

1.2.1　工业互联网兴起的技术背景

传统制造系统工业数据的获取、计算分析和决策优化是分离的，时间维度的不统一导致围绕历史数据分析的结果难以实时、精确地控制设备运行。传统仪表自动化系统只能感知当前的过程变量，信息维度低，不能反映制造过程的深层次动态特性，感知深度不足；传统互联模式与工厂外难以互联互通，导致互联网广度不足；传统工业运行数据处理挖掘深度有限，导致分析综合预见性不足。工业互联网的出现解决了传统工业制造数字化和智能化面临的上述问题。

互联网、计算机等信息通信技术的发展给人们的生活、生产方式带来了巨大的变化，一方面加速了传统产业结构的改革创新，另一方面构建了新的产业体系，并通过技术创新和模式创新逐渐融入和渗透到实体经济领域，为传统产业变革带来巨大机遇。伴随着制造业转型与数字经济浪潮的交叉相融，物联网、云计算、大数据等信息技术与制造技术的不断发展与创新，基于物联网技术全面、深度地感知制造物理过程，基于互联网实现信息资源跨学科、跨领域的协同运作与开放共享，基于大数据技术准确地分析海量数据，工业互联网平台应运而生。从技术角度来说，以互联网为代表的新一代信息技术与制造系统的深度交汇融合必然会催生工业互联网。工业互联网集成、应用了物联网、人工智能、云计算、大数据、移动通信、区块链等新一代信息技术，催生了新技术、新模式、新应用，显示了工业互联网蓬勃的生命力。Machina Research 公司预计，2025 年全球物联网设备（包括蜂窝及非蜂窝）联网的数量将进一步增加到 251 亿。在可预见的将来，所有的智能设备与智能物体都将会被接入互联网，形成一个物体与物体、物体与人、人与人之间全面互联的社会。

工业互联网技术实现的核心是整体、全面地感知海量工业数据，通过端到端的深度数据分析与建模分析，实现智能化的指令控制和决策结果，形成个性化定制、智能化生产、网络化协同、服务化延伸等新型制造模式。物联网、云计算、大数据和区块链技术的发展满足了上述要求。

1. 物联网技术实现全面感知海量的工业数据

物联网是在互联网的基础上再向外扩展和延伸的信息网络，根据响应的传输协议和规定，不同的信息传感设备把互联网和对应的智能物体进行连接、通信，进而实现不同信息在各个维度的交互。物联网最根本的特点就是对信息的全面感知、可靠性传输，然后进行智能处理。物联网采集工业制造过程中发生的物理事件和数据，包括各类物理量、音视频数据、标识等，物联网的数据采集涉及传感器、多媒体信息采集、RFID 标识和实时定位等技术。物联网技术直接通过现有互联网（IPv4/IPv6 网络）、移动通信网（如 GSM、TD-SCDMA、WCDMA、CDMA、LTE、IG、无线局域网等）、卫星通信网等基础网络设施，对来自感知层的信息进行接入和传输。

2. 云计算技术实现端到端的数据深度集成与建模分析

根据美国国家标准与技术研究院的定义，云计算是一种利用互联网实现随时随地、按需、便捷地访问共享资源池（如计算设施、存储设备、应用程序等）的计算模式。云计算中较为重要的表现形式是计算机资源服务化，它为用户屏蔽了数据中心管理、大规模数据处理、应用程序部署等问题。通过云计算，用户可以根据其业务负载快速申请或释放资源，并以按需支付的方式对所使用的资源付费，在提高服务质量的同时降低运维成本。云计算具有如下特点。

（1）弹性服务

为了自适应业务承载量的动态变化，服务的规模可快速伸缩。将用户使用资源和其业务需求统一化，可避免因服务器性能过载或冗余而导致的服务质量下降或资源浪费。

（2）资源池化

用共享资源池的方式对资源进行统一管理。不同的用户通过虚拟化技术获取不同的资源，同时资源的放置、管理与分配策略对用户透明。

（3）按需服务

以服务的形式为用户提供基础设施、应用程序、数据存储等资源，并可以根据用户的需求差异化地对资源进行自动分配，而不需要系统管理员干预。

（4）服务可计费

实时监控用户的资源使用量，并根据资源的使用情况对服务进行计费。

（5）泛在接入

用户可以利用各种终端设备（如智能手机、笔记本电脑、台式计算机等）实时通过互联网访问云计算服务。

从云网端的角度来看，工业互联网平台以云计算为核心，通过网络的泛在连接，实现对海量终端、资源、数据和主体的汇聚集成与优化配置。

3. 大数据技术实现智能化的决策与控制

由于互联网的迅速发展、数据库技术的日趋成熟和普及、各种优质的存储介质被应用，以及高内存、高性能的存储设备的出现，人类在日常生活、学习、工作中产生的数据量正以指数形式爆炸式增长，在这样的大背景下，"大数据问题"逐渐浮出，如何收集、处理和分析数据成为网络信息研究的重点和难点。大数据既是挑战又是机遇，"大数据"之"大"，并不仅仅指"容量大"，更大的意义在于通过对海量数据的交换、整合和分析，发现新的知识，创造新的价值，带来"大知识""大科技""大利润"和"大发展"。美国互联网数据中心（IDC）将大数据技术定义为：为更经济地从高频率的、大容量的、不同结构和类型的数据中获取价值而设计的新一代架构和技术。

大数据处理的核心是分析处理数据，"云计算"是大数据处理的基础，也是大数据分析的支撑技术。分布式文件系统为整个大数据提供了底层的数据存储支撑架构，为了方便数据的管理，在分布式文件系统的基础上建立分布式数据库，提高数据的访问速度；在一个开源的数据实现平台上利用各种大数据分析技术对不同种类、不同需求的数据进行分析整理，得出有益信息，最终利用各种可视化技术形象地显示给数据用户，满足用户的各种需求。

工业互联网需要处理海量和异构的、结构化、半结构化和非结构化的数据，包括来自各种设备、产品、信息系统及其生产过程产生的工业大数据，利用大数据技术来存储、分析、展现这些数据，通过数据驱动，实现对产品、制造工艺和设备进行监控、控制和优化等功能。

4. 区块链技术实现数据隐私安全和跨主体信任协作

区块链是将分布式数据存储、点对点传输、共识机制和加密算法等计算机技术结合起来，形成的一种去中心化的数据存储系统。直观上理解，区块链是一种"去中心化"的数据库，包括一张被称作"区块"（Block）的列表，其中每个区块都含有一个"时间戳"（Timestamp）、一条与前一个区块的"链接"（Link）和交易数据，具有去中心化、时序数据、集体维护、可编程和安全可信等特点。工业互联网和 5G 时代的物联网将更倾向于综合区块链、边缘计算、云计算和 AIoT 的混合架构。在智能装备、智能制造等领域，区块链技术还可以解决工业设备注册管理、访问控制、监控状态、数据传输可信度及工业互联网平台的可控管理、生产质量追溯、供应链管理等问题，确保工业互联网下智能制造的安全和效率，推动制造业的转型、升级。

1.2.2 工业互联网发展的必然性

工业互联网是互联网和新一代信息技术如云计算、大数据等与工业制造系统全方位深度交汇相融所形成的产业和应用生态，是工业智能化发展的基础。其本质是以机器、原材料、信息系统、控制系统产品，以及人之间的网络互联为基础，通过全面感知海量数据和分析大数据进行合理决策，实现智能控制、优化生产组织方式与运营的变革，从而能更有效地发挥不同机器协作运转的潜能，提高生产力。工业互联网最显著的特点是在大大提高生产效率的同时节省成本，推动设备技术的升级，提高效益。本节从工业技术和互联网技术两个维度对工业互联网进行分析，进一步阐述工业和互联网各自的特点和两者之间的关系。

1. 工业技术角度

（1）工业 1.0——机械化

工业 1.0，即第一次工业革命。蒸汽革命是人类技术发展历史的第一次巨大革命，于 18 世纪首先开启于英国，蒸汽革命开创了以机器代替手工劳动的时代。蒸汽机标志着第一次工业革命的诞生，工厂制代替了手工制，机器代替了手工劳动。英国由于率先完成了工业革命，很快成为世界霸主。工业 1.0 解决了大规模工业生产过程中的动力问题，从此工业进入了机械化时代。

（2）工业 2.0——自动化

工业 2.0，即第二次工业革命，于 19 世纪 70 年代到 20 世纪初，开启于德国和美国，是世界近代史上的第二次技术革命。内燃机的发明和电能的应用标志着第二次工业革命的诞生，电器开始用于代替机器，电能逐步成为补充和取代以蒸汽机为动力的新能源，内燃机的应用解决了交通工具的发动机问题，推动了汽车、轮船、飞机等交通工具的发展，石油开采、石油化工及电子通信行业成为影响经济、民生发展的重要新兴产业。德国和美国率先完成电气革命，后来居上，超越英国，成为新一代资本主义强国。工业 2.0 解决了大规模工业生产的自动控制问题，从此工业进入了自动化时代。

（3）工业 3.0——信息化

工业 3.0，即第三次工业革命，从 20 世纪四五十年代起，开启于美国的世界第三次技术革命。以空间技术、生物工程、电子计算机、原子能的发明和应用为主要标志，涉及生物技术、空间技术、海洋技术、新能源技术、新材料技术、信息技术等诸多领域的一场信息控制技术革命。尤其是从 1980 年开始，微型计算机的迅速发展加速推动了信息控制技术革命。电子计算机的广泛应用，促进了生产自动化、管理现代化、科技手段现代化和国防技术现代化，也推动了情报信息的自动化。以全球互联网络为标志的信息高速公路正在缩短人类交往的距离。信息革命的起源地——美国进一步加强了世界第一超级大国的地位。工业 3.0 解决了大规模工业生产的信息处理问题，从此工业进入了信息化时代。

（4）工业 4.0——智能化

工业 4.0，即是以智能制造为主导，以人工智能、物联网、机器人及云计算等技术作为驱动的第四次工业革命。通过通信技术和网络空间虚拟系统—CPS 之间的渐进式融合，传统制造业逐步转型为智能制造。德国在 2013 年的汉诺威工业博览会上正式提出工业 4.0 的概念，旨在提高德国工业的国际竞争力，在新一轮工业革命中抢占先机。工业生产的智能制造问题是工业 4.0 首要解决的问题，从此工业将进入智能化时代。

继蒸汽机的发明应用（机械化）、电力的发明应用（自动化）和电子信息技术的应用（信息化）等三次工业革命后，人类将迎来以 CPS 为基础，以生产高度网络化、数字化、机器智能自动化为标志的第四次工业革命。"工业 4.0"概念在全球工业领域引起了极大的关注和认同。

从工业视角来看，工业互联网是工业智能化发展趋势的内在表现。主要表现为从生产过程到商业应用等一系列流程中的智能化，由表及里，由内及外，生产系统自身通过采用互联网通信技术，实现机器之间、机器与系统、企业不同部门之间的实时连接与智能交互，也对商业活动的优化起到一定的带动作用。其业务需求包括面向工业体系各个层级的优化，如实时监测、泛在感知等业务需求。从出发点来看，工业互联网与工业 4.0 都是为了适应需求的个性化与工业生产的批量化。前者通过软件带动硬件的方式实现制造升级，后者通过设备的智能化与工业软件的结合，实现智能工厂，最终实现智能制造，提高生产力。相比于工业 4.0，工业互联网的范畴要小，弱化了对设备智能化及智能设备数字化的描述。

2. 互联网技术角度

互联网指的是以一些标准通用的网络协议互联互通，连接全世界几十亿个智能设备，形成逻辑上单一的巨大国际网络，由各个国家、各个地方到全球范围内数以百万私人的、学术界的、企业的和政府的网络所构成，并且通过电子设备、无线网络和光纤网络技术等一系列信息通信技术联系在一起。互联网的兴起与发展极大地改变了人类的生活，促进了人与人、人与信息之间的互相交流，同时以互联网为代表的信息产业是各国经济发展的重点，它显著提高了国民经济的效率与效益，成为经济增长的原动力。互联网的前身起源于 1969 年的 ARPANET，并在 20 世纪 90 年代后获得了突飞猛进的发展，经历了如下 4 个阶段。

（1）互联网 1.0

1983 年，TCP/IP 成为 ARPANET 的标准协议。从此之后，所有使用 TCP/IP 的计算机都能利用互联网进行通信，因此 1983 年被公认为互联网元年。随着世界上的许多公司纷纷接入互联网，网络上的通信量急剧增大。互联网服务提供者（Internet Service Provider，ISP）开始出现，多层次、多维度 ISP 结构的互联网逐渐形成。互联网服务工作者可以从互联网管理机构申请一个或者多个 IP 地址，同时拥有通信线路及路由器等联网设备。用户只需向 ISP 缴纳相应费用就能获取需要的 IP 地址，并通过该 ISP 接口接入互联网。1993 年 3 月，中国与国际互联网络连通。20 世纪 90 年代初，国外以美国在线、雅虎等为代表，国内以新浪、搜狐、网易、百度为代表的门户网站，改变了人与信息交互的形式。这种信息传递是单向传播的，网站生产内容并向用户提供，受制于有限的网络带宽，内容以在线文本为主。

（2）互联网 2.0（Web 2.0）

Web 2.0 是继 TCP/IP 之后的一种新的互联网方式，通过网络应用（Web Applications）促进人与人之间在网络上的信息交换和合作交流，Web 2.0 模式更加以用户为中心。但是与互联网 1.0 不同的是，其开放和共享的特征更加显著，彰显了互联网 2.0 "去中心化"的特点。在开放的平台下，用户可以不受时间限制、不受地域限制地分享和发布各种信息动态，同时信息在网络聚集、存储、积累。典型的 Web 2.0 站点有：网络应用程序、社交网站、网络社区、博客等。同时，随着光纤等技术的发展，数据存储量日益攀升，音频、视频等多媒体信息开始占据主流。

（3）移动互联网

移动互联网是有线互联网后的下一代互联网——Web 3.0，是无线通信网络和互联网融合的产物，具有无线通信网络可以不受时间、不受地域限制进行通信的特点，也继承了互联网开放、分享和互动的优势。移动互联网业务和应用包括移动环境下的文件下载、网页浏览、视频浏览和位置服务等业务。宽带业务的发展是互联网发展的一个推动力，而紧随其后出现的移动互联网技术进一步推动了互联网的发展，为互联网的发展提供了一个新的平台，使得互联网更加普及。相比于传统的 PC 互联网，移动互联网的便携性结合智能手机终端的精确性、感触性等特点催生了完全不同的用户体验生态，如更精确的个性化服务、基于 LBS 的位置服务、更私密的终端服务如手机支付等新业态。移动互联网对人们的生活、工作、娱乐等方面渗入更强，成为过去 10 年推动产业发展乃至社会经济发展最强有力的技术力量。

（4）物联网

物联网是互联网、传统电信网等信息的承载体，是让所有能行使独立功能的普通物体实现互联互通的网络，被称为继计算机、互联网之后世界信息产业发展的第三次浪潮。其核心和基础仍是互联网，物联网通过传感器、射频识别、定位系统等信息传感设备，利用互联网连接与无线通信传输，进行信息交换和通信，实现对物品的智能化信息处理和控制管理，其本质上是互联网的延伸和扩展。5G 标准制定时就针对物联网应用的需求，涵括了低延时、广覆盖和泛在网等技术特点，5G 的到来将推动物联网的大规模应用和发展，物联网与人类社会的联系将更加紧密，世界也将进入一个全新的万物互联的时代。

互联网从最开始的研究机构的局域网，发展到国家级别的互联网，再到全球互联网，从受限于计算机的体积和有线通信的固定网络到随时随地的移动互联网，人类可以不受空间约束进行高效率的信息传递。互联网已成为人与人之间沟通交流、相互传递信息的纽带。物联网的发展将人与人之间的互联进一步延伸到人和物、物和物之间的互联。随着云计算、大数据、人工智能等技术的不断发展，物联网将进一步从"万物互联"走向"万物智联"。

从互联网视角来看，工业互联网是万物互联发展趋势在工业领域的体现。工业物联网是一个物品与互联网服务交叉相融的网络体系，是互联网演进和发展的新阶段，适应了新时代的信息交互需求，即从人与人之间的交流延拓到人与物理空间的交流，从而形成信息通信技术支撑信息社会发展的新手段。同时，它也是信息化和自动化深度交叉融合的突破口，在全面互联的基础上，通过数据流动和分析，形成智能化变革，形成全新的业务生态和模式。工业互联网的基础是互联，将工业系统的各种元素互联起来，包括人、机器和系统。与互联网不同的是，工业互联网更加注重各类元素的连接数据的流动和集成，以及分析和建模。

值得一提的是，工业互联网并不等同于工业物联网，工业物联网指的是物联网在工业领域的应用，工业互联网包含了工业物联网，但进一步延伸到其所涉及企业的人员、业务流程和信息系统。

综合来看，工业互联网是连接工业全系统、全价值链、全产业链，支撑工业向智能化发展的重要基础设施，是新一代信息通信技术与制造业深度交叉融合所形成的新业态与新模式。与传统意义上的互联网不同，工业互联网作为制造业网络化、数字化和智能化的重要承载体，使得工业系统的各种元素如机器、人或者系统交互联结，是工业系统与高级分析、计算、传感技术及互联网的高度融合。

1.3 工业互联网的关键技术

2012 年，GE 公司从产业的角度首先提出工业互联网九大技术：超级计算终端、软件定义机器、知识工作自动化、跨企业的标准制定、工业互联网的系统安全、机器人改变工业流程、分布式的生产和 3D 打印、人类意识与机器的融合、虚拟世界。从技术角度概括，工业互联网归根到底是数据的智能化，体现为对动态复杂情境下的数据进行智能感知与理解，自主决策与优化能力及基于经验数据的适应能力。因此，根据工业互联网数据流动的方向，工业互联网发展过程中主要涉及的关键性技术有智能数据采集技术、设备兼容技术、网络技术、信息处理技术，以及安全技术等。

1. 智能数据采集技术

工业互联网的发展需要低成本、精确、高效且智能的数据采集技术，优良的数据采集技术能够为智能制造应用打下坚实的基础。未来包括传感器技术等在内的智能数据采集技术将成为工业互联网技术的重点研究及发展方向。企业用户将可以通过较为智能的方式、以较低的代价采集到精确的数据，并将其传送至后端进行大数据分析，进而帮助其决策。

2. 设备兼容技术

企业往往会在现有的设备配置与生产模式基础上进行工业互联网系统的构建，但是怎样使所应用的传感器与原有设备兼容成了技术难题。近年来，在工业无线传感网络应用日渐发展成熟、相关通信协议逐渐标准化的趋势下，工业互联网建设中已逐渐解决了兼容性问题。利用协议解析、中间件等技术能够将 ModBus、CAN、Profibus 等各类工业通信协议和软件通信接口兼容，最终实现数据格式的转换和统一。同时利用 HTTP、MQTT 等方式将采集到的数据从边缘侧传输到云端，从而实现数据的远程接入。

3. 网络技术

网络技术为工业互联网的核心技术之一，在系统的不同层面及区域间的各类数据和信息都是通过网络进行传输的。通过工业以太网、工业总线等工业通信协议，以太网、光纤等通用协议，3G/4G、NB-IoT 等无线协议可以把工业现场的设备接入到平台边缘层。网络技术可分为有线网络技术及无线网络技术。其中，有线网络技术常应用于数据处理中心的集群服务器、工厂内部区域网络及现场汇流排控制系统等，有线网络的运用能为其提供高速度、高带宽及高可靠度的网络传输通道；无线网络技术如工业无线传感器网络，则是利用无线技术对数据进行传输及连接相应的传感器。无线网络技术的应用可较大程度上减小传感器网络的布线成本，有利于传感器在各类工业领域中的普及。

4. 信息处理技术

信息处理技术可以通过采集智能化工厂生产线所得到的庞大数据量，并且有效地将这些数据进行清洗、脱敏、分析、存储，以及产生将对企业和生产线具有建设性意义的回馈和应用，因此，该技术也是工业互联网领域的核心技术之一。主要包括如下技术。

边缘数据处理：在高性能计算芯片、实时操作系统、边缘分析算法等关键技术的支撑下，在靠近设备或数据源头的网络边缘侧对相关数据进行预处理、存储及智能分析应用，从而提升操作响应的灵敏度、消除网络堵塞，并与云端分析形成协同。

数据处理框架：充分运用 Hadoop、Spark、Storm 等分布式处理架构，以满足海量数据的批处理和流处理计算需求。

数据预处理：针对原始数据，运用数据冗余剔除、异常检测、归一化等方法对数据进行清洗，为后续的存储、管理与分析等操作提供高质量的数据来源。

数据存储与管理：充分运用分布式文件系统、NoSQL 数据库、关系数据库、时序数据库等不同的数据管理引擎对海量工业数据进行分区选择、存储、编目与索引等。

数据分析算法：运用数学统计、机器学习及最新的人工智能算法实现面向历史数据、实时数据、时序数据的聚类、关联和预测分析。

机理建模：利用机械、电子、物理、化学等领域的专业知识，结合工业生产的实践经验，基于已知的工业机理构建各类模型，实现分析应用。

5. 安全技术

利用工业互联网技术，用户可通过视频或网络数据传输对作业人员所处的作业环境中是否存在危险因素进行实时监控，并对周边危险系数进行详细分析，以保障作业人员的工作安全；信息安全技术能够有力保障数据资料避免被未经授权地使用、破坏、修改、检视及记录。信息安全技术主要包括网络安全、控制安全、数据安全、设备安全和应用安全等，在工业防火墙技术、工业网闸技术、加密隧道传输技术等的支撑下，可防止数据泄露、被侦听或篡改，提高数据在源头和传输过程中的安全性和准确性。平台入侵实时检测、网络安全防御系统、恶意代码防护、网站威胁防护、网页防篡改等技术可以确保工业互联网平台的代码安全、应用安全、数据安全和网站安全。通过建立统一的访问机制，限制用户的访问权限和所能使用的计算资源和网络资源，可实现对云平台重要资源的访问控制和管理，防止非法访问。

1.4　工业互联网是实现智能制造的核心

智能制造是信息化和工业化深度融合的主攻方向，是适应新一轮科技革命和产业变革的必然要求。《*Manufacturing Intelligence*（制造智能）》将智能制造定义为"通过集成知识工程、制造软件系统、机器人视觉和机器人控制来对制造技工们的技能与专家知识进行建模，使智能机器能够在没有人工干预的情况下进行小批量生产"。21 世纪以来，在物联网、大数据、云计算等新一代信息技术快速发展及应用的趋势下，智能制造被赋予了新的内涵，智能制造是将物联网、大数据、云计算等新一代信息技术与先进自动化技术、传感技术、控制技术、数字制造技术结合，实现工厂和企业内部、企业之间和产品全生命周期的实时管理和优化的新型制造系统。

智能制造的特征在于实时感知、优化决策、动态执行 3 个方面：一是数据的实时感知，智能制造需要大量的数据支持，通过利用高效、标准的方法实时进行信息采集、自动识别，并将信息传输到分析决策系统；二是优化决策，通过面向产品全生命周期的海量异构信息的挖掘提炼、计算分析、推理预测，形成优化制造过程的决策指令；三是动态执行，根据决策指令，通过执行系统控制制造过程的状态，实现稳定、安全的运行和动态调整。

工业互联网是互联网和新一代信息技术与工业系统全方位深度融合所形成的产业和应用生态，是工业智能化发展的关键综合信息基础设施。从表述上看，工业互联网和智能制造各有侧重，一个侧重于工业服务，一个侧重于工业制造，但本质都是实现智能制造与智能服务。

工业互联网和智能制造相比，更加注重软件、网络和大数据，目标是促进物理系统和数字系统的融合，实现通信、控制和计算的融合。工业互联网系统由智能设备、智能系统和智能决策三大核心要素构成，实现数据流、硬件、软件和智能的交互。由智能设备和网络收集的数据存储之后，利用大数据分析工具进行数据分析和可视化，由此产生的"智能信息"可以由决策者必要时进行实时判断处理，成为大范围工业系统中工业资产优化战略决策过程的一部分。智能制造领域的咨询服务机构 e-works 认为，工业互联网与制造业的融合将带来以下 4 个层面的智能升级。

第一层是推进产品的智能化和智能服务，从而实现商业模式的创新，支撑企业开发智能互联产品，基于物联网提供智能服务。

　　第二层是如何应用智能装备、部署智能产线、打造智能车间、建设智能工厂，从而实现生产模式的创新，帮助企业实现机器到机器（Machine to Machine，M2M）之间畅通无阻、随时随地地通信。

　　第三层是智能研发、智能管理和智能物流供应链，实现企业运营模式的创新，在这一层，工业互联网的主要作用是实现企业内的信息集成和企业间的供应链集成。

　　第四层是智能决策，在这个层次，工业互联网的作用是实现异构数据的整合与实时分析。

　　因此，工业互联网是实现智能制造的核心。智能制造的最终实现主要依靠两个基础：工业制造技术和工业互联网。工业互联网是支撑智能制造的关键综合信息基础设施，是充分发挥工业装备、工艺和材料潜能，提高生产效率、优化资源配置效率、创造差异化产品和实现服务增值的关键。

参考文献

[1] 中国互联网络信息中心 . 第 47 次《中国互联网络发展状况统计报告》[R]. 2021.2.

[2] 希捷科技，IDC. 数据时代 2025 [R]. 2017.

[3] GE. 工业互联网：突破智慧和机器的界限 [R]. 2011.

[4] 王建平 . 什么是产业互联网 ?[J]. 中国信息界，2019，331（1）：78-81.

[5] 工业互联网产业联盟 . 《工业互联网体系架构（版本 1.0）》[R]. 2016.

[6] 美国国家科学技术委员会下属先进制造技术委员会 . 美国先进制造业领导者的战略 [R]. 2018.

[7] 工业互联网产业联盟 . 工业互联网构筑第四次工业革命的基石——国际工业互联网发展跟踪研究 [J]. 中国电信业，2019（3）：19-23.

[8] 德国工业战略 2030[J]. 机械工业标准化与质量，2020（2）：7-14.

[9] 国务院关于积极推进"互联网 +"行动的指导意见 [N/OL]. 2015.

[10] 工业和信息化部 . 关于印发《工业互联网创新发展行动计划（2021—2023 年）》的通知 [N/OL]. 2021.

[11] 赵义萱 . 物联网信息感知与交互技术探析 [J]. 通讯世界，2015（6）：215-216.

[12] MELL P，GRANCE T . The NIST definition of cloud computing[J]. Communications of the ACM，2011，53（6）：50.

[13] 涂子沛 . 大数据：正在到来的数据革命以及它如何改变政府、商业与我们的生活 [M]. 桂林：广西桂林出版社，2015.

[14] 刘智慧，张泉灵 . 大数据技术研究综述 [J]. 浙江大学学报：工学版，2014，48（6）：957-972.

[15] 贾丽平 . 比特币的理论、实践与影响 [J]. 国际金融研究，2013（12）：14-25.

[16] 高杰，霍红，张晓庆 . 区块链技术的应用前景与挑战：基于信息保真的视角 [J]. 中国科学基金，2020，34（1）：25-30.

[17] 袁勇，王飞跃 . 区块链技术发展现状与展望 [J]. 自动化学报，2016，42（4）：481-494.

[18] ZANELLA A，BUI N，CASTELLANI A，et al. Internet of Things for Smart Cities[J]. IEEE Internet of Things Journal，2014，1（1）:22-32.

[19] WRIGHT P K，BOURNE D A . Manufacturing intelligence[M]. Hoboken: Addison-Wesley，1988.

[20] 工业互联网与智能制造 [N/OL]. 2018.

3 2 1
4 5 6

第 2 章

工业互联网架构

体系结构框架包含识别基本体系结构的信息构建，并指定关注点、对象、视角、模型类型、对应规则及适用条件。体系结构框架可以用来发现、描述并组织有关当前系统的关注主题，并进一步用以澄清、分析和解决问题。

工业互联网的技术创新、互联互通、系统安全和产业提升均离不开标准化的引领。基于第 1 章对工业互联网的定义、系统描述，以及系统特征介绍，我们可以推演出工业互联网的技术体系架构。

2.1　工业互联网的参考架构

2014 年 3 月，GE 联合 AT&T、思科、IBM 和英特尔发起成立工业互联网联盟（Industrial Internet Consortion，IIC），IIC 成立后得到了许多政府机构、大学和企业的积极响应和支持。IIC 目前已经发展成为由几十个国家的 200 多家企业、研究机构（包括华为、中兴、中国电信、中国信息通信研究院、中国电子技术标准研究院等）组成的引领工业互联网技术研发的国际性技术联盟。IIC 于 2015 年 6 月发布了工业互联网参考架构（Industrial Internet Reference Architecture，IIRA），并在 2019 年 6 月发布了最新版本 V1.9。在工业领域建立新物联网能力的过程中，IIRA 是关键的起始端，为工业互联网系统的各要素及相互关系提供了通用计算机语言，开发人员可以从更高维度选择开发要素，继而快速实现系统，进行工业应用。

IIRA 包括商业视角、用法视角、功能视角和实现视角 4 个层级，并论述了系统安全、信息安全、弹性、互操作性、连接性、数据管理、高级数据分析、智能控制和动态组合九大系统特性。

2.1.1　4 层视角

如图 2-1 所示，IIRA 提出了 4 层视角（viewpoint）的体系结构，分别从商业视角、用法视角、功能视角和实现视角构建工业互联网的需求模型、用例模型、功能模型和实现模型。

商业视角（Business Viewpoint）：在建立工业互联网系统时，商业模型关注利益相关者的商业视野及其业务愿景、价值观和目标。模型明确工业互联网系统如何通过映射到基本系统功能来实现所述的商业目标。对象包括：业务决策者、产品经理和系统工程师等。

用法视角（Usage Viewpoint）：用例模型解决可靠、复杂的系统应用问题。通过专业用户或者逻辑用户的自主式操作（使用系统的过程），来获取系统的基本功能或服务（如系统或系统组件），再将该系统组装成适用于市场的商业应用。以商业模型为前提，得到工业互联网系统的基本能力，使其成为工业互联网系统的最小操作单元，同时考虑到系统的使用者，以及这些使用者在系统中可能扮演的角色，得出工业互联网系统的这些基本能力在通过一些"活动"时表现出的使用情况。对象包括：系统工程师、产品经理和其他相关的人，

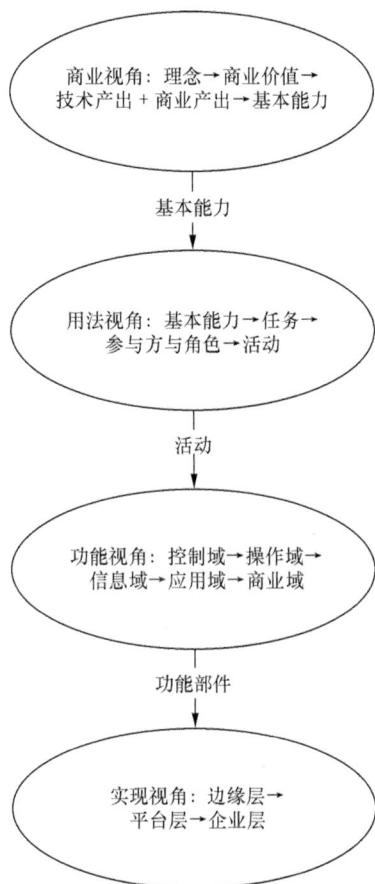

图 2-1　工业互联网参考体系
架构示意图

包括参与工业互联网系统规范的个人，以及在最终使用中代表用户的个人。

功能视角（Functional Viewpoint）：功能模型关注工业互联网系统中的功能组件、它们的结构和相互关系、它们之间的接口和交互、流程和步骤，以及系统与环境中外部元素的关系和交互，以支持整个系统的使用和活动。对象包括：系统和组件架构师、开发人员和集成商。

IIRA 的功能视角建模采用了功能域模型，将工业互联网系统在功能上划分成控制域、操作域、信息域、应用域和商业域 5 个部分。控制域表示由工业控制系统执行的功能集合，包括感知和传递工业控制系统的数据，反馈对工业控制系统的控制等功能；操作域表示负责控制域内系统的功能提供、管理、监测及优化

的功能集合，包括对于工业控制系统的监测和诊断、预测和优化等功能；信息域表示从多个不同功能域收集数据、转换和分析数据的功能集合，信息域主要从其他域获取数据，进行分析和处理，获取整个系统的智能信息；应用域表示实现特定商业功能的应用逻辑的功能集合；商业域功能通过集成工业互联网系统与具体的商业功能、支持商业过程和商业流程活动，提供工业互联网系统的端到端操作。

实现视角（Implementation Viewpoint）：实现模型涉及实现功能组件（功能视角）所需的技术、通信方案及其生命周期过程等，包括具体的工业控制系统、通信技术和应用程序等。这些元素由活动（使用视角）和支持系统功能（业务视角）协调。对象包括：系统和组件架构师、开发人员、集成商和系统运营商。

实现视角模型包括多个体系结构模式，3 层体系结构模式是其中的一个简化的抽象模型，根据对数据流和控制流处理的功能不同，该体系结构模式可以分成边缘层、平台层、企业层。图 2-2 是 3 层体系结构模式与功能域的关系示意图。

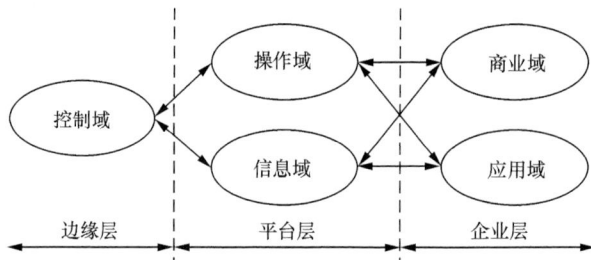

图 2-2　3 层体系结构模式与功能域的关系示意图

商业和用法视角是从商业的角度来看待生产活动，其关心的是资金、客户关系、供应链、人力资源、企业资产、产品的生命周期等。功能和实现视角是工业互联网的技术基础。实现视角主要是搭建合理的信息通道，使得相对独立的设备和系统在功能视角中形成数字化映射，能够与其他信息系统互相访问操作。4 个视角和模型相互交织，形成了工业互联网完整的体系架构。

2.1.2　系统特性

1. 系统安全

系统安全是系统运转的主要核心问题，单个组件的安全不能保证整个系统的安全，在缺乏系统行为预测的前提下，系统安全问题很难被预警。

2. 信息安全

为了解决工业互联网中的安全、信任与隐私问题，必须保障系统端到端的信息安全。

3. 弹性

弹性系统需要有容错、自我配置、自我修复、自我组织与计算的自主计算概念。

4. 互操作性

工业互联网系统由不同厂商和组织的不同组件装配而成，这些组件需确保基于兼容通信协议的相互通信功能，基于共同概念模型互相交换与解释信息，基于交互方期望在重组方式下相互作用。

5. 连接性

无处不在的连接是工业互联网系统运行的关键基础技术之一，针对系统内的分布式工业传感器、控制器、设备、网关和其他子系统，有必要定义新的连接性功能层模型。

6. 数据管理

工业互联网系统数据管理包含从使用角度考虑的任务角色和从角度看的功能组件的具体协调活动，如数据分析、发布与订阅、查询、存储与检索、集成、描述和呈现、数据框架和权限管理。

7. 高级数据分析

数据的分析与先进的数据处理过程将来自传感器的数据进行转换与分析，从而提取能提供特定功能的有效信息，给运营商提供有见解的建议，支持实时业务与运营决策。

8. 智能控制

智能控制提出相关的概念模型，并就如何建立智能弹性控制提出关键的概念。

9. 动态组合

工业互联网系统需要对各种来源的分散组件进行安全、稳定和可扩展的组合。这些组合通常基于不同的协议，提供可靠的端到端服务。

IIRA 的实现视角聚焦于工业互联网最基本、核心的技术架构，功能视角在其技术架构上搭建，在协调情况下，使得多个应用（视角）可以一同工作，最终完成业务办理。本章结合 IIAR 提出的 3 层体系结构，首先介绍工业互联网的技术架构。

2.2 工业互联网的技术架构

工业互联网参考体系结构框架在很大程度上借鉴了物联网体系结构研究的成果。如图 2-3 所示，物联网网络架构由感知层、网络层和应用层组成。感知层实现对物理世界的智能感知识别、信息采集处理和自动控制，并通过通信模块将物理实体连接到网络层和应用层；网络层主要实现信息的传递、路由器和控制，包括延伸网、接入网和核心网，网络层可依托公众电信网和互联网，也可以依托行业专用通信资源；应用层包括应用基础设施 / 中间件和各种物联网应用，应用基础设施 / 中间件为物联网应用提供信息处理、计算等通用基础服务设施、能力及资源调用接口，以此为基础实现物联网在众多领域的各种应用。

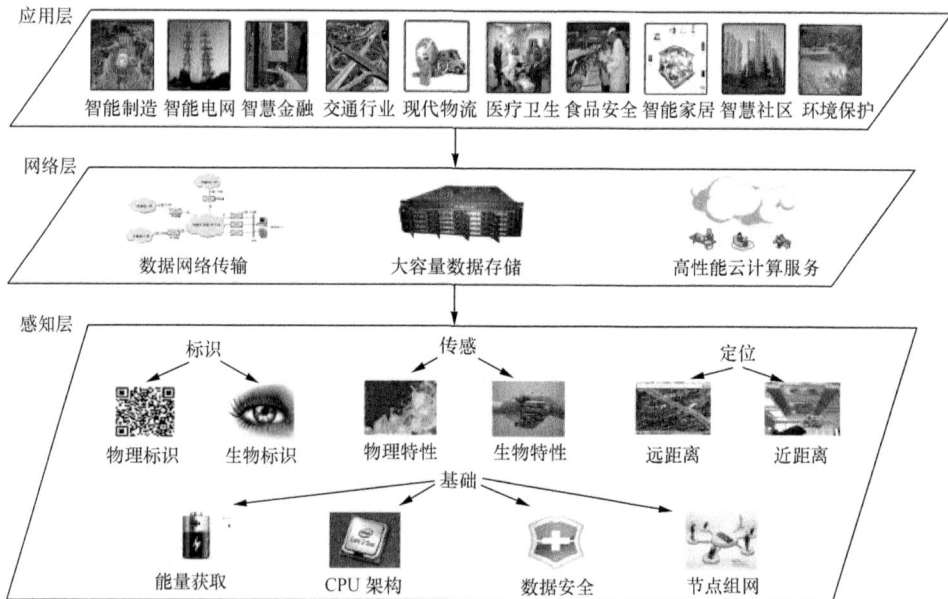

图 2-3 物联网基本技术架构

根据对数据流和控制流处理的功能，IIRA 提出了 3 层工业互联网体系结构模式，分成边缘层、平台层、企业层，是工业互联网实现视角模型中的一个简化的抽象模型，如图 2-4 所示。

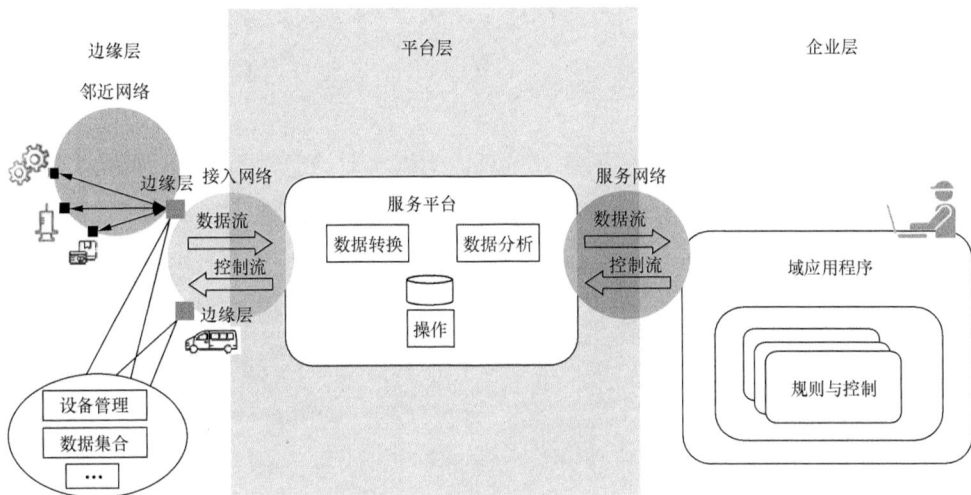

图 2-4　3 层工业互联网系统架构

边缘层从工业控制系统收集数据，传送给平台层；从平台层接收对工业控制系统的控制命令。平台层从企业层接收、处理，并且向边缘层转发控制命令，从边缘层汇聚、处理，并且向企业层转发数据。企业层实现特定领域的应用、决策支持系统，并且向终端用户提供应用接口。其中，边缘层侧重于依托边缘网关对数据进行采集、转换、传输，平台层完成对于数据的分析处理，并且将分析的结果发送到企业层的各个领域的应用，形成决策与行动建议，并最终反馈给边缘层，优化边缘侧设备的运行。

互联和智能是工业互联网最基本的要求和最重要的特征。工业互联网的目标是使已有的制造机器、生产设备和机械机组等更加智能，建立开放性的网络平台，让生产过程中的各类机器和价值链上的所有环节都互联化，从而达到整个生产与服务的智能化。其核心就是通过信息网络使原本割裂的工业数据实现流通，从而形成一个"智能网络"。首先，复杂多样的工业生产实体智能地识别、认知和收集生产相关数据，即"感"环节；其次，这些工业数据在相互连通的泛在化网络上进行传输和汇聚，即"联"环节；再次，对这些网络化的工业大数据进行快速处理和实效分析，即"知"环节；最后，将上一环节所得到的信息形成开放式服务，从而反映到工业生产，即"控"环节。根据上述特点，我们定义工业互联网由感知层、网络层、平台层和应用层4层结构组成。

2.2.1 感知层

感知层主要解决人类世界和物理世界的数据获取问题，由各种传感器、传感器网关构成。感知层的主要功能是物品标识和信息的智能采集，由基本的感应器件（如 RFID 标签和读写器、各类传感器、摄像头、GPS、二维码标签、识读器等基本标识和传感器件）和感应器组成的网络（如 RFID 网络、传感器网络等）两部分组成。核心技术包括射频技术、新兴传感技术、无线网络组网技术、现场总线控制技术（Fieldbus Control System，FCS）等。核心产品包括传感器、电子标签、传感器节点、无线网关等。

识别和传感技术是感知物理世界、获取信息和实现物体控制的首要环节。识别技术实现对物联网中物体的识别和位置信息的获取。传感器将物理世界中的物理量、化学量、生物量转化为可供处理的数字信号。

1. 识别

数据采集方式的发展过程主要经历了人工采集和自动采集两个阶段，对于数据自动采集，针对不同的应用领域，在不同的历史阶段可以使用不同的技术手段。对物品进行有效的、标准化的编码是信息化的基础工作，目前数据自动采集主要使用了条形码、IC 卡、射频识别、光符号识别、语音识别、生物计量识别、遥感遥测、机器人智能感知等技术，根据标识对象的不同可以概括为物理识别和生物识别。

（1）物理识别

① 条形码

条形码是由黑白相间的条纹组成的图案，黑色部分称为"条"，白色部分称为"空"，条和空分别代表二进制的 0 或 1，对其进行编码，从而可以组合不同粗细间隔的黑白图案，可以代表数字、字符和符号信息。条形码中的条和空对同一光线的反射率和反射强度不一样，简单地说就是我们看到的黑与白有很好的区分度，扫描器利用该原理，通过光学传感器检测来自不同反射区的反射光，即通过检测黑与白的排序信息进行识别。

② 二维码

二维码是条形码的升级版，条形码是一维的，只记录横向信息，不记录纵向信息，即使你将条形码横着撕成两半，也可以读取信息。而二维码，既记录横向信息也记录纵向信息，也是按照"0"和"1"的比特流原理进行设计，有堆叠式和矩阵式两种。堆叠式二维码是建立在条形码的基础上，也就是按需要让多个条形码堆叠在一起，形成二维码；矩阵式二维码是平常见得最多的二维码，通过黑白（也有其他颜色）像素在矩阵中不同的分布进行编码，在矩阵元素区出现的点（方、圆等形状）表示二进制的"1"，不出现则表示"0"，通过点排列确定其信息。

③ RFID

RFID 是一种非接触的自动识别技术，它利用射频信号和电感耦合或雷达反射的原理，实现物品的自动识别，20 世纪哈里·斯托克曼（Harry Stockman）提出的"利用反射功率的通信"概念和詹姆斯·克拉克·麦克斯韦（James Cleck Maxwell）的电磁学理论为 RFID 奠定了理论基础。

RFID 技术按工作频率分为工作在 130kHz 左右的低频（LF）系统、工作在 13.56MHz 的高频（HF）系统，工作在 900MHz 左右的超高频系统（UHF），以及工作在 2.4GHz 或者 5.8GHz 微波频段的系统，不同频率的特性不同，其应用领域与范围也不同。从工作方式上 RFID 技术分为无源、有源 / 半有源。

RFID 电子标签具有写入数据和存储数据的能力，RFID 电子标签存储器中的内容根据需要可以有条件地供外部设备读取，或供内部信息处理和判定之用。根据功能，RFID 电子标签可以分为 RFID 存储器卡、RFID 逻辑加密卡、RFID 智能卡（或 RFID CPU 卡）3 类。

④ NFC

NFC 是在 RFID 的基础上发展而来的，都是基于地理位置相近的两个物体之间的信号传输。NFC 与 RFID 的区别在于，NFC 技术增加了点对点通信功能，可以快速地建立蓝牙设备之间的 P2P（点对点）无线通信，NFC 设备彼此寻找对方并建立通信连接。P2P 通信的双方设备是对等的，而 RFID 通信的双方设备是主从关系。

（2）生物识别

① 指纹识别

顾名思义，指纹识别就是通过识别手指纹路确认身份，因为所有的手指没有相同的纹路，所以基本没有误识别的可能。目前，指纹识别是使用最为广泛的安全认证方式，在公共场所、工作或者通关入境都可以选择指纹打卡。智能硬件兴起之后，包括智能手机在内的很多个人验证方式也都选择了指纹识别。从技术角度来说，指纹识别主要分为 3 种：电容式、光学式和超声波式。其中，超声波式识别因为技术依旧不成熟，手机所搭载的指纹识别芯片大多数是电容式指纹传感器。其作用方式是，在通过表层镜面采集到指纹之后，对采集的指纹进行质量评估，与指纹库中的样本进行比对，最终确定合格的信息。

② 人脸识别

与指纹识别相比，人脸识别所使用的数据量更多，从而更加精确。而且与指纹需要接触不同，人脸隔空识别，除了特定事项的认证，不要求验证者的注意力。这也是在明星演唱会上可以发现犯罪嫌疑人的原因。图像识别可以自动抓取验证，这是接触式识别所不具备的能力。

③ 虹膜识别

虹膜识别技术是基于眼睛中的虹膜进行身份识别，应用于安防设备（如门禁等），以及有高度保密需求的场所。人的眼睛结构由巩膜、虹膜、瞳孔晶状体、视网膜等部分组成。虹膜是位于黑色瞳孔和白色巩膜之间的圆环状部分，其包含有很多相互交错的斑点、细丝、冠状、条纹、隐窝等细节特征，而且虹膜在胎儿发育阶段形成后，在整个生命历程中将保持不变，这些特征决定了虹膜特征的唯一性，同时也决定了身份识别的唯一性。因此，眼睛的虹膜特征可以作为每个人的身份识别对象。

④ 语音识别

语音识别技术也称自动语音识别（Automatic Speech Recognition，ASR），其目标是将人类的语音中的词汇内容转换为计算机可读的输入。语音识别技术的应用包括语音拨号、语音导航、室内设备控制、语音文档检索、简单的听写数据录入等。语音识别技术所涉及的领域有：信号处理、模式识别、概率论与信息论、发声机理与听觉机理、人工智能等。

2. 传感

国际电工委员会定义传感器为测量系统中的一种前置部件，它将输入变量转换成可供测量的信号。我国国家标准（GB/T 7665-2005）对传感器的定义是："能感受被测量并按照一定的规律转换成可用输出信号的器件或装置"。考虑到电子信息处理的普遍性，可以认为传感器是一种能把物理量或化学量转换成便于利用的电信号的器件。传感器技术作为信息获取的重要手段，与通信技术和计算机技术共同构成信息技术的三大支柱。传感器利用物理效应、化学效应、生物效应，把被测的物理量、化学量、生物量等转换成符合需要的电量。传感技术也因此可以分为物理传感、化学传感和生物传感。

（1）物理传感器

物理传感器（Sensor）是最常见的传感器件。物理传感器是检测物理量的传感器，利用某些物理效应，把被测量的物理量转化成为便于处理的能量形式的信号（如电信号）的装置，其输出的信号和输入的信号有确定的关系，主要的物理传感器有光电式传感器、压电式传感器、压阻式传感器、电磁式传感器、热电式传感器和光导纤维传感器等。物理传感器的静态特性的主要指标有线性度、迟滞、重复性、灵敏度和准确度等，其动态特性则指的是对输入量随着时间变化的响应特性。随着材料科学技术的不断进步，使用物理传感器的场所不断增多。以微机电（MEMS）传感器和智能传感器为代表的新型传感器大幅度提高了信息处理系统获取信息的途径和能力。

① 微机电传感器

微机电系统 （Micro-Electro-Mechanical Systems，MEMS），是一种由微电子、微机械部件构成的微型器件，多采用半导体工艺加工。目前已有的微机电器件包括：压力传感器、加速度计、微陀螺仪、墨水喷嘴和硬盘驱动头等。MEMS体现了当前的器件微型化发展趋势。

② 智能传感器

智能传感器（Smart Sensor）是一种具有一定信息处理能力的传感器，多采用把传统的传感器与微处理器结合的方式来制造。在传统的传感器构成的应用系统中，传感器所采集的信号要传输到系统中的主机进行分析、处理；而由智能传感器构成的应用系统中，其包含的微处理器能够对采集的信号进行分析、处理，然后把处理结果发送给系统中的主机。

（2）化学传感器

化学传感器（Chemical Sensor）是对各种化学物质敏感并将其浓度转换为电信号进行检测的仪器。按传感方式分，化学传感器可分为接触式与非接触式化学传感器；按检测对象分，化学传感器可分为气体传感器、湿度传感器、离子传感器和生物传感器。化学传感器用于化学测量，主要包括生产流程的分析和环境污染监测，并在矿产资源的探测、气象观测和遥测、工业自动化、医学上的远距离诊断和实时监测、农业上的生鲜保存和鱼群探测、防盗、安全报警和节能等各方面都有重要的应用。

（3）生物传感器

生物传感器（Biosensor）是一种对生物物质敏感并将其浓度转换为电信号进行检测的仪器，是由确定的生物敏感材料作为识别元件（包括酶、抗体、抗原、微生物、细胞、组织、核酸等生物活性物质）、适当的理化换能器（如氧电极、光敏管、场效应管、压电晶体等）及信号放大装置构成的分析工具或系统。根据分子识别元件即敏感元件类型，生物传感器可分为5类：酶传感器、微生物传感器、细胞传感器、组织传感器和免疫传感器。生物传感器高度自动化、微型化与集成化的特点，使其在近几十年获得蓬勃而迅速的发展。在食品、制药、化工、临床检验、生物医学和环境监测等方面有着广泛的应用前景，特别是分子生物学与微电子学、光电子学、微细加工技术及纳米技术等新学科、新技术的结合，正改变着传统医学、环境科学动植物学的面貌。生物传感器的研究开发已成为世界科技发展的新热点，形成21世纪新兴的高技术产业的重要组成部分，具有重要的战略意义。

3. 定位

定位技术，顾名思义，就是确定某个物体在某参考坐标系下具体位置的技术。近年来，导航定位技术与人们的日常生活联系得越来越紧密，位置信息也显示出了越来越大的价值，在医疗服务、物流管理、救援抢险、航海航空等领域都得到了广泛的应用。而定位技术的发展是位置信息精准获取的必要条件。由于室内和室外的环境存在很大差异，定位技术也主要分为两大类：室外定位技术和室内定位技术。目前室外的卫星定位系统主要有中国的北斗卫星导航系统（BeiDou Navigation Satellite System，BDS）、美国的全球定位系统（GPS）、俄罗斯的格洛纳斯系统（GLONASS）和欧洲的伽利略（Galileo）卫星导航系统。此外，还有基于 GSM、WCDMA 和 CDMA2000 等网络的定位系统，其服务对象一般是手机。然而，室外条件下的定位技术一般都是视距的，如 GPS 在室外环境中的定位准确度可达到米级，但在室内条件下，由于环境复杂，存在各种干扰源，如室内设备、人员和墙壁等，其准确度急剧下降，无法满足室内定位的要求。目前，国内外的研究人员结合室内环境，提出多种解决方案，主要分为 7 类：基于红外线技术、超声波技术、无线局域网技术、超宽带技术、蓝牙技术、计算机视觉技术，以及射频识别技术的室内定位系统。

（1）室外定位技术

① GPS

20 世纪 70 年代，美国军方研制了新一代卫星定位系统 GPS，其主要目的是为陆、海、空三大领域提供实时、全天候和全球性的导航服务，并用于情报搜集、核爆监测和应急通信等军事目的。经过 20 余年的发展，耗资 300 亿美元，1994 年 24 颗 GPS 卫星星座布设完成，全球覆盖率高达 98%。

② 北斗

中国北斗卫星导航系统（BDS）是中国自主研制的全球卫星导航系统，是继 GPS、GLONASS 之后第 3 个成熟的卫星导航系统。北斗卫星导航系统由空间段、地面段和用户段 3 部分组成，可在全球范围内全天候、全天时为各类用户提供高精度、高可靠定位、导航、授时服务，并具备短报文通信能力。2020 年 6 月 23 日，我国在西昌卫星发射中心用"长征三号乙"运载火箭，成功发射北斗系统第 55 颗导航卫星，暨北斗三号最后一颗全球组网卫星。2020 年 7 月 31 日，北斗三号全球卫星导航系统正式开通。北斗性能优良，全球定位精度优于 10m、测速精度优于 0.2m/s、授时精度优于 20ns。

（2）室内定位技术

① 基于红外线的室内定位技术

通过配置红外线标识的目标物发射红外线，安装在屋内的光学传感器获取红外线，最终给发射端定位。显然，红外线技术的特点是只能按直线传播、传输距离较短、穿透性差、方向性极强及易受其他灯光干扰，这些特性使其在定位上存在局限性。

② 基于超声波的室内定位技术

通过设备发射超声波，再接收目标物反射的返波，根据收发的时间差来计算距离。当同时有 3 个以上的定位装置，可通过计算距离并结合三边或者多边定位计算出主测距器的坐标。基于超声波的室内定位方法，精度较高，但易受非视距传播和多径效应的影响。

③ 基于无线局域网的室内定位技术

在待定位区域内安装若干无线基站，根据接收到的目标物发送的信息（时间和强度），再结合基站的拓扑结构，最终确定目标物的位置。自 2000 年以来，由于个人及小型办公场所的无线网络应用大量出现，各大运营商建设大量的 WLAN 接入点，给基于无线局域网的定位提供了可能性，但这一技术的使用对象和定位对象只能是具备无线网络接入能力的移动终端。

④ 基于超宽带的室内定位技术

超宽带（Ultra-Wide Band，UWB）技术是采用极窄脉冲信号进行数据传输的新型通信技术。UWB 系统采用亚纳秒级的脉冲，在定位技术中具有一定的潜力。该系统的特点是传输速率高、功耗低、抗干扰能力强、安全性和精度高，但其通信距离短、瞬时功率的峰值大，可能会影响其他系统的工作。

⑤ 基于蓝牙的室内定位技术

蓝牙作为一种无线传输技术，通过检测信号的强度判断目标的大致位置，当有多个蓝牙设备时，采用三角测距进行定位。其具有低功耗、短距离、可在非视距下传输等特点，而且蓝牙模块体积小，易于集成在手机或其他客户终端，但由于其工作频段是开放的，因此在复杂环境中，其稳定性较差、易受干扰。

⑥ 基于计算机视觉的室内定位技术

计算机视觉的室内定位技术是根据计算机和相关成像设备来模拟生物视觉，

达到对客观世界的三维场景的感知、识别和理解。较高精度的需求对硬件设备的要求高，包括高性能成像设备和高速率处理的信息处理系统等，因此该系统在许多应用场所都受到了限制。

⑦ 基于射频识别的室内定位技术

基于射频识别的室内定位的主要设备是读写器和电子标签，两者通过射频无线电波实现双向非接触式通信，全程无须人工干预。该技术的特点是：自动识别、非接触、非视距传输、识别范围大、精度较高和成本低等，这使得 RFID 技术成为室内定位技术的第一考虑对象，在物流领域的应用更加突出。

2.2.2　网络层

工业内部网络具有灵活性和友好性。灵活性指的是工业内网对客户端业务的快速应变能力，它能够根据个性化定制等业务，快速调整工业生产环境。友好性指的是网络管理界面将复杂的工厂管理网络简洁化，随着数据互联和软件应用的发展，管理界面对于操作人员而言更为简便。

网络是工业互联网三大功能体系之一，本书将在第 3 章重点讲述工业互联网的网络理论与技术。

2.2.3　平台层

工业互联网平台作为工业智能化趋势的关键，能够实现海量异构数据的汇聚与建模分析、工业经验知识软件化与模块化、各类创新应用开发与运行，从而支撑生产的智能决策、业务模式创新、资源优化配置、产业生态培育。

工业互联网平台满足制造工业的需求，让其操作流程变得智能化、简洁化；打造以云数据为基础的服务体系，让其收集、分析数据变得便利化；建立制造资源的泛在连接，让其供给、配置变得高效化。工业互联网平台采用了物联网、人工智能、大数据等诸多技术，实现了比传统平台更切合时代的数据采集系统。

工业互联网平台涉及 7 大类关键技术，分别为数据集成和边缘处理技术、IaaS 技术、平台使能技术、数据管理技术、应用开发和微服务技术、工业数据建模与分析技术、安全技术。具体可以概括为边缘、支撑（工业 IaaS）、平台（工业 PaaS）和应用四大核心层级。

1. 数据采集（边缘层）是基础

数据的采集技术是泛在感知技术，数据的采集对象是多源设备、异构系统、运营环境、人等要素信息。该部分主要包括数据的采集、存储以及异构数据的整理和面向云平台的预处理，为互联网平台的架构建立了数据基础。

2. 工业IaaS是支撑

该部分采用虚拟化技术，将计算、存储、网络等资源池化，为使用者提供可量化、弹性化的资源服务。

3. 工业PaaS（平台层）是核心

工业平台的开放式云操作系统以工业 PaaS 为基底，实现了工业端的大数据处理、数据分析、微服务等功能。该部分建设的总体脉络是先对通用 PaaS 平台进行革新，更新出满足工业各大需求的云平台，再将众多工业技术原理、行业通识、基础模型分门别类，逐一包装为微服务。该功能灵活性强、循环使用率高，可以降低应用程序的开发门槛和开发成本，提高开发、测试、部署的效率，为海量开发者汇聚、开放社区建设提供支撑和保障。

4. 工业App（应用层）是关键

主要面向特定工业应用场景，对工业管理进行模型化、软件化、再封装（即工业 App），使用者通过对工业 App 的操作来实现对制造资源的优化配置。在平台的基础上，为特定客户、特定场景设计个性化的工业 SaaS 及 App，实现工业互联网平台的最终价值。

平台是工业互联网三大功能体系之一，本书将在第 4 章重点讲述工业互联网平台理论与技术。

2.2.4 应用层

应用层是对平台层的采集信息进行分析、建模，利用信息来操控生产，该层提供针对性功能，解决信息处理和人机界面的问题。典型应用包括质量管理、能源管理、制造执行、设备运行优化等。根据设计研发、资源管理、制造执行和商务的流程，应用层大致可以概括为 PDM 为核心的设计研发层、ERP 为核心的资源管理层、MES 为核心的制造执行层和电子商务为核心的商务层。

1. PDM为核心的设计研发层

产品数据管理（Product Data Management，PDM）在 20 世纪被官方定义为一种帮助工程师和其他人员管理产品数据和产品研发过程的工具。PDM 为产品的制作提供必要的数据信息，及时跟踪产品的运行过程，继而支持和维护产品。

从产品及数据来看，PDM 可以简便快捷地找出产品相关的存档数据，对产品设计、产品结构及跟踪产品的设计概念具有实际意义。从过程来看，PDM 可使产品生命周期内的一系列过程事件协调化，诸如设计审查、批准、变更、工作流优化及产品发布等事件。

从软件来看，PDM 是一种中介型的框架软件系统，缔结了基础信息结构软件和应用软件之间的联系。以此框架为基础，基于其上，建立各种应用软件高度集成化的系统，可为使用者提供全方位管理、实时化跟踪、程序化控制、应时性调取产品生命周期内数据的功能。PDM 明确定位为面向制造企业，以产品为管理的核心，以数据、过程和资源为管理信息的三大要素。PDM 进行产品管理的两大干线分别是静态的产品结构和动态的产品设计流程，以产品信息数据为辅助，推动定向的产品设计流程，最终达到设计产品结构的目的。这也是 PDM 系统和其他的信息管理系统，如企业信息管理系统（MIS）、制造资源计划（MRP II）、项目管理系统（PM）、企业资源计划（ERP）的最大区别。

（1）PDM 的体系结构

从 PDM 的实现技术上来看，大多数 PDM 采用客户 / 服务器（Client/Server，C/S）体系结构，不仅要求用相关技术来存档和管理数据，而且要求用网络技术来互联数据。一个包括应用和数据两方面的 PDM 典型体系结构如图 2-5 所示。

PDM 应用体系结构分成以下 3 个层次。

① 用户应用层

用户应用层提供友好型用户界面，实现人机交互的服务，通常由环境管理器、应用功能单元和应用服务单元 3 个功能组成。

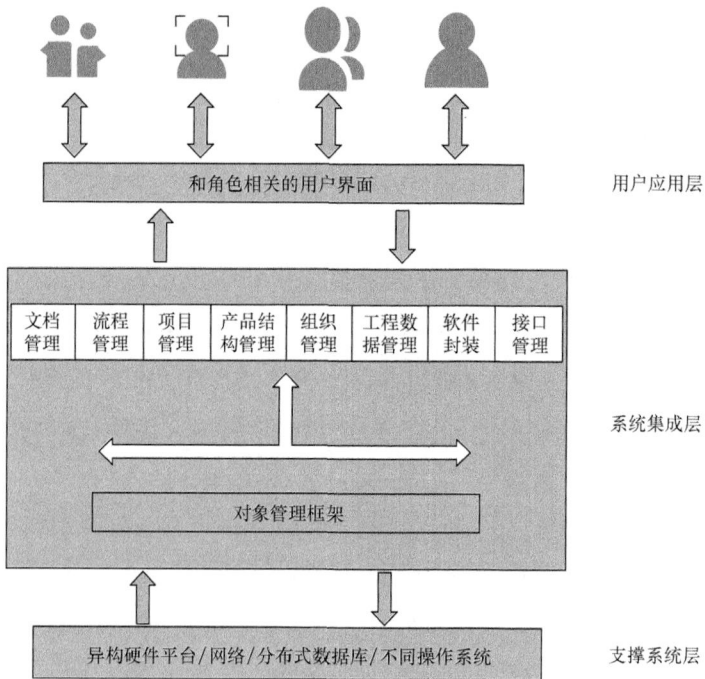

图 2-5　PDM 的体系结构

②系统集成层

系统集成层提供接口统一、任意地点的访问分布式网络的服务，还提供访问不同存储设备上相同数据的服务，由通信服务、计算服务、描述服务、安全性服务及数据服务 5 个功能组成。

③支撑系统层

支撑系统层提供通过网络连接的分布输入/输出设备、计算机之间基本的计算和通信服务，由输入/输出、计算、通信 3 个功能组成。

PDM 数据体系结构也分成以下 3 个层次。

①支撑层

支撑层是 PDM 实施的基本部分，主要包括数据库管理和网络（软硬件），分别提供了物理和手段上的支持。

②维护层

维护层是 PDM 实施的支撑部分，包括静态组织和项目的管理，保证了对系统安全性的控制。

③ 核心层

核心层是 PDM 实施的中心部分，是接触用户最为频繁的部分。核心层包括文档管理、产品结构管理、流程管理、工程数据库管理、应用软件封装及接口管理系统。其中文档管理的对象是后续管理所产生的文档，前后产生衔接化的承接关系，实现了对系统信息的管理。

（2）PDM 的功能结构

应用功能是 PDM 系统中直接使用的应用于产品开发环境中的用户化功能，包括以下 3 个部分。

① 数据与文档管理

PDM 的基础配置是电子仓库，需要具有稳固的安全机制。仓库的 3 层管理区各有特点：第一层是集中数据存档区，需要远程登录，虽然数据集中、安全，但访问速度慢；第二层是数据互联区，局域内访问速度快，但域间速度较慢；第三层具有局域和复制文件功能的管理区，这种方式存在数据的冗余。

数据与文档管理的主要功能有：分布式文件管理、分布式电子仓库 (Vault)、文件的检入 / 检出（check-in/check-out）、属性搜索机制、动态浏览与导航机制、全机制、程序与工作流管理、数据变化过程和数据的流动、帮助改进和优化产品的开发过程。

过程与工作流管理的主要功能有：面向任务的工作流管理、基于规则的结构化任务流、触发 / 警告 / 提醒机制、电子邮件接口、图形化工作流设计工具、工程更改管理。

② 产品结构与配置管理

产品结构与配置管理搭建了可以经营数据的结构，建立了数据间可控的联系，可直观地观察 PDM 要素的走向并且对其进行优化配置。该部分的主要功能有：物料清单（Bill of Material，BOM）创建、版本生成与修订控制管理、多视图 BOM 建模与管理、与 MRP Ⅱ /ERP 系统集成、规则推动的配置管理、零部件分类库管理。

以基础分类方法为手段，以利于后续设计的再使用为目的，搭建起标准件、常用件的分类库，零部件分类库管理的主要功能有：零部件库接口、电子文档属性编码、基于设计内容的再利用。

③ 系统功能

系统功能是指支撑应用功能的底层功能，主要包括：分布式通信功能、数据转换功能、图像服务功能、扫描与图形处理、圈阅与注释功能［支持多种数据和文档标准，与适用的计算机辅助设计（Computer Aided Design，CAD）系统的文件接口，对图档的注释］、系统集成功能、配置功能。

2. ERP为核心的资源管理层

企业资源计划系统（Enterprise Resource Planning，ERP），是由美国加特纳公司（Gartner Group Inc.）在 20 世纪 90 年代初期首先提出的，当时的解释是根据计算机技术的发展和供需链管理，推论各类制造业在信息时代管理信息系统的发展趋势和变革。随着人们认识的不断深入，ERP 已经被赋予了更深的内涵。ERP 是指建立在信息技术基础上，以系统化的管理思想，为企业决策层及员工提供决策运行手段的管理平台。

EPR 对供应链管理更为重视。除了旧有的制造、财务、销售等功能外，还增加了分销管理、人力资源管理、运输管理、仓库管理、质量管理、设备管理、决策支持等功能。ERP 主要是整合业内所有资源，进行系统化管理，对于大部分制造型企业来说，主要包括 4 个方面的管理模块：生产控制管理模块，即拟定生产计划和生产业内产品；物流管理模块，即预算分销量、购入生产原料和管理库内资源；资金管理模块，即税务和财务，财务部分包括会计核算和财务管理两大块；人力资源模块，即招聘意向人员、分配入职人员、培训实习人员、管理正式人员等。

（1）生产控制管理模块

该模块协调控制生产流程，解决了库存冗余、效率低下、生产流程分散化等问题。不同企业具有不尽相同的总生产计划，该计划的制定依据实际订单和生产能力的关系，具有一定的稳定性。相对应的还需制定物料需求计划，即根据总计划中生产产品的具体数量，参照实际库存量，制定出完善的物料需求计划。接下来就是计划的实施阶段，将总计划细化分解到各生产职能部门，各生产厂依据分解的内容，进行工艺文件的编制、工装、刀具的前期准备，在此过程中涉及作业排班和作业现场监控管理，整个生产管理过程，包括组织、计划、准备、控制。

（2）物流管理模块

该模块的管理主要包括货物的入库、出库、接收退货、退货出库、库存盘点和统计分析等功能，包括分销管理、采购管理和库存管理模块。

① 分销管理

分销管理流程大致如下：以产品销售计划为起点，以市场上该产品的销售业绩为参考，再对与产品所涉及的数据进行收集与分析。分销模块界面的主要功能为：客户信息管理、销售订单管理和销售数据管理。

② 采购管理

采购原材料的步骤如下所述：采购生产原料的申请、收取货物、检验货物和货物入库。流程中要对原料采购信息实时记录，对原料运送物流实时关注，依照预算时间入库。采购管理界面主要功能为：供应商资质查询、原材料信息汇总、原材料价格分析等。

③ 库存控制管理

该模块与后勤管理系统相辅相成，主要是控制存储物料的数量，保证稳定的生产流程运转。库存管理界面的主要工作内容为：货物收发、库存转移、库存调整等。

（3）资金管理模块

资金管理包括了税务和财务管理。企业税务会计在多种纳税方案中通过事先筹划，合理安排公司的筹资、投资、经营、利润分配等财务活动，针对采购、生产经营及内部核算等进行合理决策，利用国家法规积极进行税务筹划，既保证企业完成利税义务，又增加自身"造血"能力，降低税收负担，同时也提高了税后利润，实现自身的持续健康发展。

财务管理模块包括会计核算和财务管理。会计核算主要是记录、核算、反映和分析资金在企业经济活动中的变动过程及其结果。它由总账、应收账、应付账、现金、固定资产、多币制等部分构成。ERP 系统在会计核算中主要有以下几个功能：批量记录所支出账目的凭证，生成各类别的会计报表；分类管理供应商端的发票、支票等账单；核算管理固定资产的资产值及实时折旧信息；计算、发放职员薪水及核算相关经费。该管理模块从产品结构、车间生产工序、原材料采购及人工费用等各方面进行成本计算，并对基础数据进行实时统计分析。

财务管理的工作重心为财务计划的编制，财务数据的控制、分析和预测。主要工作内容是根据前期财务分析做出下期的财务计划和预算，同时进行定期的财务评估和账务分析工作，最终作为决策者做出有关资金决策的依据。

（4）人力资源模块

企业内部的人力资源已经被视为企业的资源基础。随着重视程度的加深，ERP 系统独立出来人力资源管理模块，将其作为一个单独的部分和 ERP 系统中的财务、生产系统合成了一个效率高、集成性强的企业资源系统，与以往方式下的人事管理有着根本上的区别。ERP 系统中的人力资源管理模块主要包含：人力资源规划的辅助决策体系、招聘管理、工资核算、工时管理、差旅核算等。

ERP 系统将信息手段与管理思维结合起来，成为当代企业的运作模板，满足了目前社会对企业调配资源合理化、制造社会财富最大化的要求，它明显加速了企业办事进程、加强了企业竞争优势，是企业在信息时代扎根、蓬勃之根本。

3. MES为核心的制造执行层

制造企业生产过程执行系统（Manufacturing Execution System，MES）对制造企业车间执行层的生产信息进行分析、管理。具体管理功能包括：制造数据管理、计划排产管理、生产调度管理、库存管理、质量管理、人力资源管理、工作中心 / 设备管理、工具工装管理、采购管理、成本管理、项目看板管理、生产过程控制、底层数据集成分析、上层数据集成分解等管理模块，最终建立起企业的综合业务协同管理平台。

"从高层向底层下发生产指令"，按计划生产，是制造企业传统生产过程的特性，企业高层根据产品订购情况制定生产计划→生产计划下发至生产厂间→厂间安排产品生产→产品派送至订购端。美国先进制造研究机构（Advanced Manufacturing Research，AMR）提出的企业集成模型就包括计划层、执行层和控制层。制造企业需要计划层面的 ERP 系统，即财务 + 供应链管理功能，但 ERP 对执行层管理的对接并不顺畅，因为现场自动化系统所起到的作用主要是监督现场设备和工艺参数，向操作人员提供设备检查结果和参数运转数据，未能起到管理的作用。在管理信息方面，ERP 系统和现场自动化系统即控制层之间出现了"割裂"，所以 MES 作为纽带对计划管理层与底层控制层进行了衔接。AMR 将 MES 定义为"位于上层的计划管理系统与底层的工业控制之间的面向车间层的管理信息系统"。制造执行系统协会（Manufacturing Execution System Association，MESA）将 MES 定义为："MES 能通过信息传递对从订单下达到产品完成的整个生产过程进行优化管理。当工厂发生实时事件时，MES 能对此及时做出反应、报告，并用当前的准确数据对它们进行指导和处理。"MESA 在 MES 定义中强调了以下 3 点。

- MES 是对整个车间制造过程的优化，而不是单一的解决某个生产瓶颈；
- MES 必须提供实时收集生产过程中的数据的功能，并做出相应分析和处理；
- MES 需要与计划层和控制层进行信息交互，通过企业的连续信息流来实现企业信息的全集成。

在工厂综合自动化系统中，MES 在 ERP 系统的生产计划引导下，对控制层系统的生产相关数据进行收集，对短时间的生产作业的计划调试、监督、资源分配和生产过程的优化进行安排。MES 国际联合会给出的制造执行系统的功能如图 2-6 所示。

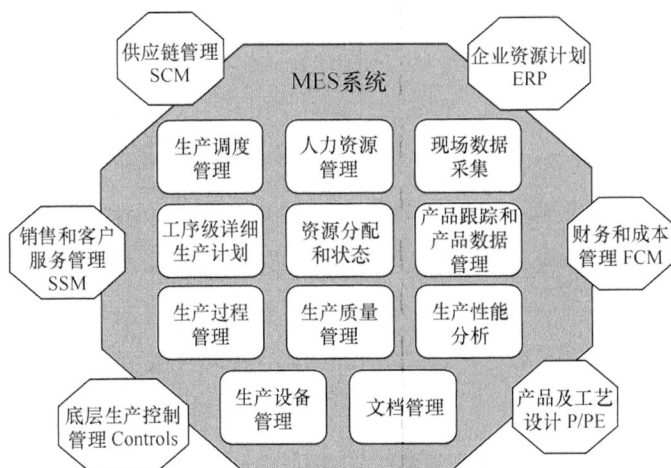

图 2-6　MES 功能图

- 资源分配和状态管理：对资源进行管理，为达到生产计划的标准而对其做出调控。其中资源不仅包括机床、辅助工具（如刀具、夹具、量具等）、物料、劳动者等其他生产能力实体，而且还包括加工必备的文档（工艺文件、数控设备的数控加工程序等）和资源的相关旧数据。

- 工序级详细生产计划：以指定生产单元相关的优先级、属性、特征、方法等因素为依据，对生产流程进行排序，再生成逐级的操作计划，即详细计划，最终来达到次序合理化、生产时间最大压缩化的目的。

- 生产调度管理：以作业、订单、批量及工作订单等形式为依靠，对生产单元中的物料流和信息流进行管控。生产调度对生产作业计划具有一定的辅助能力，对返修品和废品进行处理后转化成正品，缓冲性地控制总制品数量。

- 文档管理：对与生产有关的及生产的旧存档数据进行维护，其中数据包括图纸、配方、工艺文件、工程变更等的记录／单据。

- 现场数据采集：对生产现场中的各种实时刷新的现场数据进行收集，数据收集方式可以是车间手工输入或是其他自动方式。

- 人力资源管理：对员工状态信息数据进行实时更新，人力资源管理可以与设备资源管理模块相互作用来决定最终的优化分配。

- 生产质量管理：以制造现场收集到的分析情况为依据，确定影响产品质量的因素，把控产品的质量。

- 生产过程管理：对生产过程进行监控，对生产中的错误进行自动修正，向用户提供在制产品生产行为的决策支持，提高加工的效率和质量。

- 生产设备维护管理：对企业设备进行实时监督，并制订出除特殊情况以外的定时性、防护性的设备维护计划，也对发现的设备问题提供即时的解决方案，使制造过程尽可能的顺畅。

- 产品跟踪和产品数据管理：对工件在任意时刻下的情况进行监督，并记录下每一个产品的状态，该记录具有极强的可追溯性。

- 性能分析：对当下制造过程的成果进行记录，并将当下成果、历史成果及理想成果进行比较。

MES 能通过信息传递对从订单下达到产品完成的整个生产过程进行优化管

理。当工厂发生实时事件时，MES 能对此及时做出反应、报告，并用当前的准确数据对它们进行指导和处理。这种对状态变化的迅速响应使 MES 能够减少企业内部没有附加值的活动，有效地指导工厂的生产运作过程，从而使其既能提高工厂及时交货的能力、改善物料的流通性能，又能提高生产回报率。ERP 是 MES 系统上面的信息系统，ERP 编制生产计划，MES 细化生产计划并连接管理生产控制和调度；ERP 侧重财务，从财务角度进行企业资源管理，MES 侧重制造，以产品质量、准时交货、设备利用、流程控制等作为管理的目标。MES 系统和 ERP 系统相结合，成为当代制造企业管理信息系统的关键组件。

4. 电商平台为核心的商务层

当今时代，正是互联网与制造业碰撞出火花的时代，互联网以实体经济为容器，制造业以网络智能为手段，网络虚拟化与工业实体化相结合，个性化定制、体验式消费、分享制造等想法层见迭出，形成行业新形势。在信息技术与工商业的深度交融下，工业电子商务正成为促进新一轮网络革命与制造变革的主干力量。

（1）工业电子商务代表着电子商务发展的方向

传统商贸一直都有某些众人皆知的缺点，诸如贸易环节长、商品流通效率低等，随着以 B2C 为核心的消费电子商务的发展，人们已经发现了其驱动社会变革的极大潜力，并且企业数字化转型已成必然，以 B2B 为主要特征，以供应链管理为核心的工业电子商务必将迎来巨大机遇，成为各方关注的焦点。

从商务活动的主体看，消费电子商务以消费者为中心，包括与消费者发生直接交易的主体——批发商、零售商等；工业电子商务则以工业企业为中心，包括与其发生交易（交换）活动的上游供应商、下游经销商及终端用户等相关主体。

从商务活动的对象看，消费电子商务以个人商品和在线交易为主，工业电子商务则集中于工业生产运营所需的各类原材料、设备、备品备件、知识、经验、能力及产出的各类产品和服务的在线交易、交换和共享。

从商务活动的环节看，消费电子商务主要涉及产品的零售环节，工业电子商务则贯穿产品的研发、设计、制造、销售及售后等全生命周期环节，涉及企业的上游、内部、下游供应链。

总的来看，工业电子商务实现了对电子商务边界和范畴的丰富、拓展和创新，代表着电子商务的发展方向。

（2）工业电子商务是工业互联网平台落地应用的有效抓手

发展工业电子商务是推动工业互联网平台的重要抓手，对制造业数字化转型具有重要的引导性作用。

一是有助于工业互联网平台的功能完善。工业互联网平台本身主要集中于信息与交易服务，但工业电子商务的发展将推动平台转变为物流、金融等一体化服务体系，该转变有效带动了供应链生产设备及智能产品的泛在接入、运营管理流程的云化迁移和经营管理系统与工业电子商务平台的无缝对接，明显加快了构筑IT和OT融合、生产环节贯通的供应链数据资源体系的完善，是制造业转型的关键一步。

二是有助于专业化解决方案的培育实施。工业电子商务不断拓展供应链的数据资源集成、分析、应用能力，并基于供应链丰富的场景需求，积极促进上游供应链的精准管控、下游供应链的精准营销及设备/产品预测性维护等定制化解决方案的培育与实施，加快推进以数据为驱动的供应链资源的优化配置。

三是有助于工业互联网平台的生态构建。工业电子商务以供应链、产业链、价值链为核心，可充分集聚工业企业、上下游企业、终端用户、平台企业、科技企业和金融机构等各类主体，并探索建立多种协同演化的商业模式与合作机制。

2.3 工业互联网的体系架构

工业和信息化部、国家标准化管理委员会组织制定的《工业互联网综合标准化体系建设指南》明确了工业互联网的体系架构，如图2-7所示。工业互联网通过系统构建网络、平台、安全三大功能体系，打造人、机、物全面互联的新型网络基础设施，形成智能化发展的新兴业态和应用模式。

工业互联网基于网络体系的架构，将连接对象延伸到工业全系统、全产业链、全价值链，可实现人、物品、机器、车间、企业等全要素，以及设计、研发、生产、管理、服务等各环节的泛在深度互联，包括网络连接、标识解析、边缘计算等关键技术。

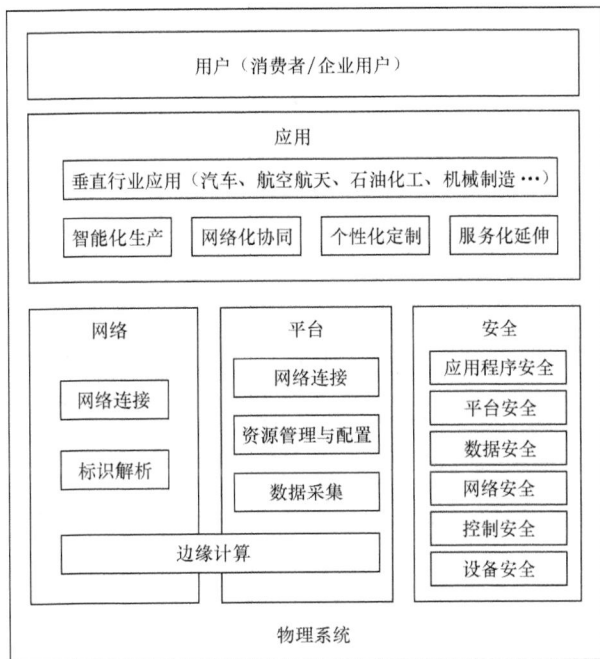

图 2-7 工业互联网参考架构

工业互联网的核心部分是平台体系，针对制造产业数字化、网络化、智能化的需求，构建基于海量数据采集、汇聚、分析的服务体系，支撑制造资源泛在连接、弹性供给、高效配置的载体，平台技术作为工业互联网的核心，它的技术着重点落在了承载在平台之上的工业 App 技术。

为保障工业互联网的正常运转，需要构建一套安全体系，这套安全体系通过构建涵盖工业全系统的安全防护体系，增强设备、网络、控制、应用和数据的安全保障能力，识别和抵御安全威胁，化解各种安全风险，构建工业智能化发展的安全可信环境，保障工业智能化的实现。

2.3.1 网络体系

如图 2-7 所示，作为工业互联网的基础，网络体系包括网络连接、标识解析、边缘计算等关键技术。

1. 网络连接

工厂内外网等网络互联技术及异构协议数据间的互通技术是网络连接技术的主要内容。随着工业互联网的发展，工业以太网、工业无源光纤网络（PON）、工业无线、确定性网络（DetNet）、时间敏感网络（TSN）、软件定义网络（SDN）、低功耗无线网络、第5代移动通信技术（5G）、支持互联网协议第6版（IPv6）的技术和产品等已成为发展重点。

2. 标识解析

工业互联网所采用的标识解析技术是指可以根据目标对象的标识编码查询其网络位置或者相关信息的过程，标识解析系统是工业互联网的重要基础设施之一。目前，国内外存在多种标识解析技术，包括标码（Handle）、对象标识符（OID）、全球统一编码标识（GSI）及我国的物联网统一标识（Ecode）编码体系等。当今的标识解析技术绝大部分是面向物联网个别领域应用的，如智慧物流、产品溯源、智能家居等垂直领域，针对工业互联网特定的应用场景、复杂的工序流程等特定应用而设计的标识解析系统比较欠缺，并且在数据互认、互操作等方面也缺少相应的技术方案，无法助力实现工业互联网全产业链的协同发展。

近几年，我国工业互联网标识解析体系发展迅速。截至2020年年底，北京、上海、广州、武汉、重庆五大国家顶级节点建成并稳定运行，标识注册总量超111.4亿。以中国信息通信研究院部署的国家顶级节点（广州）为例，接入二级节点共33个，涵盖注塑装备、生物医药等18个重点行业，企业数量超2 000家，标识注册量超35.5亿，累积解析量超过15.2亿。

3. 边缘计算（网络侧）

边缘计算是网络体系和平台体系的重要支撑技术，是网络、平台功能在边缘侧的映射。从网络侧看，边缘计算是在靠近物或数据源头的网络边缘侧构建的融合网络、计算、存储、应用核心能力的分布式开放体系和关键技术。边缘计算能够"就近"提供边缘智能服务，从而满足工业在敏捷连接、实时业务、安全与隐私保护等方面的需求。国际上各个主流信息通信企业均加大了对边缘计算技术的研发及产品研制，但是边缘计算正处于发展初期，国内外标准化工作处于起步阶段，正在加快推动相关的标准研制工作。

本书第 3 章将会详细分析工业互联网的网络理论与技术。

2.3.2 平台体系

平台体系是工业互联网的关键。平台体系包括平台与数据、工业 App 等关键技术。

1. 平台与数据

工业互联网平台是工业全要素、全产业链、全价值链连接的枢纽，是实现制造业数字化、网络化、智能化过程中工业资源配置的核心，是信息化和工业化深度融合背景下的新型产业生态体系。工业互联网平台是在云计算、大数据、工业通信、工业软件等技术集成、融合应用上拓展出来的新型技术体系，支撑实现大量异构数据的汇聚和建模分析、工业经验知识的转化复用、工业智能应用的开发、运行。全球工业互联网平台发展迅速，出现了一大批优秀平台产品和创新应用，但整体上看，当前平台发展还处于初级阶段，产业发展与标准化共识正在形成，工业设备连接、数据采集、工业大数据应用、工业机理建模分析、工业微服务、工业应用开发环境、平台间兼容等重点领域成为标准化和产业推广布局的重点。

2. 工业App

工业 App 是在工业互联网平台的基础上，"载入"工业知识与经验，针对特定需求而设计的工业应用软件。工业 App 涉及从应用设计开发、测试部署到应用改进的相关软件开发技术，并涵盖了基础学科、行业知识和专业能力等关键内容。工业 App 属于新兴领域，产业界还未有相关标准。但是，随着工业 App 产品的推广及试点应用，标准化工作成为如今工业界的迫切需求，围绕着工业 App 架构、开发部署、运维管理、测试验证等关键领域而开展的标准研制和产业化推广工作已经越来越重要。

3. 边缘计算（平台侧）

为了能够满足工业生产实时性、安全性等方面的需求，平台功能要求能够在靠近数据源头的边缘侧进行映射，实现生产现场数据的实时处理和业务快速优化，从而达到工业在虚拟化和资源抽象、超低时延数据感知、边云协同、轻量级机器学习应用等层面的要求。工业互联网平台企业都需要开展平台边缘计算智能算法的研发及产业化，亟须加速制定平台边缘计算实时操作系统、分布式计算任务调度、边云协同策略等方面的标准。

本书第 4 章将会详细分析工业互联网平台的理论与技术。

2.3.3 安全体系

安全体系是工业互联网的重要基石。安全体系通过构筑涵盖工业全系统的安全防卫体系，从而建立满足工业需求的安全技术体系和相应的管理机制，能够有效地识别和抵御来自内外部的安全威胁，从而规避各种安全风险。安全体系是工业互联网可靠运行、实现工业智能化安全可信的重要保障。

工业互联网安全从防护对象、防护措施及防护管理 3 个维度构建。针对不同的防护对象部署相应的安全防护措施，根据实时监测结果发现网络中存在的或即将发生的安全问题并及时做出响应，另外，通过加强防护管理，强调基于安全目标的可持续改进的管理方针，进而保障工业互联网的安全。

工业互联网的安全主要涵盖设备、控制系统、网络、数据、平台、应用等方面的防护技术和管理手段，当前面向公网或专网的安全技术及管理标准还未能满足工业互联网跨网络、跨领域的整体安全保障需求。当前阶段针对工业互联网安全的相关标准主要集中在工业控制系统领域，为了保障工业互联网的持续健康发展，系统全面地开展工业互联网安全技术与标准的研究日趋重要。

本书第 5 章将会详细分析工业互联网的安全理论与技术。

参考文献

[1] MARTIN R A, LIN S W, MILLER B , et al. Industrial Internet Reference Architecture Technical Report [R]. 2015.

[2] 沈苏彬，杨震 . 工业互联网概念和模型分析 [J]. 南京邮电大学学报（自然科学版），2015，35（5）：1-10.

[3] 工信部电信研究院 .《中国物联网白皮书（2011）》[R]. 2011.

[4] Lin, S. W., et al. The industrial internet of things volume G1: reference architecture [R]. 2017.

[5] 彭伟，单俊明，李合顺，等 . 工业互联网架构及典型应用探讨 [J]. 山东通信技术，2017，37（2）：27-30.

[6] 耿丹 . 基于城市信息模型（CIM）的智慧园区综合管理平台研究与设计 [D]. 北京建筑大学，2017.

[7] 张娴 . 移动互联网中层次架构研究和分析 [J]. 科技信息，2012（36）：293.

[8] 胡建国 . 智能 RFID 标签芯片理论与实现 [D]. 中山大学，2015.

[9] 向宝琦 . 基于专利视角的 BAT 图像识别技术发展机会与策略研究 [D]. 电子科技大学，2018.

[10] 赵东雪 . 低信噪比下语音识别系统的研究 [D]. 浙江工业大学，2014.

[11] 黄芳琳 . 在高中物理新课程中开展 STS 教育的实践研究 [D]. 南京师范大学，2007.

[12] 赵建国 ."北斗"天地导航"神威"点亮梦想 [N/OL]. 2017.

[13] 李伟 . 多学科虚拟样机仿真集成平台关键技术研究 [D]. 吉林大学，2005.

[14] 郭刚 . ERP 系统应用发展现状分析 [J]. 中国新技术新产品，2018（22）：56-57.

[15] MESA International. The Benefits of MES: A Report from the Field [R].1997.

[16] 工业和信息化部，国家标准化管理委员会 . 工业互联网综合标准化体系建设指南 [N/OL]. 2019.

[17] 工业和信息化部 . 关于印发《工业互联网创新发展行动计划（2021—2023 年）》的通知 [N/OL]. 2021.

[18] 中国信息通信研究院 . 2021 广东省工业互联网标识解析创新应用案例集 [R]. 2021.

工业互联网网络

工业互联网将工业系统的各种元素互联起来，无论是机器、人还是系统，工业互联网首要解决的问题是要全面互联。智能化生产、网络化协同、个性化定制、服务化延伸都是在互联的基础上，通过数据流动和分析，形成智能化变革，形成新的模式和新的业态。所以网络体系是工业互联网的基础。网络体系包括网络互联和标识解析等关键技术。

3.1 网络互联体系

计算机网络是指在网络操作系统、网络管理软件及网络通信协议的管理和协调下，通过通信线路将多台不同的地理位置、具有独立功能的计算机及其外部设备连接起来，实现资源共享和信息传递的计算机系统。通信技术与计算机的结合形成了计算机网络系统，实现了诸如数据通信、资源共享、集中管理和分布式处理等功能，对计算机系统的组织方式和功能产生了深远的影响。计算机网络由4部分组成：计算机、网络操作系统、传输介质及相应的应用软件。根据传输介质的不同，计算机网络大致可以分为有线网络和无线网络。

网络是工业互联网的核心之一，复杂的自动化系统，如组装生产线，需要有组织地控制网络系统才能运转。如图 3-1 所示，工业互联网的网络可以分为工厂内的网络和工厂外的网络。工厂内的网络主要承担管理控制、数据采集和信息交互等业务，工厂外的网络主要支持工业生命周期内的各种活动，如连接企业上下游、企业与智能产品、企业与用户的工厂外部网络。网络贯穿工业生产的整个流程，根据传输介质的不同，工厂内、外网络同样可分为有线通信网络和无线通信网络。

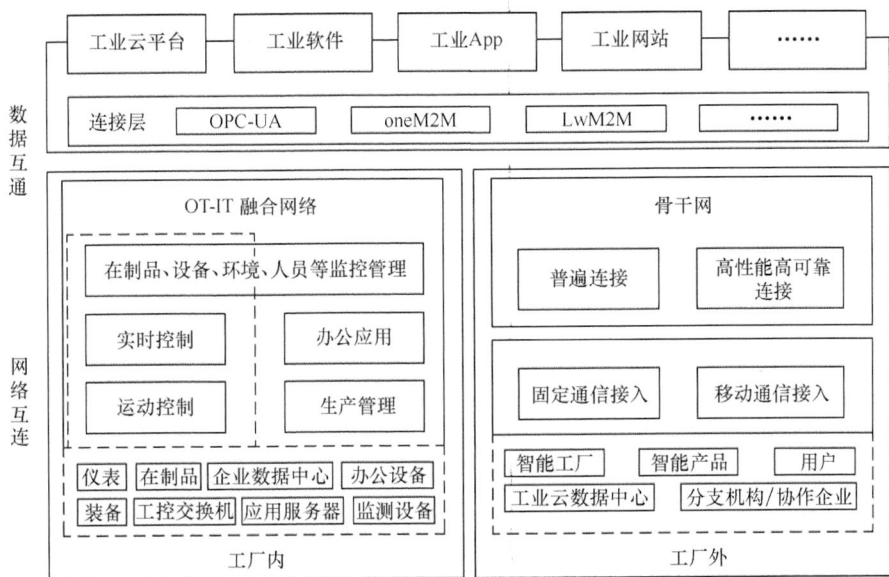

图 3-1　工业互联网网络连接框架

3.1.1　计算机网络

1. 通信模式

（1）单播（Unicast）

单播实现发送者和每个接收者之间的点对点网络连接。当一个发送者同时向多个接收者发送相同的数据时，必须复制同一数据包的多个副本，如果有大量主机希望获取数据包，发送者将出现负担沉重、时延长、网络拥塞等现象，需增加硬件和带宽，以保证一定的服务质量。"单播"可以理解为一个人对另外一个人说话，信息的接收和传递只在两个节点之间进行，如图 3-2 所示。

单播的优点有以下两点。①服务器可以及时响应客户端请求；②服务器针对每个客户端的不同请求发送不同的数据，从而轻松实现个性化服务。单播的缺点是服务器在大量客户端和每个客户端流量大的流媒体应用中不堪重负。

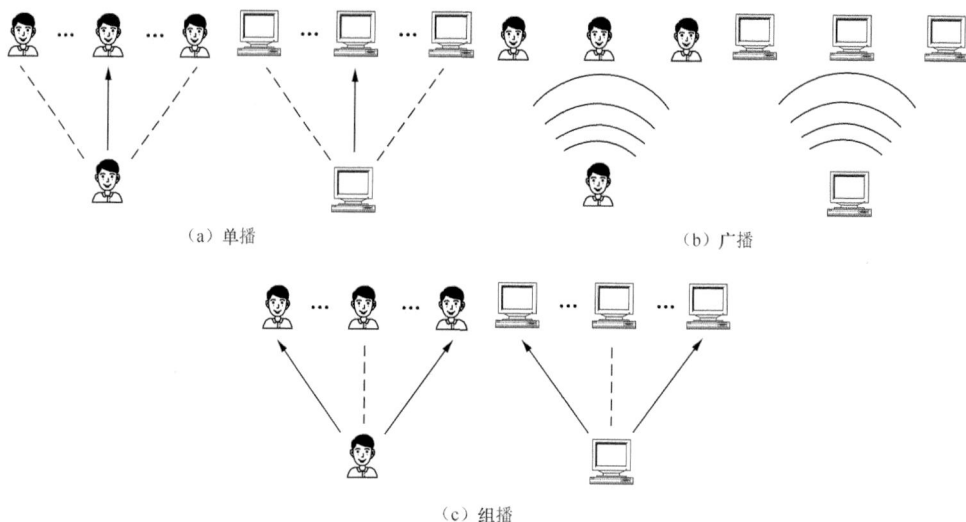

（a）单播　　　　　　　　　　　　　　　　　（b）广播

（c）组播

图 3-2　单播、广播和组播

（2）广播（Broadcast）

广播是指在子网内广播数据包，子网内部所有的主机都将接收这些数据包，不论这些主机是否愿意接收这些数据包。因此，广播的使用范围很小，仅在本地子网内有效，且广播传输由路由器和交换机网络设备控制。广播可以理解为一个人通过喇叭对在场的所有人讲话，这样做的好处是通话效率高。

广播的优点有以下两点。①网络设备简单，维护简单，网络部署成本低；②由于服务器不需要单独向每个客户端发送数据，因此服务器流量负载非常低。广播的主要缺点在于无法针对客户的特定要求和时间及时地提供个性化服务。广播一般只在子网内部使用，互联网一般禁用广播。

（3）组播（Multicast）

组播实现了发送者和每个接收者之间点对多点网络连接。如果一个发送者同时将同一数据发送给多个接收者，则只需一个相同数据包的副本。它提高了数据传输的效率，减少了骨干网络拥塞的可能性。

组播可以理解为一个人与多个人（但并非在场的所有人）交谈，这可以提高通话的效率。如果想将同一件事情通知特定的某些人，但又不想让其他人知道，使用电话逐个通知非常麻烦，但是使用大喇叭广播通知无法达到只通知特定的某些人的目的，此时使用组播将非常方便，但是现实生活中组播设备并不常见。

组播的优点有以下 3 点。①需要相同数据流的客户端加入同一组共享数据流，既减轻了服务器的负载，又具有广播的优点；②由于组播协议是根据接收者的需求复制并转发数据流的，因此服务器的总服务带宽不受客户接入端带宽的限制，IP 协议允许有 2 000 多亿个组播，所以其提供的服务可以非常丰富；③组播和单播协议一样，允许在互联网上传输。

组播的缺点有以下两点。①与单播协议相比，没有纠错机制，难以避免丢包和错包，但是可以通过一定的容错机制和 QoS 来弥补；②尽管现行网络均支持组播传输，但在用户认证、QoS 等方面仍需改进。

2. 网络拓扑

（1）总线型结构

如图 3-3 所示，在总线型结构中，所有设备都直接连接到总线上，每个工作站和服务器都挂在同一总线上。各个工作站地位平等，没有中心节点控制，公用总线上的信息大部分以基带的形式串行传递，其传递方向总是从发送信息的节点开始向两端发送，就像广播电台发射的信息一样，因此也被称作广播式计算机网络。各节点在接收信息时都进行地址检查，与自己的工作站地址相符则接收网上的信息。

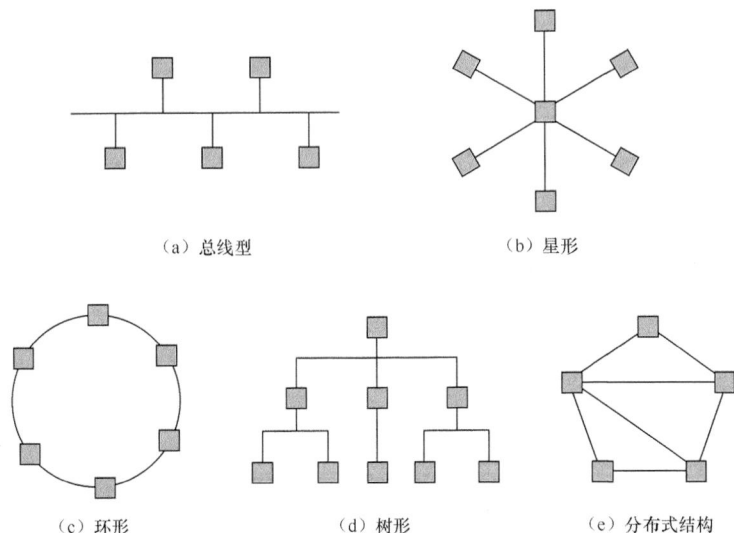

（a）总线型　　　　　　　　　　　（b）星形

（c）环形　　　　　　（d）树形　　　　　（e）分布式结构

图 3-3　网络拓扑示意图

总线型结构的优点有以下 3 点。①组网成本低，不需要额外的互联设备，直接通过总线连接；②网络用户扩展更加灵活，扩展用户只需要添加一个接线器，但可连接的用户数量有限；③维护较容易，单个节点失效不影响整个网络的正常通信。

总线型结构的不足有以下 3 点。①每个节点共享总线带宽，传输速率随着用户的增多而降低；②一旦总线断开，整个网络或者相应主干网段都将断开；③一次只能有一个端用户发送数据，其他端用户必须等待，直到它们获得发送权。

（2）星形结构

星形拓扑结构是以一个节点为中心节点、其他节点直接连接到中心节点的网络。中心节点可以是文件服务器或连接设备，集线器为常见的中心节点。星形结构的网络属于集中控制型网络，中心节点对整个网络进行集中的通行控制管理，每个发送数据的节点将数据发送中心节点，然后中心节点负责将数据发送到目的节点。因此，中心节点非常复杂，而其他节点的通信处理负担很小，仅需要满足链路的简单通信要求。

星形拓扑结构的优点有以下 3 点。①控制简单，任何站点都只连接到中心节点，因此介质访问控制的方法和协议都相对简单，易于监控和管理网络；②故障诊断和隔离容易，中心节点可以逐个隔离连接线路，进行故障检测和定位，单个连接点的故障只影响一个设备，不会影响整个网络；③服务便捷，中心节点可以很容易地为各个站点提供服务，重新配置网络。

星形拓扑结构的缺点有以下 3 点。①需要大量的电缆，增加了安装和维护的工作量；②中心节点负担沉重，形成"瓶颈"，一旦发生故障，整个网络将受到影响；③各站点分布式处理能力低。

总的来说，星形拓扑结构相对简单、易于组网、易于管理，是局域网中广泛应用的一种拓扑结构。星形拓扑结构的局域网一般采用双绞线或光纤作为传输介质，可以满足各种宽带需求。

（3）环形结构

环形结构由网络中若干节点组成，这些节点通过点到点的链路首尾相连形成一个闭环，这种结构使公共传输电缆组成环形连接，数据沿着环路中的一个方向在各个节点间传输，信息从一个节点传输到另一个节点。

环形结构具有如下两个优点。①网络中的信息流沿固定的方向流动，两个节点间仅有一条路径，简化了路径选择的控制；②环路中的各个节点都是自己控制，控制软件简单。

环形结构的不足有以下 3 点。①由于信息源在环路中是串行通过各个节点，节点过多必然会影响信息的传输速率，延长网络的响应时间；②环路是封闭的，不易于扩充；③可靠性低，一个节点发生故障，会造成整个网络瘫痪，难以定位故障的分支节点。

（4）树形结构

树形结构是分级的集中控制式网络，与星形相比，它具备通信线路总长度短、成本低、节点易于扩充和寻找路径方便等优点。但是，除了叶节点及其相连的线路外，任何节点或其连接的线路故障都会对系统产生影响。

树形结构的优点有以下两点。①首先，它易于扩充，可以扩展很多分支和子分支，这些新节点和新分支可以轻松地加入网内；②其次，易于隔离故障，如果某一分支的节点或线路发生故障，则很容易将故障分支与整个系统隔离开来。缺点是各个节点都过分依赖根节点，如果根节点发生故障，则整个网络无法正常工作。

（5）分布式结构

分布式结构的网络是通过线路将分布在不同地点的计算机互联起来的一种网络形式，具有如下 3 个优点。①高可靠性和分散控制，即使局部网络出现故障，也不会影响整个网络的运行；②采用了最短路径选择算法，使得网络时延小，传输速率高；③各个节点间都可以直接建立数据链路，使信息流程最短，有利于整个网络内的资源共享。

分布式网络的缺点主要有以下两点。①用于连接线路的电缆长且成本高；②报文分组交换，路径选择和流向控制采用的方法很复杂，从而导致网络管理软件也较为复杂。

网状拓扑结构通常用于互联网的骨干网，路由算法用于计算发送数据的传输路径，但在局域网中通常不采用此结构。

3. 分组与路由

数据从源主机通过网络核心到达目的主机，即数据不断从一个网络交换到另一个网络，最终到达目的主机。网络核心解决的基本问题是数据交换，数据交换主要包括电路交换、报文交换和分组交换。

电路交换的过程类似于拨打电话，当用户需要发送数据时，主叫方需进行呼叫，在交换网寻呼到被叫后，才能建立一条物理连接的数据通路；当用户需要拆除连接时，可由通信中的任一方完成。电路交换包括建立连接、通信和释放连接3个阶段，电话网络就是典型的电路交换网络。电路交换建立连接之后会独占这条链路进行数据交换。电路交换会进行多路复用，如频分复用、时分复用、码分复用等，所以物理链路并不是只有一个连接。由于电路交换建立连接的时间长，因此它更适合一次性发送大批量的信息。反之，传递短报文时将大大降低传输的效率。此外，通信双方必须在信息传输速率、编码格式和通信协议上完全兼容，这限制了速率、编码格式、通信协议不同的用户之间进行通信。

如要发送一个文件，那么整个文件的信息就是要发送的报文，报文交换就是发送信息整体。报文交换采用"存储-转发"的交换方式，交换机的控制器首先缓存来自输入端口的数据包，再检查数据包是否正确，并过滤掉有冲突的数据包。确定数据包正确后，取出目的地址，通过查找表找到要发送的输出端口地址，然后发送数据包。尽管"存储-转发"方式在数据处理方面存在较大的时延，但是它可以对进入交换机的数据包执行错误检测，并支持不同速率的输入／输出端口间的交换，从而有效地改善网络性能。这种交换方式支持在不同速率的端口之间进行转换，从而使高速端口和低速端口保持协同工作。例如，低速数据包（例如 10Mbit/s）可以存储在低速端口上，然后以高速率（例如 100Mbit/s）转发到高速端口。

（1）分组交换

如图 3-4 所示，分组交换是报文交换的变种，报文交换以完整报文进行"存储-转发"，分组交换以报文中拆分出来的一系列相对较小的数据包，即较小的分组进行"存储-转发"。分组交换比报文交换快，因为分组交换以其最小信息单位分组来进行传输和交换。然而，由于要对数据进行拆分和重组，与报文交换相比，分组交换会产生额外开销。

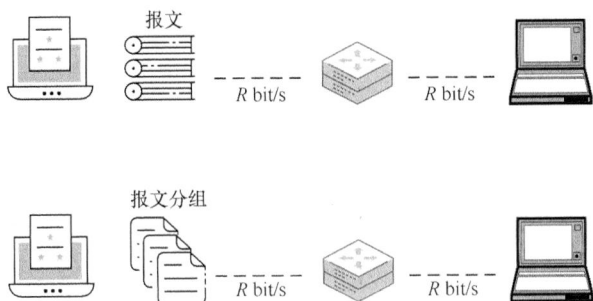

图 3-4　报文交换和分组交换

分组交换的实质是将要传输的数据按一定长度分成多组，为了准确传输，对每个组进行标记，不同的数据分组以动态共享和复用的方式在物理线路上进行传输。为了充分利用资源，数据分组传送到交换机时，会暂时存放在交换机的存储器中。然后，交换器根据当前线路的忙闲程度，动态地分配合适的物理线路，继续数据分组的传输，直到数据分组被传送到目的地。到达目的地之后，数据分组被重新组合成一条完整的数据。

如图 3-5 所示，分组由分组头和其后的用户数据组成。分组头包含接收地址和控制信息，长度为 3～10B，用户数据的长度固定，平均为 128B，最长不超过 256B。同一分组网中的分组长度是固定的，而不同分组网中的分组长度可以不同。在路由确定了输出端口和下一个节点后，必须利用交换技术将分组从输入端口传输到输出端口，以实现通过网络节点的比特输送。相比于电路交换，分组交换有以下优点。

① 电路利用率高。与电路交换对链路的独占性相比，可以在同一条链路上以动态共享和复用的方式传输不同的数据分组，通信资源的利用率高，使得信道的容量和吞吐量得到了极大的提升。

② 可靠性高。发生故障时，分组交换可以通过更新路由表，绕过故障路由器和动态调整路径，来避免全局瘫痪，实现良好的健壮性。

③ 数据率可以实现转换。因为每个站都以其自己的数据率连接到节点，因此可以在两个具备不同数据率的站之间交换分组。

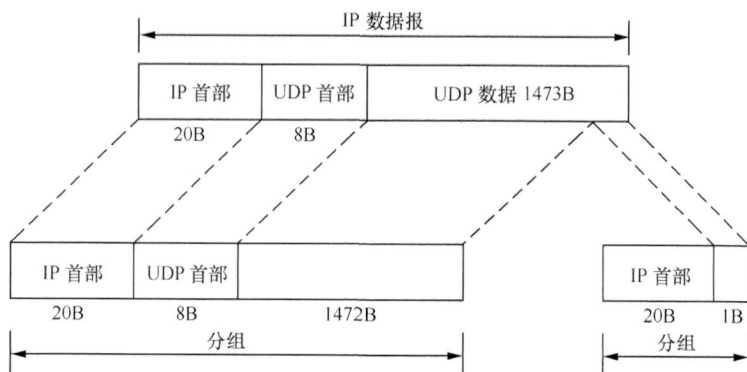

图 3-5　分组的数据结构

④ 灵活的排队机制。当分组网络上有大量分组时，可以设置用于数据传输的排队机制，以确保优先传输高优先级的分组。与电路交换网络上负载较大时的呼叫阻塞不同，分组交换网络仍然可以接受分组，但其传递时延会增加。

分组交换的主要不足是时延和通信开销。分组通过交换网节点时存在时延，并且不同的路径带来的时延也不同，此时延抖动进一步增加了分组的总时延。为了通过网络传送分组，必须向每个数据包添加包括目的地址在内的额外开销信息和分组排序信息，减少可用于传输用户数据的通信容量。

互联网的迅速发展很大程度上受益于分组交换的提出。借助分组交换，网络系统可以将数据组装到报文中，并使用一条通信链路与多台机器进行通信。不仅可以共享链路，而且每个报文都可以独立于其他报文进行传输。分组交换的这些特征为互联网的用户终端数量的快速增加和覆盖范围的迅速扩大提供了技术支持。

（2）路由

互联网由网络和路由器组成，主机位于互联网的边缘部分，网络的核心部分是路由器。主机和路由器都是计算机，主机为用户进行信息处理，并且可以通过网络与其他主机交换信息，路由器仅用于转发分组。路由器是实现分组交换的关键。从数据包的角度来看，数据包从源出发，经过一个又一个的路由器，选择下一跳的路由器，最终到达目的地。

路由器接收到一个分组，先暂时存储起来，然后检查其首部，查找转发表，根据首部中的目的地址，找到合适的接口，把分组转发给下一个路由器。分组以存储 - 转发的方式逐步地传递到目的主机。

在图 3-6 中，假如计算机 A 将数据发送到计算机 E，则计算机 A 首先将分组逐个地发送到直接与其相连的分组交换机 A，即路由器 A。路由器 A 把计算机 A 发送的分组放入缓存，假定从路由器 A 的转发表中查出该分组应转发到链路 A-C，于是分组就被传送到路由器 C，路由器继续根据上述方式查找转发表，假定查出该分组应转发到路由器 B，当分组到达路由器 B 时，路由器 B 直接将分组传送到计算机 E。

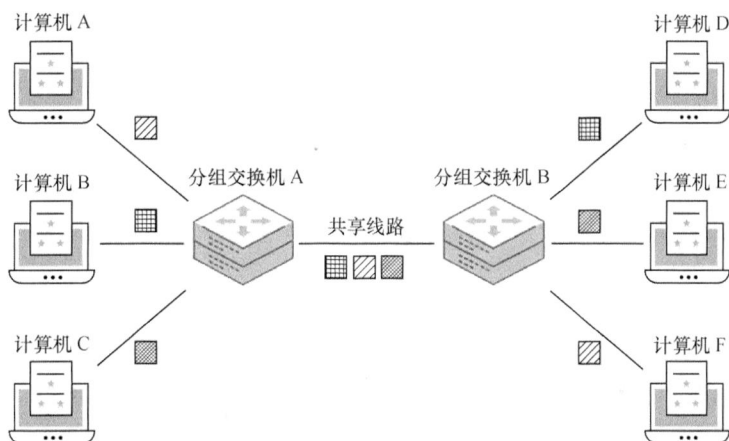

图 3-6　路由器的分组交换功能示意图

假定在传送某一个分组的过程中，链路 A-C 的通信量太大，路由器 A 可以将分组沿另一个路由转发到路由器 D，然后转发到路由器 B，最后把分组转发到计算机 E。路由器临时存储的是短分组，而不是整个长报文。因此，可以将分组临时存储在路由器中读写速度更快的内存中，而不是存储在硬盘中，从而实现更高的交换速率。此外，互联网采用了特殊措施来确保数据传输的高可靠性。当网络中的某些站点或链路突然出现故障时，运行在每个路由器上的路由协议可以自动找到其他路径来转发分组。

图 3-7 中的 4 个网络通过 3 个路由器连接在一起。每个网络都可能有成千上万台主机。若路由表是根据目的主机号生成的，则所生成的路由表将过于庞大。

但若路由表是根据主机所在的网络地址生成的，那么每个路由器中的路由表只包含 4 条记录就足够了，并且每条记录对应于一个网络。

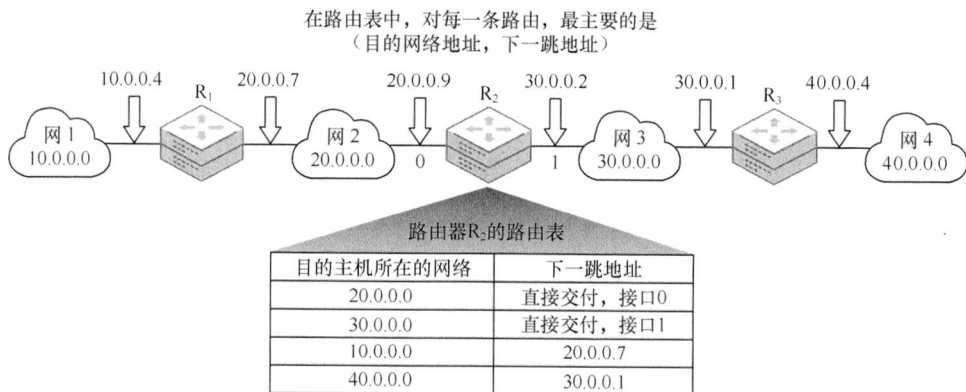

图 3-7　路由器的路由选择示例

以路由器 R_2 为例，由于 R_2 同时连接到网络 2 和网络 3，因此只要目的站位于这两个网络上，就可以由路由器 R_2 通过接口 0 或 1 直接传递。如果目的主机在网络 1 中，那么下一跳路由器应为 R_1；如果目的主机在网络 4 中，那么下一跳路由器应为 R_3。

从上面所述可知，采用存储 - 转发的分组交换，实质上是在数据通信的过程中采用了断续分配传输带宽的策略，这非常适合于传送突发式的计算机数据，可以提高通信线路的利用率。

4. OSI 参考模型

早期的网络协议是由互联网公司自行定义的，协议相互之间不能互通。为了解决异种网络互联时所遇到的兼容性问题，国际标准化组织在 1984 年提出了开放式系统互联参考（Open Systems Interconnection，OSI）模型。OSI 参考模型从逻辑上进行了定义和规范，将网络分为 7 层，每一层都有相应的物理设备，比如路由器和交换机等。OSI 模型是一种框架性的设计方法，最主要的作用是帮助不同类型的主机实现数据传输，最大的优点是可以清楚地区分服务、接口和协议这 3 个概念，通过 7 个层次化的结构模型可实现不同的系统和不同的网络之间的可靠通信。OSI 参考模型各层的含义如下。

（1）物理层

OSI 模型的最低层或第一层，提供建立、维护和拆除物理链路所需的机械、电气、功能和规程的特性；在有关的物理链路上提供传输非结构的位流及故障检测指示。

（2）数据链路层

在网络层实体间，提供数据发送和接收的功能和过程，并提供数据链路的流控；加强物理层的功能，使其对网络层显示为一条无错的传输线路。

（3）网络层

确定分组从源端到目的端的路由选择。路由可以从网络中固定的静态路由表中选择，也可以在每个会话中确定，还可以根据当前网络的负载状态，分别为每个分组灵活确定路由。

（4）传输层

从会话层接收数据并将其传输到网络层，同时确保到达目的端的各段信息都是正确的，并且会话层不受硬件更改的影响。通常，每次会话层请求建立一个传输连接时，传输层都会为其创建一个独立的网络连接。然而，如果传输连接需要更高的吞吐量，则传输层还可以为其创建多个网络连接，使数据在这些网络连接上分流，以提高吞吐量。如果创建或维持一个独立的网络连接的成本过高，传输层也可以通过将多个传输连接多路复用到同一网络，以降低成本。除了多路复用之外，传输层还需要解决跨网络连接的建立和拆除问题，并具有流量控制机制。

（5）会话层

负责建立、维持和终止网络中两个节点之间的通信。会话层的功能包括：建立通信链接、保持会话期间通信链接的畅通、同步两个节点之间的会话、决定通信是否被中断，以及决定通信中断时从何处重新发送。

（6）表示层

将应用层提供的信息转换为可共同理解的形式，统一表示为字符代码、数据格式、控制信息格式、加密等。表示层的功能之一是为异种机通信提供一种通用语言，以便能进行互操作。需要这种类型的服务，是因为不同的计算机体系结构使用不同的数据表示形式。

（7）应用层

OSI 模型的最高层，在实现应用进程（如用户程序、终端操作员等）之间的信息交换的同时，还具有业务处理所需的一系列服务功能。应用层通常包括公共应用服务要素和特定应用服务要素。其中，公共应用服务要素提供应用进程中最基本的服务，并为应用进程提供信息传送所必要但又独立于应用进程通信的能力。特定应用服务要素实质上是应用层中各种应用进程的映射，每一个特定要素都针对特定类型应用，例如文件传输、访问和管理、虚拟终端、消息处理系统、电子数据交换和目录查询等。

表 3-1 给出了 OSI 各层功能的概述。7 层中应用层、表示层和会话层由软件控制，传输层、网络层和数据链路层由操作系统控制，物理层由物理设备控制。

表3-1　OSI各层功能

分层	功能
应用层	网络服务与最终用户之间的接口
表示层	数据格式转换编码，数据压缩和解压，数据加密和解密等
会话层	允许不同主机上的用户之间，建立、管理、终止会话
传输层	把上层数据划分成数据段，定义协议端口号，实现不同主机用户进程间的数据通信
网络层	将上层数据封装成数据包，进行逻辑地址寻址，实现不同网络间的路径选择
数据链路层	将上层数据封装成固定格式的帧，执行硬件地址寻址、差错校验等
物理层	物理连接，完成相邻节点之间的原始比特流的传输

5. TCP/IP

TCP/IP 于 20 世纪 80 年代推出，最早在 ARPANET 网络中使用，以其两个主要协议 TCP 和 IP 命名，通常称为 TCP/IP 协议簇或者互联网协议簇，由文件传输协议（File Transfer Protocol，FTP）、电子邮件传输协议（Simple Mail Transfer Protocol，SMTP）、传输控制协议（Transmission Control Protocol，TCP）、用户数据报协议（User Datagram Protocol，UDP）、互联网协议（Internet Protocol，IP）等组成，用于实现网络互联的通信协议簇，是互联网事实上的通信标准。TCP/IP 打破了不同网络体系结构下用户之间交换数据的壁垒，为实现整个网络的互联提供指导。TCP/IP 模型由 OSI 模型演化而来，它将 OSI 模型从

7 层简化为 4 层（考虑物理层为 5 层），自上而下分别是应用层、传输层、网络层和网络接口层，没有 OSI 参考模型的会话层和表示层，通常认为 TCP/IP 的会话和表示功能是在传输层或应用层上实现的。

OSI 7 层模型与 TCP/IP 4 层模型的对比如表 3-2 所示。OSI 参考模型和 TCP/IP 参考模型均采用了层次结构的概念，并提供面向连接和无连接两种通信服务机制。OSI 参考模型注重通信协议的功能，TCP/IP 更强调协议的实现。TCP/IP 的网络接口层是一些概念性的描述，而 OSI 参考模型不仅分为两层，而且每一层都有详尽的功能，非常详细。即使在数据链路层，也分出一个介质访问子层，专门来解决局域网中的共享介质问题。OSI 模型是在协议开发之前设计的，具有通用性。TCP/IP 则是先开发协议集，再建立模型，所以 TCP/IP 模型在服务、接口与协议上的区别并不是非常清晰，这使得 TCP/IP 参考模型不足以指导新技术的使用，TCP/IP 参考模型不适用于其他非 TCP/IP 协议簇。

表3-2　OSI 7层模型与TCP/IP 4层模型的对比

OSI 7 层模型	TCP/IP 4 层模型	对应网络协议
应用层	应用层	HTTP（超文本传输协议）、FTP（文件传输协议）、TFTP（简单文件传输协议）、NFS（网络文件系统协议）TELNET（虚拟终端协议）、SNMP（简单网络管理协议）、SMTP（简单邮件传输协议）、DNS（域名解析协议）
表示层		
会话层		
传输层	传输层	TCP（控制传输协议）、UDP（用户数据报协议）
网络层	网络层	IP（网际协议）、ICMP（网际控制消息协议）、ARP（地址解析协议）、RARP（反向地址解析协议）、UUCP
数据链路层	网络接口层	FDDI、Ethernet、Arpanet、PDN、SLIP（串行线路接口协议）、PPP（点对点协议）IEEE 802.1A、IEEE 802.2 到 IEEE 802.11
物理层		

表 3-3 给出了 TCP/IP 参考模型各层常见协议和典型硬件设备，其中网络接口层包含了物理层和数据链路层，对应的硬件设备包括了网卡和交换机，网络层的典型硬件设备则是路由器。尽管在完整性上存在不足，但与 OSI 模型只是一个理论模型（没有成熟的产品）不同，TCP/IP 已经成为互联网事实上的标准。主要原因在于以下 3 点。第一，TCP/IP 标准是完全开放的，用户可以免费使用；

第二，TCP/IP 独立于特定的计算机硬件、操作系统和网络硬件系统，可以在广域网上运行，更适合于互联网；第三，TCP/IP 具有统一的网络地址分配，网络中的每一设备和终端都有唯一的地址，高层协议是标准化的，可以提供多样化和可靠的网络服务。

表3-3　TCP/IP参考模型各层常见协议和典型硬件设备

TCP/IP 5 层模型	常见协议	典型硬件设备
应用层	HTTP、FTP、TFTP、SMTP、SNMP、DNS	计算机
传输层	TCP、UDP	防火墙
网络层	ICMP、IGMP、IP、ARP、RARP	路由器
数据链路层	由底层网络定义的协议	交换机
物理层	由底层网络定义的协议	网卡

（1）网络接口层

网络接口层对应于 OSI 参考模型中的物理层和数据链路层，负责监视主机和网络之间的数据交换，包括主机连接到物理网络所需要的硬件及传送数据的协议。但是，TCP/IP 没有为该层定义协议，而是每个参与互联的网络使用自己的物理层和对应的数据链路层协议，然后连接到 TCP/IP 的网络接入层。如果使用的物理网络是局域网，那么通常使用以太网协议及其变体；如果使用的物理网络是广域网，一般用点对点协议及帧中继等协议，比较通用的是以太网协议。在以太网协议下，两台计算机（主机）使用网卡发送和接收数据，每个网卡都有一个唯一的地址，即媒体访问控制（Media Access Control Address，MAC）地址，也称为局域网地址、以太网地址（Ethernet Address）或物理地址。以太网以广播的形式在子网内发送数据，并且数据以帧为单位，包括标头和数据部分。需要注意的是，以太网协议不适用于不同子网主机间的数据交换。每台主机所在的子网需要通过网络层加以区分。如果在同一个子网，则通过广播发送数据，否则是通过路由发送数据。这导致了网络层的诞生。

（2）网络层

网络层是整个 TCP/IP 模型的关键部分，其功能是使主机可以向任何网络发送分组，并使分组独立地发送给目标。这些分组通过的网络可能不同，到达和发送的顺序也可能不同。

在计算机通信中，为了识别通信的对端，必须要有一个类似于地址的识别码进行标识。数据链路中的 MAC 地址就是用于标识同一个链路中不同计算机的识别码。网络层使用互联网协议，也有这种地址信息，通常称为 IP 地址。

① IP 地址

IP 地址用于在连接到网络中的所有主机中识别出进行通信的目标地址。因此，在 TCP/IP 通信中，所有主机或路由器都必须设置自己的 IP 地址。不论一台主机连接到哪种数据链路，其 IP 地址的形式均保持不变。如表 3-4 所示，IP 地址（IPv4 地址）由一个 32 位二进制数表示，每 8 位为一组，分成 4 组，每组以"."隔开。IPv4 地址与十进制的对应如表 3-4 所示。

表3-4　IP地址组数

2^8	2^8	2^8	2^8	
10101100	00010100	00000001	00000001	（二进制）
172.	20.	1.	1	（十进制）

IP 地址由网络和主机两部分标识组成，且具有唯一性。网络标识必须确保相互连接的每个段的地址不重复。而同一段内相连的主机必须具有相同的网络地址。如图 3-8 所示，IP 地址的网络标识在数据链路的每个段中配置不同的值，IP 地址的主机标识不会在同一网段重复出现。因此，通过设置网络地址和主机地址，可以保证每一台主机的 IP 地址在整个互联网络中不会相互重叠。

IP 的目的是让目标主机收到数据包，但在这个过程中，只有 IP 是无法实现通信的，必须还具有解析主机名称和 MAC 地址的功能，如域名系统（Domain Name System，DNS）、地址解析协议（Address Resolution Protocol，ARP）和动态主机配置协议（Dynamic Host Configuration Protocol，DHCP）等。

② DNS

当访问某个网站时，我们通常不使用 IP 地址，而是使用一串由罗马字和点号构成的字符串。而一般用户在使用 TCP/IP 进行通信时也不使用 IP 地址。这是因为 DNS 可以自动将字符串转换为具体的 IP 地址。本章 3.2 节会对 DNS 做详细介绍。

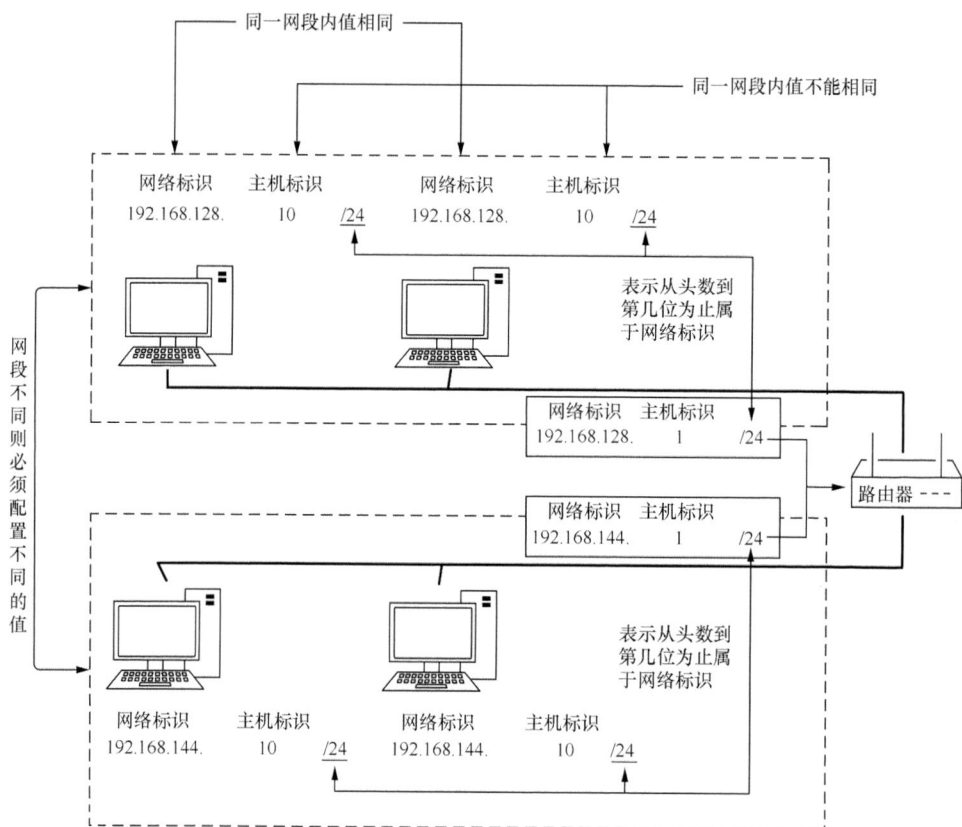

图 3-8　IP 地址的主机标识

③ ARP

确定 IP 地址后，即可将 IP 数据发送到目标地址。然而，在数据链路层，当实际通信时，需要知道与每个 IP 地址相对应的 MAC 地址。ARP 是一种解决地址问题的协议，它以目标 IP 地址为线索，定位下一个应该接收数据分包的网络设备的 MAC 地址。反向地址转换协议（Reverse Address Resolution Protocol，RARP）则用于从 MAC 地址确定 IP 地址。

④ DHCP

DHCP 实现 IP 地址自动设置和 IP 地址分配的统一管理。为每台主机逐个设置 IP 地址比较复杂，尤其是在使用笔记本电脑、智能终端及平板电脑等设备时，每次移动到新的地方时都必须重置 IP 地址。DHCP 让"即插即用"变为可能，只要计算机连接到网络，就可以在计算机之间进行 TCP/IP 通信。

（3）传输层

传输层为应用层提供会话及数据报通信服务。传输层从应用层接收数据，将其划分成更小的单元（标头和数据部分在网络层的数据部分中），然后将其传输到网络层。传输层使源端和目的端机器上的对等实体可以进行会话，确保分割的单位正确到达另一端。网络层建立主机到主机的连接，传输层则建立端口到端口的连接，即主机之间的逻辑连接，从而实现端到端的数据传输。

正如 MAC 地址用于标识数据链路层中同一链路中的不同计算机，IP 地址也用于网络层中以标识 TCP/IP 网络中互联的主机和路由器，在传输层中，也存在类似于地址的概念，即端口号。端口号用于识别同一台计算机中进行通信的不同应用程序，也被称为程序地址。一台计算机可以同时运行多个程序，传输层协议使用这些端口号来识别在计算机中正在进行通信的应用程序并准确地传输数据，如图 3-9 所示。

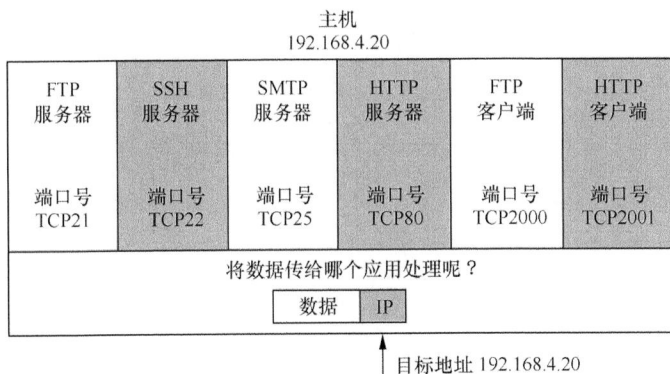

主机
192.168.4.20

FTP 服务器	SSH 服务器	SMTP 服务器	HTTP 服务器	FTP 客户端	HTTP 客户端
端口号 TCP21	端口号 TCP22	端口号 TCP25	端口号 TCP80	端口号 TCP2000	端口号 TCP2001

将数据传给哪个应用处理呢？

数据	IP

目标地址 192.168.4.20

图 3-9　通过端口号识别应用

传输层定义了两个端到端的协议：用户数据报协议（User Datagram Protocol，UDP）和传输控制协议（Transmission Control Protocol，TCP）。UDP 是一种面向无连接的不可靠传输协议，主要用于不需要 TCP 排序和流量控制等功能的应用程序。TCP 是一种面向连接的可靠传输协议，它提供可靠的报文传输和对上层应用的连接服务。除基本数据传输外，它还具有可靠性保证、流量控制、多路复用、优先权和安全性控制等功能。

① UDP

UDP 是一种无连接的传输层协议，提供简单、不可靠的面向事务的信息传输服务。UDP 不提供复杂的控制机制，而是将应用程序发送的数据按原样立即发送到网络。即使发生网络拥堵，UDP 协议在网络拥堵时也不会提供流量控制，在丢包时不提供重发控制，在顺序混乱时不提供顺序控制，UDP 通常应用于以下领域。

- 包总量较少的通信（如 DNS）；
- 多媒体通信，如视频和音频；
- 广播通信。

② TCP

TCP 是基于字节流、面向连接的、可靠的传输层通信协议。它充分实现了数据传输时各种控制功能，可以在丢包时控制重传，对次序乱掉的分包进行顺序控制等。作为一种面向连接的协议，TCP 只有在确认通信端存在时才会发送数据，来控制通信流量。TCP 还可以通过检验和、序列号、确认应答、重发控制、连接管理及窗口控制等方式实现无连接网络上的高可靠通信。

面向连接是指在数据通信开始之前先做好两端之间的准备工作。TCP 在建立连接和终止连接的过程中，可以概述为 3 次握手和 4 次挥手，如图 3-10 所示。

- 3 次握手

3 次握手是指在建立一个 TCP 连接时，客户端和服务器端总共需要发送 3 个包以确认连接的建立。如图 3-10 所示为 3 次握手和 4 次挥手的流程图。

第一次握手：客户端将标志位 SYN 置为 1，随机产生一个值 seq=J，并将该数据包发送给服务器端。客户端进入 SYN_SENT 状态，并等待服务器端确认。

第二次握手：服务器端接收到数据包后，由标志位 SYN=1 知道客户端请求建立连接。服务器端将标志位 SYN 和 ACK 都置为 1，ack=J+1，随机产生一个值 seq=K，并将该数据包发送给客户端以确认连接请求，然后服务器端进入 SYN_RCVD 状态。

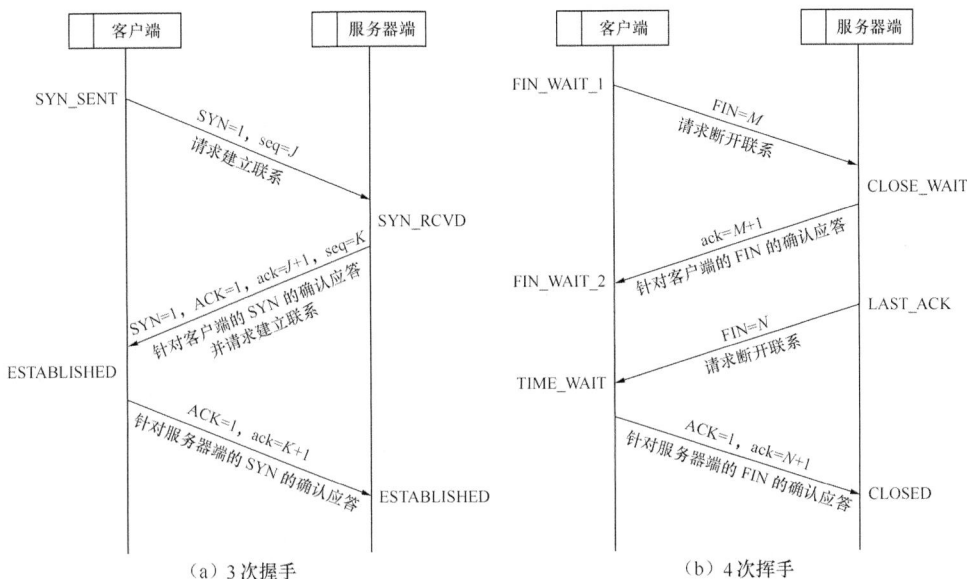

| (a) 3 次握手 | (b) 4 次挥手 |

图 3-10 3 次握手和 4 次挥手的流程图

第三次握手：客户端收到确认信息后，检查 ack 是否为 $J+1$，ACK 是否为 1。如果正确，则将标志位 ACK 置为 1，ack=$K+1$，并将该数据包发送给服务器端。服务器端检查 ack 是否为 $K+1$，ACK 是否为 1。如果正确，则连接建立成功并完成 3 次握手，然后客户端和服务器端进入 ESTABLISHED 状态，客户端与服务器端之间可以开始传输数据了。

- 4 次挥手

4 次挥手即客户端和服务端总共需要发送 4 个数据包以确认 TCP 连接断开。因为 TCP 连接是全双工的，所以每个方向都必须分开关闭。这一原则是当一方完成数据发送任务后，发送一个 FIN 来终止这一方向的连接。接收到 FIN 只意味着在这个方向上没有数据流动，也就是说，不会接收到任何数据。但是，数据仍然可以在这个 TCP 连接上发送，直到这个方向也发送了 FIN。先关闭的一方将执行主动关闭，而另一方将执行被动关闭。

中断连接端可以是客户端或服务器端。本书简要地描述了当一方主动关闭时，另一方被动关闭的 4 次挥手流程。

第一次挥手：客户端发送 FIN=M，用于关闭从客户端到服务器端的数据传输，客户端进入 FIN_WAIT_1 状态。这表明客户端没有数据要发送。如果服务器端仍有数据要发送，则不需要关闭连接，可以继续发送数据。

第二次挥手：在收到 FIN 后，服务器端发送 ack=M+1，通知客户端请求已收到，但仍在准备中，请继续等服务器端的消息。客户端进入 FIN_WAIT_2 状态，并等待来自服务器端的 FIN 报文。

第三次挥手：当服务器端确定数据已发送完成，则向客户端发送 FIN=N 报文，通知客户端数据已发完，并准备关闭连接。服务器端进入 LAST_ACK 状态。

第四次挥手：客户端收到 FIN=N 报文后，确定连接可以关闭，并在发送 ack=N+1 后进入 TIME_WAIT 状态。如果服务器端没有收到 ACK，则可以重传。收到 ACK 后，服务器端确定可以断开连接。如果客户端在等待 2MSL（MSL 为报文段最大生存时间）后没有收到回复，则证明服务器端已正常关闭，客户端也可以关闭连接。

（4）应用层

应用层是互联网程序用于与其他程序进行通信的层，定义了应用交换数据的协议，让应用能够访问其他层次的服务。应用层是离用户"最近"的一层，主要任务是根据协议将接收到的数据包解释成各种类型的数据，并将要发送的数据打包到传输层中。应用层还添加了自己的标头，并将其向下发送到传输层标头由应用的特定协议决定。应用层包含所有的高层协议：文件传输协议（File Transfer Protocol，FTP）、超文本传输协议（HyperText Transfer Protocol，HTTP）、电子邮件传输协议（Simple Mail Transfer Protocol，SMTP）、虚拟终端协议（TELecommunications NETwork，TELNET）、DNS 和网上新闻传输协议（Net News Transfer Protocol，NNTP）等。FTP 提供了一种有效地将文件从一台机器移到另一台机器的方法；HTTP 用于获取万维网（World Wide Web，WWW）上的主页；SMTP 用于发送和接收电子邮件；TELNET 实现了一台机器上的用户登录到远程机器上工作；DNS 用于将主机名映射到网络地址；NNTP 用于发布、检索和获取新闻。

以访问网页为例，网址前面会加入"http://"，代表执行的是超文本传输协议，如果加上了"https://"，则代表了安全的超文本传输协议。在应用层，发送端依次将 HTTP 数据封装并传输给下一层，数据被封装成帧并发送到传输介质，到达目的主机后，每层协议再剥掉相应的首部，最后将应用层数据移交给应用程序进行处理，流程如图 3-11 所示。

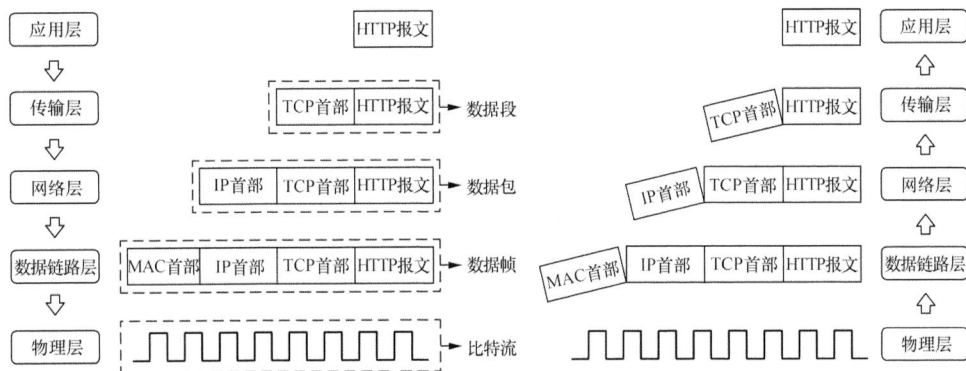

图 3-11　数据封装和解封装过程

6. 网络分类

按照地理覆盖范围，计算机网络可分为局域网、城域网和广域网 3 类。

（1）局域网

局域网，也称为本地网（Local Area Network，LAN），是一种由多台计算机组成的在小区域内使用的网络。局域网的覆盖范围一般在 10km 以内，属于一个单位或部门组建的小范围网。局域网通常是专用的，连接在一间简单的办公室、一幢建筑物或校园中的设备。局域网可用于个人计算机或工作站之间的资源共享。共享资源可以包括硬件（如打印机）、软件（如应用程序）或者数据。除了规模之外，在传输介质和拓扑结构上也有别于其他类型的网络。通常，给定的 LAN 仅使用一种类型的传输介质。最常见的局域网拓扑结构有总线结构、环状结构和星形结构。

（2）城域网

城域网（Metropolitan Area Network，MAN）是作用范围介于广域网与局域网之间的网络，其网络覆盖范围通常可以延伸到整个城市。借助于通信光纤，多个局域网连接到公用城市网络中，形成一个大的网络。不仅可以实现局域网内的资源共享，而且可以实现局域网之间的资源共享。一个城域网的实例是有线电视网络，最初是为有线电视设计的，但现在也用于互联网的高速数据传输。

（3）广域网

广域网（Wide Area Network，WAN）是一种远程网，涉及长距离的通信，覆盖范围可以是一个或多个国家，甚至全世界。由于广域网的地理距离可达几千千米以上，所以信息衰减非常严重。因此这种网络一般需要租用专线，通过接口信息协议与线路相连，构成网状结构，以解决寻径问题。广域网首先指的是交换广域网，其次是点到点广域网。交换广域网连接端系统，该系统包含连接到另一个局域网或广域网的路由。点对点广域网通常用于将家庭计算机或小型局域网（LAN）从电话局或租用专线连接到互联网服务提供商（Internet Service Provider，ISP），这种广域网通常用于访问因特网。

日常生活中，计算机网络往往比较难以区别类型，很难看到单独的一个局域网、城域网或广域网，这些类型的网络都是与其他网络互相连接。当两个或多个网络彼此连接，就成为互联网，即因特网。

3.1.2　有线网络

1. 传输介质

物理层的作用是将比特从一台机器传输到另一台机器。在实际传输过程中，有许多物理介质可供选择。根据传输介质是否有形，计算机网络可分为有线网络和无线网络。有线网络通常使用双绞线、同轴电缆和光纤等来连接计算机。无线网络利用空间信道进行传输，不需要架设或铺埋电缆。常用的技术包括无线电波、微波、红外线和激光等。每一种传输介质在带宽、时延、成本及安装和维护的难易程度方面都有独特的特性，并且有其适用的场合。

（1）双绞线

有线网络最常用的传输介质是双绞线（Twisted Pair，TP），它由两条直径约为1mm的相互绝缘的铜线组成。两根铜线螺旋绞在一起，不同电线产生的干扰波相互抵消，从而大大地减小了电线的辐射。双绞线的最大带宽为10Gbit/s。双绞线可分为非屏蔽双绞线（Unshielded Twisted Pair，UTP）和屏蔽双绞线（Shielded Twisted Pair，STP）。

UTP不采用金属屏蔽材料，只有一层绝缘橡胶包裹，所以价格相对便宜，组网灵活，阻燃效果好，不易引起火灾。与 UTP 相比，STP 在芯线外侧多了一层金属铝箔，以减少信号的衰减。

在 STP/FTP 的铝箔基础上，再加上一层铝镁丝或者镀锡铜编织网就是双屏蔽双绞线（Shielded Foil Twisted-Pair，SFTP）。SFTP 具有两层屏蔽层和屏蔽层之间的绝缘结构，能更好地屏蔽环境磁场和抗信号干扰，使得内部信号衰减的程度较低。缺点是它的灵活性比 STP 稍差，而且价格更贵。SFTP 主要用于特殊环境的专业布线工程。

根据电气特性，双绞线可分为 9 种类型：1 类～7 类、超 5 类和超 6 类。类型的数字越大、版本越新、技术越先进，带宽也越宽，价格也越贵。双绞线广泛应用于电话网络中。计算机网络中最常使用的 UTP 包括第 3 类、第 5 类、超 5 类及目前的 6 类。第 5 类和第 6 类双绞线通过增加缠绕密度和高质量绝缘材料，极大地改善了传输介质的性质。图 3-12 展示了 5 类 UTP（CAT5），4 对双绞线被套在一个塑料保护套内，塑料外套既保护了双绞线，又把多根导线捆在了一起。图 3-12 也展示了超 5 类双绞线（CAT5E），CAT5E 适用于高速计算机通信，是当前 100Mbit/s 和 1Gbit/s 局域网的主流网线。

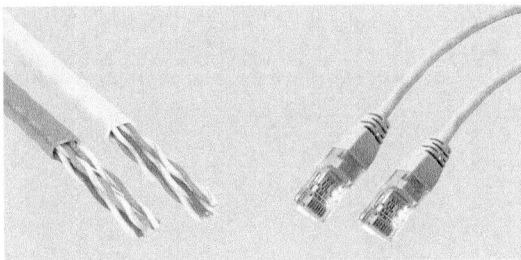

图 3-12　CAT5 双绞线和 CAT5E 双绞线（网线）

（2）同轴电缆

如图 3-13 所示，同轴电缆由铜芯和包裹在外层的绝缘材料组成。绝缘材料上覆盖着一层密织的网状圆柱导体，导体上又覆盖着一层保护塑料外套。与 UTP 相比，同轴电缆具有更好的屏蔽特性、抗干扰能力和更大的带宽，通常多用于基带传输。现代电缆能达到几吉赫兹的带宽。目前有线电视系统多采用同轴电缆，但它在计算机网络中应用较少。

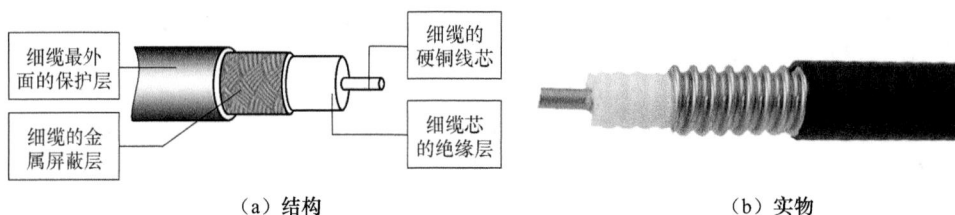

（a）结构　　　　　　　　　　　　　　　　（b）实物

图 3-13　同轴电缆结构图和实物图

（3）光纤

光是一种电磁波，在不同物质中的传播速度不同。因此，当光从一种物质入射到另一种物质时，在交界面处会产生折射和反射。折射光的角度会随入射光角度的变化而变化。当入射光的角度达到或超过一定角度时，折射光就会消失，所有入射光都会被反射回来，这就是光的全反射。光纤就是利用光的全反射，利用玻璃作为波导，以光的形式传输信息。

不同的物质有不同的光折射率，相同的物质对不同波长的光具有不同的折射角。可见光的波长范围是 390～780nm。光纤通信中使用的光是近红外光，典型波长为 800～1 600nm。由于光纤损耗直接影响到传输距离和中继站的间隔距离，因此光纤通信需要尽可能地减少光纤的损耗。光纤通信使用 3 个低损耗窗口，分别是 850nm 波段、1 310nm 波段和 1 550nm 波段。长距离、大容量的光纤通信系统多工作在 1 310nm 和 1 550nm 波段，尤其是 1 550nm 波段。1986 年光纤损耗已降低到 0.154dB/km，接近光纤最低损耗的理论极限。

典型的光纤产品如图 3-14 所示。光纤裸纤一般分为 3 层：中心是高折射率玻璃芯（芯径一般为 50μm 或 62.5μm），中间是低折射率的硅玻璃包层（直径一般为 125μm），最外层是加强用的树脂涂层。根据光的传输方式，光纤可分为单模光纤和多模光纤。

图 3-14　光纤

① 多模光纤

中心玻璃芯较粗（50μm 或 62.5μm），可传输多种模式的光，但其模间色散较大，限制了数字信号的传输频率，而且随距离的增加，色散将更加严重。多模光纤传输的距离一般只有几千米。

② 单模光纤

中心玻璃芯较细（芯径一般为 9μm 或 10μm），并且只能传一种模式的光。因此，其模间色散很小，适用于长距离通信。单模光纤对光源的光谱宽度和稳定性有较高的要求，即光谱宽度越宽，稳定性越好。

光纤在长距离、大容量的通信系统上具有无比的优越性。光纤通信无中继段长达几十到一百多千米，而铜线只有几百米。光纤通信常用的 1 310nm 和 1 550nm 波段窗口的容量至少有 25 000GHz。采用多波长的波分复用技术，光纤通信系统的速率从单波长的 2.5Gbit/s 和 10Gbit/s 爆炸性地发展到多波长的 Tbit/s，当前实验室光纤速率甚至达到了 10Tbit/s。此外，光纤重量轻、体积小、耐化学腐蚀、使用寿命长。光纤通信不带电，不受电磁场和电磁辐射的影响，使用安全。光纤已广泛应用于网络骨干的远程传输、高速局域网及高速互联网接入，比如光纤到户。

2. 以太网

以太网起源于 1975 年美国 Xerox 公司和斯坦福大学建造的一个 2.94Mbit/s 的载波监听多路访问 / 冲突检测（Carrier Sense Multiple Access/Collision Detection，CSMA/CD）系统。CSMA/CD 使用无源电缆作为总线来传送数据，在 1km 长的电缆上连接 100 多台计算机，并以以太来命名。在历史上，以太曾用来代表电磁波的传播。1982 年，电气和电子工程师协会（Institute of Electrical and Electronics Engineers，IEEE）在此基础上制定了 IEEE 802.3 标准，并于 1990 年成为国际标准。IEEE 802.3 与以太网在介质访问控制层上采用了相同的 CSMA/CD 协议和非常相似的帧格式（不完全相同）。因此，业界通常将 IEEE 802.3 标准视为以太网。

根据 OSI 参考模型的划分原则，狭义的以太网只包括物理层和数据链路层。然而，在日常概念中，以太网包括物理层、数据链路层（IEEE 802.3）、网络层（IP）、传输层（TCP/UDP）和应用层（包括 SMTP、HTTP、DNS 等协议）。

以太网没有表示层和会话层。

物理层主要为以太网提供物理电气和机械等特性描述。可使用的介质包括同轴电缆、双绞线和光纤等。数据包以 10～100Mbit/s 的速率在互联设备之间传输。其中，同轴电缆已逐渐过时。双绞线主要用于从主机到集线器或交换机的连接，而光纤则主要用于交换机间的级联及交换机到路由器间的点到点链路上。

数据链路层提供了一种遵循 IEEE 802.3 标准的介质访问方法，并采用 CSMA/CD 机制来控制每个节点对介质的访问。以太网节点可以看到在网络中发送的所有信息，从这个角度看，以太网是一种广播网络。以太网的主机按照以下 4 个步骤进行数据传输。

第一步，侦听信道上是否有信号传输。若信道处于忙状态，则继续侦听，直到信道空闲为止；

第二步，若没有侦听到任何信号，则传输数据；

第三步，在传输过程中继续侦听，若发现冲突，则执行退避算法，随即等待一段时间后，重新执行第一步（冲突发生时，冲突的计算机会发送一个拥塞序列警告所有的节点）；

第四步，若未发现冲突，则发送成功，计算机将返回侦听信道的状态。

以太网的网络层采用 IP 协议，定义了数据分组从发送端到接收端的方法。传输层采用 TCP 和 UDP 协议分别处理面向连接的服务和无连接服务。应用层协议是应用进程操作网络的接口，它直接面向用户，为用户的各种服务提供有效数据。图 3-15 为以太网与 OSI 参考模型的分层对照关系图。

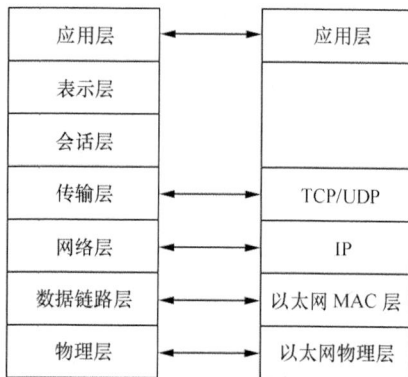

图 3-15　以太网与 OSI 参考模型的分层对照关系图

以太网卡可以工作在半双工和全双工两种模式下。

（1）半双工

传统的共享 LAN 在半双工下工

作，即同一时间只能在单个方向上传输数据。在以太网半双工传输模式下，运行载波监听多路访问冲突检测。当两个方向的数据同时传输时，会产生冲突，降低以太网的效率。

（2）全双工

全双工传输采用点对点连接，不会发生冲突。此外，全双工传输在没有安装新介质的情况下使用双绞线中两个独立的线路来提高带宽。由于冲突检测电路在全双工模式下不可用，因此每个全双工连接仅使用一个端口进行点对点连接。标准以太网的传输效率可达到 50%～60%，全双工在两个方向上都提供 100% 的传输效率。

随着网络的普及和应用，人们对以太网的通信速率和实时性等方面的需求快速增长。伴随着微电子技术、计算机技术和通信技术的飞速发展，以太网也得到了快速发展。以太网已经从 IEEE 802.3 诞生时的 10Mbit/s 发展到 100Mbit/s、1000Mbit/s 甚至 10Gbit/s。网络结构从原先的共享式向交换式发展，并且流量控制、信息优先级、虚拟局域网等新网络技术不断融入以太网。

① 共享式以太网。典型代表有以集线器为核心的星形网络和总线型网络。在使用集线器的以太网中，集线器将很多以太网设备集中到一台中心设备上，并且这些设备都连接到集线器中的同一物理总线结构中。

② 交换式以太网。在交换式以太网中，交换机根据收到的数据帧中的 MAC 地址来决定将数据帧发送到交换机的哪个端口。端口间的帧传输相互屏蔽，使得每个节点发送的帧在通过交换机时会与其他节点发生冲突。

③ 虚拟局域网。这是一种相对较新的技术，它工作在 OSI 参考模型的第 2 层和第 3 层。虚拟局域网不受物理位置的限制，它是一组逻辑上的设备和用户，可以根据功能、部门及应用等因素进行组织。它们之间的通信就像在同一网段内进行的，因此被称为虚拟局域网。一个虚拟局域网就是一个广播域，虚拟局域网之间的通信是通过第 3 层路由器完成的。与传统的局域网技术相比，虚拟局域网技术更加灵活，具有网络设备管理开销少、能够控制广播活动和网络的安全性高等优点。

以太网已经发展成为局域网中最常用的通信协议标准。

3.1.3　无线网络

无线网络利用无线电波进行信息传输，根据所使用的通信技术类型，无线通信网络可分为无线广域网（WWAN）、无线城域网（WMAN）、无线局域网（WLAN）和无线个域网（WPAN）。从分类可以看出，无线通信技术主要是根据覆盖范围或通信的距离进行分类的，如表 3-5 所示。从物联网的角度来看，无线通信技术大致可分为短距离和长距离的宽带通信技术，其中长距离宽带通信一般采用蜂窝无线通信技术。

表3-5　常用无线通信技术

WWAN 无线广域网	WMAN 无线城域网	WLAN 无线局域网	WPAN 无线个域网		无线基站（信源）发送 / 接收
		电磁信号覆盖半径由近及远 ⟵			
蜂窝通信技术 2G/3G/4G GPRS EDGE LTE ……	WiMax Wibro（韩国） 802.16	Wi-Fi WAPI 802.11	Bluetooth UWB ZigBee ……	RFID NFC IrDA	塔顶放大器 放大器
中、长距离无线通信、卫星通信和长波、短波实现超长距离无线通信	短距离无线通信，NFC 等为非接触超短距离无线通信				

近年来，随着物联网的兴起，低功耗广域网络（Low-Power Wide-Area Network，LPWAN）受到广泛关注。与蜂窝无线通信技术相比，LPWAN 通常采用窄带通信实现非常低的功耗；与传统的短距离无线通信技术（如 Wi-Fi）相比，LPWAN 可以实现远程数据传输。因此，LPWAN 能以极低的功耗提供最大的覆盖范围。低电量需求、低比特率与使用时机是 LPWAN 与传统长距离宽带通信技术的最大区别，因此 LPWAN 通常称为长距离低功耗无线通信技术。本节将首先介绍无线通信的传输介质，即无线电频谱资源。然后，分别介绍蜂窝无线通信技术、长距

离低功耗无线通信技术和短距离无线通信技术。

1. 传输介质

无线网络利用无线电进行信息传输。无线电是指在所有自由空间（包括空气和真空）中传播的电磁波。无线电技术以导体中电流强度变化时产生的无线电波作为载体，信息调制应用其中，承载信息的电磁波在空间中进行传输，并到达无线电终端设备。

无线通信是利用无线电波在自由空间的传播来实现的，它的核心资源是频谱。无规则地使用无线电频率会产生干扰。同时，现代无线电频率可供使用的范围有限，不能随意占用，需要详细地规划和配置。国际电信联盟（International Telecommunication Union，ITU）负责分配全球频率资源。频率的分配和使用应考虑电磁波在各频段的传播特性、各种业务的特性和共用要求，以及技术的发展水平等。无线电频率根据频率（即波长的长短）分为多个波段。按波段划分，各波段的特点及其频率分配情况如表 3-6 所示。

表3-6　波段划分

名称	符号	频率	波段	波长	传播特性	主要用途
甚低频	VLF	3 ～ 30kHz	甚长波	100 ～ 10km	空间波为主	导航，声呐
低频	LF	30 ～ 300kHz	长波	10 ～ 1km	地波为主	导航，授时
中频	MF	0.3 ～ 3MHz	中波	1km ～ 100m	地波与天波	调幅广播
高频	HF	3 ～ 30MHz	短波	100 ～ 10m	天波与地波	调幅广播，通信
甚高频	VHF	30 ～ 300MHz	米波	10 ～ 1m	空间波	调频广播，广播电视，移动通信
超高频	UHF	0.3 ～ 3GHz	分米波	1 ～ 0.1m	空间波	广播电视，移动通信，卫星定位导航，无线局域网
特高频	SHF	3 ～ 30GHz	厘米波	10 ～ 1cm	空间波	卫星广播，卫星电视，通信，雷达，无线局域网
极高频	EHF	30 ～ 300GHz	毫米波	10 ～ 1mm	空间波	通信，雷达，射电天文
光频		1 ～ 50THz	光波	300 ～ 0.006μm	空间波	光纤通信

（1）10 ～ 200kHz 频段

该频段属于甚长波和长波的波段，二者的传播特性相近。该波段可以通过天波和地波传播，主要是地波传播。地波是一种沿地面传播的无线电波，也称为表面波，频率越高，大地的吸收越大。因此，在无线电的早期，它是朝着低频方向发展的。天波是由地球和电离层之间来回反射的电磁波传播的。长波的传输距离长且稳定，基本没有衰落现象，适合水下和地下通信。长波也存在明显的缺点，如容量小、大气噪声干扰大，以及需要大的天线。

（2）200 ～3000kHz 频段

该频段以中波为主，主要传播方式为地波。天波在白天基本上被电离层吸收，所以不能靠天波传播。电离层在垂直方向上呈分层结构，划分为 D 层、E 层和 F 层，D 层电子密度很低。夜间电子大量消失，可以认为 D 层消失，此时由 E 层反射，天波传播可以达到相当远的距离，但它也是那些来用地波传播业务的一个干扰源。该频段的传输距离中等（数十米到数百千米）且信号稳定，主要用于区域广播、无线电导航、海上移动通信和地对空通信。

（3）3 ～30MHz 频段

该频段为短波波段。短波电离层通信技术简单、易于实现、成本低廉。它的优势是能以较小的功率和更小的天线实现远距离通信。然而，短波有一个严重的缺点，即通信不稳定。由于电离层周期的影响，当太阳活动性较大时可以使用 3 ～30MHz，而当太阳活动性最小时只能使用 3 ～15MHz。因此，短波通信必须具有全波段的频率才能适应。同时，短波衰落严重，必须使用分集接收来获得更稳定的通信。

短波波段是唯一适合长距离广播的波段，由于历史原因，短波存在波段太拥挤的问题。同时，由于短波传播较远，又容易互相干扰。因此，频谱利用是一个问题。短波主要用于定点通信、航海和航空移动通信、广播、热带广播及业余无线电等。在这个频段中，13.56MHz（HF RFID、NFC）和 27.12MHz（两者是谐波关系）两个频率专门用于工业、科学、医学（Industrial Scientific Medical，ISM）业务，并严格限制在这两个频率上。

（4）30 ～1000MHz 频段

该频段是"中间"波段，是甚高频（米波）和超高频（分米波）的一部分，传播方式包括视距内的空间波传播、对流层散射和电离层散射。

与高频波段相比，该频段的优点是可以在低容量系统中使用小尺寸天线。显然，此特点特别适用于移动通信。在无线电中继系统中，采用的频率越高，传播损耗越大，但是高的天线增益可以补偿这种损耗。因此，采用这个频段的高频段是合适的，而且容量也可增大，以通过更多的路数。该频段的频率主要分配在广播、陆上移动通信、航空移动通信、海上移动通信、定点通信、空间通信、雷达等领域。

（5）1 000 ～10 000MHz 频段

该频段属于分米波至厘米波的波段（30 ～3cm），用于定点和移动通信、导航、雷达、气象、射电天文学、空间通信、业余无线电和 ISM。

该频段的传播特点为视距传播和低大气噪声，但在某些波段（3cm 波长），大气吸收相对较大。此外，该频段也通过散射传播。该频段目前不太拥挤，分配问题较少。

由于没有大气噪声的干扰，同时波长短的天线的波束容易做得很窄，尤其适用无线电导航和雷达，该频段 18% 被分配用于导航，30% 用于雷达和定位，实际上，该频段的导航也基本上采用雷达技术。

由于这个频段的频带宽，可以容纳大量的信道，是空间通信最重要的波段。在 3 400 ～8 500MHz 范围内分配了 200MHz 供卫星通信与低功率移动通信共用。此外，分配 ISM 频率 2 450±50MHz。

（6）10 000MHz 以上的频段

该频段基本上是毫米波波段。目前，它只被分配到 40 000MHz（8 毫米波长），更高的波段还没有被分配。10 ～30 000MHz 的传播情况基本上是光的传播特性，但其在高频段高端的传播损耗大于低端的传播损耗，且受降雨影响较大。不过高的天线增益可以补偿这部分损耗。这部分的低端比较适合于无线电中继（接力）通信、空间通信、雷达、导航、无线电天文学等应用。目前，在 40 000 ～3×10⁶MHz（这是光波的下限）之间，仅有激光得到较好的利用。其他的利用有待于研究和发展。

2. 蜂窝无线通信技术

（1）第一代移动通信系统（1G）

第一代移动通信系统在 20 世纪 70 年代末 80 年代初开始商用，以模拟式蜂窝网为主要特征。代表性系统包括北美的先进移动电话服务（Advanced Mobile Phone Service，AMPS）和欧洲的全接入网通信系统（Total Access Communication System，TACS）。第一代移动通信系统的主要技术是模拟调频和频分多址（Frequency Division Multiple Access，FDMA），使用频段为 800MHz/900MHz，语音信号为模拟调制，每隔 30kHz/25kHz 提供一个模拟用户信道。其主要缺点是频谱利用率低、业务种类有限、提供单一模拟语音业务、无数据业务、通信保密性差、设备成本高及体积大等。尽管这样，第一代移动通信系统实现了移动电话零的突破，是人类通信史上的重要里程碑。

（2）第二代移动通信系统（2G）

2G 是数字式蜂窝移动通信系统，于 20 世纪 90 年代初正式商用。其主要业务是数字式语音业务和电路交换的数据业务。最具代表性的是欧洲的全球移动通信系统（Global System for Mobile Communications，GSM）。GSM 系统基于时分多址（Time Division Multiple Access，TDMA），按时序组成信号的帧结构。其基本思想是小区中的每个移动台占用相同的频段，但使用不同的时隙。通常，每个移动台只在指定的时隙内以突发的形式发送信号，这些信号通过基站的控制在时间上依次排列、互补重叠。同样，只要每个移动台在指定时隙内接收到信号，就能从合路信号中区分出发送给它的信号。GSM 系统采用数字通信方式，通信质量高；FDMA 与 TDMA 方式相结合，提高了频谱利用率；保密性能好，提供多种业务和漫游功能。基于 GSM 系统发展出了 2.5 代移动通信技术，如通用无线分组业务（General Packet Radio Service，GPRS）。与 GSM 的拨号方式的电路交换相比，GPRS 采用无线分组交换技术，提供端到端的、广域的无线 IP 连接。通俗地讲，GPRS 是一项高速数据处理的技术，以"分组"的形式将资料传送到手机终端。GPRS 使移动数据传输速率取得了质的突破，使手机具备收发电子邮件、互联网浏览等功能。

此外，美国采用的 2G 技术是高通公司开发的 IS-95。IS-95 是第一个基于宽带码分多址（Code Division Multiple Access，CDMA）数字蜂窝标准，其对应的 2.5 代的移动通信系统是 IS-95B。2G 时代，手机从一种奢侈品演变成为日常生活的必需品。

（3）第三代移动通信系统（3G）

3G 于 21 世纪初期投入商业化运营，其主要特征是多媒体业务。ITU 批准的 3G 主流技术标准有欧洲和日本提出的 WCDMA（Wideband CDMA，宽带码分多址）、美国提出的 CDMA2000 和中国提出的 TD-SCDMA （Time Division Synchronous CDMA，时分同步码分多址）。WCDMA 重视从 GSM 网络向 WCDMA 网络的演进，以 GPRS 作为中间衔接，核心网络基于 GSM-MAP，采用频分双工（Frequency-Division Duplex，FDD）的通信方式。CDMA2000 采用频分双工（FDD）方式，可从 IS-95B 的 CDMA 系统的基础上平滑过渡到 3G 系统。中国提出的 TD-SCDMA 则同时利用时分和码分的多址技术，是 FDMA、TDMA 和 CDMA 的灵活结合。与前两代技术相比，3G 的传输速率和质量大幅提高，传输速率比 GSM 移动通信高出数十倍甚至数百倍，更重要的是将无线通信与互联网融合，全面支持移动多媒体业务，提供网页浏览、收发邮件、视频会议、电子商务等多种信息服务。

（4）第四代移动通信系统（4G）

4G 的主要特征是宽带高速数据传输，代表性的系统有 TDD-LTE 和 FDD-LTE 两种制式。LTE（Long Term Evolution，长期演进）是第三代合作伙伴计划（The 3rd Generation Partnership Project，3GPP）制定的无线数据通信技术标准的长期演进。LTE 引入正交频分复用（Orthogonal Frequency Division Multiplexing，OFDM）和多输入多输出（Multi-Input & Multi-Output，MIMO）等关键技术，显著提高了频谱效率和数据传输速率，下行峰值速率为 100Mbit/s，上行为 50Mbit/s。LTE 支持多种频段分配，包括主流 2G/3G 频段和一些新增频段，频谱分配更加灵活，系统容量和覆盖也得到显著提高。TDD-LTE 是时分双工（Time-Division Duplex，TDD）的 LTE 技术，是 TD-SCDMA 的长期演进方向；FDD-LTE 是 FDD 版本的 LTE 技术，是 CDMA2000 和 WCDMA 的长期演进方向。4G 融合了 3G 和无线局域网（WLAN）技术，能够满足无线高速通信业务的需求，快速传输数据，包括高质量的音频、视频和图像等多媒体数据。同时，用户数量和通信质量都有了很大的改善。此外，4G 技术在无线频率的利用上比 2G 和 3G 更为有效。随着频谱资源的日益短缺，频谱的高效利用显得尤为重要。表 3-7 给出了蜂窝无线通信技术的演进和对比。

表3-7　蜂窝无线通信技术对比

通信技术	1G	2G	3G	4G
典型频段	800/900MHz	890/900/1 800MHz	1 940～1 955MHz 2 130～2 145MHz	1 755～2 635MHz （LTE频段）
调制方式	FM	GMSK	QPSK	QAM/MPSK
多址技术	FDMA	TDMA/CDMA	CDMA	CDMA/TDMA
传输速率	2.4kbit/s	150kbit/s	2Mbit/s	100Mbit/s
提供服务	模拟语音业务	数字语音传输	数据、语音同传	快速传输数据、音视频

3. 长距离、低功耗无线通信技术

（1）NB-IoT

窄带物联网（Narrowband Internet of Things，NB-IoT）是3GPP为物联网应用而定义的一种新的窄带蜂窝通信技术。NB-IoT网络由终端、基站、核心网、M2M平台及运营支撑系统等组成。通过合理配置NB-IoT组织结构，能实现物联网技术的长距离、低速率、低能耗及服务多样化。技术特点如下。

①多连接，单个扇区内可支持多达10万个终端连接。

②覆盖范围广，单个基站能覆盖几千米的范围。

③穿透能力强，通频段窄带物联网技术比传统物联网技术增益高20dB。

④低功耗，理论与实验表明，采用该技术的终端设备可实现长达10年的待机时间。

⑤设备成本低，由于该技术模块设备小、覆盖简单等特点，单个模块的价格已降至20元以下。NB-IoT全面提升了物联网的覆盖范围和稳定性，满足了物联网多样化的使用需求，促进了数据信息的高效互动，为城市管理中的无线抄表、智能停车、智慧家居、物流跟踪等物联网的创新应用带来了良好的技术支撑。共享单车的智能锁系统是NB-IoT技术的典型商业案例。

（2）eMTC

增强型机器通信（enhanced-Machine Type Communication，eMTC）是基于LTE演进的物联网技术。eMTC是基于蜂窝网络部署的，且对LTE协议进行了

裁剪和优化，使其更适合物与物之间的通信，降低成本。通过支持 1.4MHz 的射频和基带带宽，其用户设备可以直接接入现有的 LTE 网络，并支持上下行最大 1Mbit/s 的峰值速率，以支持丰富的物联网应用。

eMTC 是 3GPP 推出的一种用于提供低功耗、广覆盖的物联网蜂窝技术，其在移动性和速率方面提供与 NB-IoT 不同的差异化服务。一是提供更高的速率，eMTC 在上下行支持 1Mbit/s 的最大峰值速率，比 NB-IoT 支持更丰富的物联应用；二是提供更好的移动性，eMTC 支持连接态的移动性，支持 120km/h 以上的终端移动速度，用户可以无缝切换，例如智能公交、智能电梯、工业监控等；三是可定位，基于 TDD 的 eMTC 可以利用基站侧的 PRS 测量信息进行定位，而无须新增卫星定位芯片，低成本的定位技术更有利于 eMTC 在物流跟踪、货物跟踪等场景的普及；四是支持语音，eMTC 是从 LTE 协议演进而来的，支持 VoLTE 语音，可以应用于语音手表等穿戴设备中。eMTC 可以直接从 TDD-LTE 网络升级，也可随 LTE-FDD 网络同时部署。因此，eMTC 在投资成本和快速建设上具有较大的优势。eMTC 降低了终端成本、提升了网络覆盖范围、降低了终端功耗和提升了待机时长。尤其是依托 LTE 网络实现上下行覆盖，对运营商开展物联网特别是需要深度覆盖的抄表业务具有重要意义。

（3）LoRa

LoRa 是一种基于扩频技术的低功耗、远距离无线通信技术。主要面向物联网，应用于电池供电的无线局域网和广域网设备。首先，LoRa 基于 Sub-GHz 的频段，使得较低功耗、远距离通信更容易实现，可以通过电池或其他能量收集方式供电；其次，较低的数据速率可延长电池寿命并增加网络容量；最后，LoRa 信号对建筑有很强的穿透力。由于具备上述技术特点，LoRa 适合于低成本、大规模的物联网部署。具体来说，LoRa 工作在 ISM 频段，包括 433MHz、868MHz、915MHz 等，遵循 IEEE 802.15.4g，采用线性调频扩频调制技术，具有前向纠错能力，提供几百到几十千比特每秒的数据传输速率，城镇传输距离可达 2～5km，郊区传输距离可达 15km，一个 LoRa 网关可以连接数万个 LoRa 节点，电池寿命长达 10 年，具备 AES128 加密。LoRa 最大的特点是在同样的功耗条件下，比其他无线方式传播的距离更远，实现了低功耗和远距离的统一。

（4）SigFox

SigFox 由法国公司 SIGFOX 开发，与其他 LPWAN 技术相比，SigFox 是传输速率最低的技术，速率仅 100bit/s，且每个终端每天只能传输 140 条消息，每条消息最大的容量为 12B。SigFox 最大的优势就是极低的功耗。其适用于水表、电表、路灯控制这类的应用。以 SigFox 的智慧水表应用为例，水表装置仅上传数据，不接收消息，当没有数据传送时，水表装置将关闭，因此 1 节 3 号电池可使用 10 年。与 LoRa 的分散运营不同，SigFox 的目标是建立一个全球共同的物联网，它可以通过全球授权的网络运营商提供服务，原则上单一地区由单一业者负责。网络、资料储存空间等基础设施的建构由第三方提供，企业重点发展物联网服务。表 3-8 给出了长距离、低功耗无线通信技术对比。

表3-8　长距离、低功耗无线通信技术对比

	NB–IoT	eMTC	LoRa	SigFox
通信模式	蜂窝	蜂窝	点对点	蜂窝
通信距离	0～20km	0～20km	1～20km	0～50km
传输速率	<100kbit/s	1Mbit/s	0.3～50kbit/s	100bit/s
频段	<1GHz（运营商频段）	LTE 频段	150MHz～1GHz	900MHz
成本	低	低	低	低

4. 短距离无线通信技术

（1）Wi-Fi

准确来说，Wi-Fi 实质上是一种商业认证，具体是 Wi-Fi 联盟为产品提供的品牌认证，一般意义的 Wi-Fi 技术是指遵循 IEEE 802.11 标准（包括 IEEE 802.11a/b/g/n/ac/ax）的无线局域网技术。

无线接入和高速传输是 Wi-Fi 的主要技术优势。IEEE 802.11b 的最高速率为 11Mbit/s，IEEE 802.11a 与 IEEE 802.11g 的最高速率为 54Mbit/s，802.11n 可以将 WLAN 的传输速率提高到 300Mbit/s 甚至高达 600Mbit/s，而 IEEE 802.11ac 的速率可达 1 300Mbit/s。常见的 IEEE 802.11b/g/n 设备使用的频段为 2.4～2.4835GHz 的频段，IEEE 802.11ac 标准使用的是 5GHz 的频段。上述都属于 ISM 频段，无须许可证或费用，在频率资源上不存在限制，因此 Wi-Fi 技术的使用成本比较低

廉。Wi-Fi 无线网络由接入点（Access Point，AP）和无线网卡组成，组网方式相对简单。一般来说，可以搜索到 Wi-Fi 网络的地方称为热点区域。任何携带无线网卡的终端（如笔记本电脑、平板电脑、智能手机和智能设备）进入 Wi-Fi 覆盖区域，都可以通过 AP 无线高速接入互联网。根据 IEEE 802.11 标准，Wi-Fi 的发射功率不超过 100mW，实际发射功率约为 60 ～70mW。然而，手机的发射功率为 200mW ～1W 不等，而手持式对讲机的发射功率则高达 5W。相比而言，Wi-Fi 总体上是安全健康的。

（2）Bluetooth

蓝牙（Bluetooth，BLE）是一个开放性的、短距离无线通信技术标准。蓝牙技术可以在较小的范围内，通过无线连接的方式，实现安全、低成本和低功耗的网络互联，实现近距离内各种通信设备无缝的资源共享，也可以实现各种数字设备之间短距离的语音和数据通信。

1999 年诞生的蓝牙 1.0A，使用 2.4GHz 频段，与当时流行的红外技术相比，蓝牙有着更高的传输速率，而且无须像红外技术那样进行接口对接口的连接，只要它在有效通信范围内，便可以随时连接蓝牙设备。蓝牙 1.1 于 2001 年推出，其传输速率为 748 ～810kbit/s，容易受到同频率的产品干扰而影响通信质量。蓝牙 2.0 于 2004 年推出，其传输速率达到了 1.8 ～2.1Mbit/s，开始支持双工模式，并实现了简易、安全的配对。蓝牙 3.0 采用了交替射频技术，允许蓝牙协议栈为任何任务动态选择正确的射频数据，其传输速率是蓝牙 2.0 的 8 倍，数据传输快，功耗也更低。蓝牙 4.0 进一步降低功耗，将有效覆盖范围从 10m 扩展到 100m，并增强了隐私保护。2016 年 6 月，蓝牙技术联盟（Special Interest Group，SIG）正式推出了第五代蓝牙技术，将蓝牙 5.0 的传输速率上限提高至 24Mbit/s，通信距离增加到 300m。值得一提的是，蓝牙 5.0 优化了物联网底层功能，为物联网无线通信提供了低功耗、高效率的解决方案，进一步推动了物联网的发展。

（3）ZigBee

ZigBee 是一种低复杂度、低成本、低功耗、低速率的无线连接技术，它采用 IEEE 802.15.4 协议，适用于廉价的固定、便携或移动设备。ZigBee 技术的主要特点是低速率、低时延和低功耗，且具有实现简单、低成本和网络容量高等优点。ZigBee 的响应速度较快。一般情况下，从睡眠转入工作状态只需 15ms，节点连接进入网络只需 30ms，而 Wi-Fi 需要 3s，蓝牙需要 3 ～10s。更快的响应速度进一步节省了电力。低功耗意味着较高的可靠性和可维护性，更适合大量小容量的日常应用。ZigBee 设备在标准电池供电的条件下可以运行数月甚至数年，无须任何重换电池或充电操作，具备低成本、易安装等优势。ZigBee 通过使用 IEEE 802.15.4 标准的 PHY 和 MAC 层，支持几乎任意数目的设备，这对于大规模传感器阵列和控制尤其重要。ZigBee 技术弥补了无线通信市场低成本、低功耗和低速率的空缺，广泛应用于智能建筑、军事领域、工业自动化、医疗设备、智能家居及各种监控系统等。

（4）UWB

超宽带（Ultra WideBand，UWB）技术是指信号带宽大于 500MHz 或信号带宽与中心频率之比大于 25% 的无线通信技术。UWB 起源于 20 世纪 60 年代后期，此前主要作为一种军事技术用于通信设备，如雷达。随着无线通信的快速发展，人们对高速无线通信提出了更高的要求，超宽带技术被重新提出，并倍备受关注。作为一种无线载波通信技术，UWB 不是使用正弦载波，而是使用纳秒级的非正弦波窄脉冲来传输数据。通常，每个脉冲的持续时间只有几十皮秒到几纳秒，因此其占据很宽的频谱范围，甚至高达几吉赫兹。在民用商品中，UWB 信号的传输范围通常要求在 10m 以内，根据修改后的信道容量公式，UWB 的数据传输速率可达 500Mbit/s。在高速通信的同时，UWB 设备的发射功率非常小，仅为现有设备的几百分之一，这与普通的非 UWB 接收机的噪声相似，因此 UWB 在理论上可以与现有无线电设备共享带宽。

总体而言，UWB 技术以极大的频率带宽为代价来换取数据的高速传输，且与其他无线技术共享频带，而不是单独占据原本就拥挤的频率资源，具有系统复杂度低、发射信号功率谱密度低、对信道衰落不敏感、截获能力低和定位精度高等优点，特别适用于室内及其他密集多径场所的高速无线接入。

表 3-9 给出了短距离无线通信技术的对比。无线网络在工业互联网中能够作为有线网络的重要补充，实现更为广泛、复杂场景中的通信覆盖，对于工业互联

网中的无线技术，从覆盖范围来看，可以包括工厂内无线通信技术和工厂外无线通信技术。

表3-9 短距离无线通信技术对比

	Wi-Fi	Bluetooth	ZigBee	UWB
通信模式		单点对多点	网状	
通信距离	0～100m	0～10m	10m～75m	0～10m
传输速率	54Mbit/s	1Mbit/s	10～250kbit/s	53.3～480Mbit/s
安全性	低	高	中	高
频段	2.4GHz	2.4GHz	2.4GHz 868MHz，欧洲 915MHz，美国	3.1～10.6GHz
国际标准	802.11b 802.11g	802.15.1x	802.15.4	无
成本	高	低	极低	高

工厂内无线通信技术主要应用于工厂内部短距离、低功耗无线网络通信需求，包括信息的采集、非实时控制和工厂内部信息化等，具体包括 Wi-Fi、ZigBee、2G/3G/LTE、面向工业过程自动化的无线网络等技术。针对工厂外的广域通信应用场景，NB-IoT 对于解决低功耗、广覆盖、大连接等工业信息的采集和控制场景具有明显的优势，同时伴随着 5G 标准化工作的推进，作为低时延、高可靠的重要应用场景，3GPP 等组织机构也开展利用 5G 技术实现工业控制的相关研究。

无线接入网络技术是工业互联网创新的重要组成部分，目前无线接入技术主要用于设备及产品信息的采集、非实时控制和实现工厂内部信息化等，正逐步向工业实时控制领域渗透，成为现有工业有线控制网络有力的补充或替代。无线接入网络相比现有工厂内的有线网络具有明显的优势。一是可大幅降低工厂内网络部署和维护的成本，无线网络部署快，无须像有线网络那样铺设缆线及设置保护装置；二是可提高生产线的灵活性，实现现场设备的移动性，工厂生产可根据产品生产的需求对生产线进行灵活的重构，实现柔性生产。

3.1.4　内部网络

网络是工业互联网的核心之一。工厂网络可分为工厂内网络和工厂外网络两大类，其中工厂内网络，特别是现场级网络是无线网络的主要应用场景。工厂内网络主要承载管理控制类、数据采集类和信息交互类业务，各类业务对网络的性能要求也不相同，如承载控制类业务要求网络具备低时延（端到端时延毫秒级，时延抖动微秒级）、高可靠（数据传输成功率 99.999%）、高同步精度（百纳秒级）的能力，数据采集类业务要求网络具备高密度接入（百万连接 / 平方公里）、部分要求低功耗（使用超过 10 年以上）、抗干扰和满足现场安全性等方面的能力，信息交互类业务要具备较高的传输速率（语音图像要求在百兆带宽、视频类要在千兆带宽）。

在工业互联网工厂内，一方面，工厂的数字化、网络化演进，要求很多已有业务流程的数字化由相应的网络来承载；另一方面，大量新的联网设备被引入，如自动导引运输车（Automated Guided Vehicle，AGV）、机器人、移动手持设备等；大量新的业务流程被引入，如资产性能管理、预测性维护、人员 / 物料定位等。新的设备和业务流程的引入，对网络产生新的需求。因此，工厂内传统的生产网络和办公网络需要相应发生变化。

由于工厂内网络所连接的工厂要素的多样化，边缘接入网络呈现为类型多样化，根据业务需求，可以是工业控制网络、办公网络、监控网络、定位网络等；根据实时性需求，可以是实时网络、非实时网络；根据传输介质，可以是有线网络、无线网络；根据采用的通信技术，可以是现场总线、工业以太网、通用以太网、无线局域网、蜂窝网络等；网络的范围，也可能是一个车间、一栋办公楼、一个仓库等。

典型的工厂内部网络如图 3-16 所示，包括工业现场网络、控制室网络和管理层网络。内部网络又分为信息技术（Information Technology，IT）网络和用于工业生产与控制的操作技术（Operation Technology，OT）网络，连接的主体包括人、产品、机器、工业控制系统等。

1. IT网络与OT网络

IT 网络一般应用于企业管理和生产监控等领域，主要采用以太网 /IP 技术，能与互联网技术较好地融合，与本章介绍的计算机网络并无太多不同。OT 网络是生产现场、车间的网络，采用现场总线技术或工业以太网技术，有一定的特殊性和封闭性，与企业的 IT 系统不易融合。本节重点介绍 OT 网络。

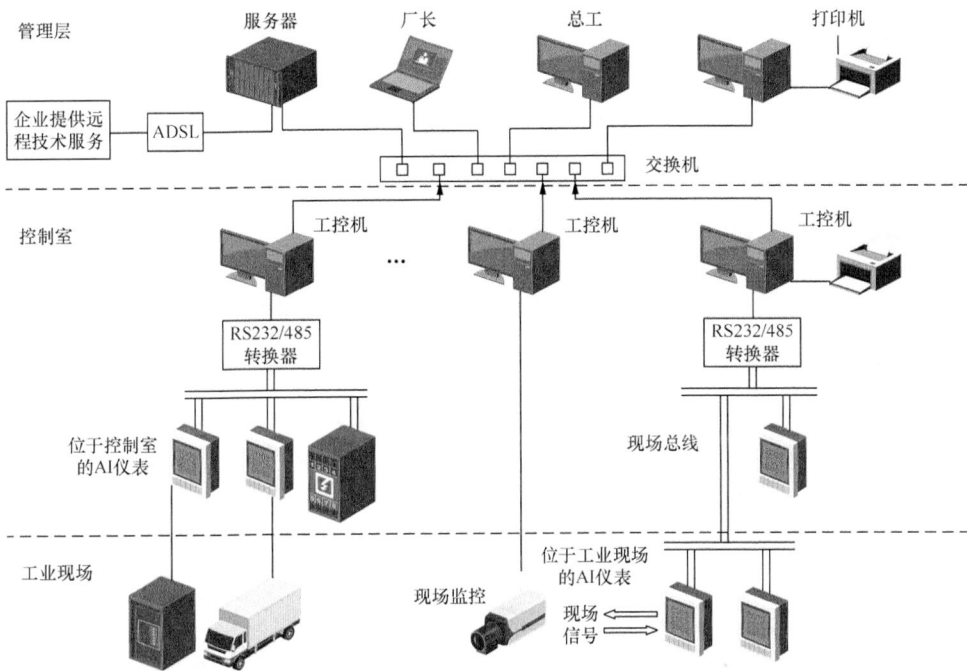

图 3-16　工厂内部网络

（1）OT 网络

工业控制网络通常为局域网，覆盖范围一般为几千米。将生产设备周围的电子测控装置连接成功能不一的自动化系统。控制网络可应用于工厂生产车间、流水线、温室、大坝、隧道、交通管理系统、军事工业、消防、环境检测、建筑家居等处。作为一种应用于特定场景的网络，工业控制网络需要满足以下几点要求。

① 高实时性。OT 网络不仅要求低时延传输，而且在控制过程中还要求快速响应，即响应实时性高。

② 高可靠性。由于 OT 网络直接面向生产过程，负责测控信息的传输，并引发物质运动和能量转换，因此应适应恶劣的工业现场环境和苛刻的供电要求等，

同时，在故障出现时，要求能保证整个系统安全运作。

③ 简洁。以降低设备成本，同时提供系统的健壮性。

④ 开放性。不同生产厂商之间的产品需要符合同一协议，应互相兼容。

⑤ 增加用户层。信息网络通常采用 OSI 7 层结构，而为了解决工业控制的应用问题，OT 网络需要在 OSI 第 7 层之上增加用户层。

（2）IT 与 OT 的融合

IT 与 OT 的融合过程是从"只自动化"到实时优化的过渡，再将 IT 决策过程与 OT 决策过程整合后，可以降低企业内技术部署的成本，更有效地实现企业的运营目标。工厂内网络架构的融合趋势体现在如下几个方面。

① 扁平的网络结构。"两层三级"的传统网络架构严重影响了通信的效率，由于边缘计算业务和大数据分析要求现场数据进行实时采集，即现场级采集，OT 网络中车间级将逐步与现场级融合（特别是在流程行业）。同时，MES 等信息系统逐步向车间和现场延伸，加大了 IT 网络与 OT 网络之间融合的趋势。

② 控制信息与过程数据共网传输。传统的工业网络基本上依赖于控制系统，主要用于实现闭环信息的传输控制。然而，新业务需要对工业生产全流程数据进行采集，故工厂网络应对控制信息和过程数据的传输同等重视，共网传输。

③ 有线与无线的协同工作。工业互联网对全生产流程、无死角网络覆盖的需求愈加明显，因此必须进行无线网络的部署，无线网络的应用也逐渐从单一的信息采集扩展到复杂的生产控制，从流程行业延伸到离散行业，而各种无线技术的应用发展同时推动了工厂内室内定位技术的发展、进步。IT 网络和 OT 网络将融合为一个以 IP 技术为核心的物理网络。工业以太网将逐渐替代现场总线技术，以太网技术将统一工厂网络。无线网络成为有线控制网络的有效补充和替代。工厂内外网络将逐步实现融合。

OT 网络主要实现工业现场控制，分为现场总线网络技术和工业以太网技术两大技术体系。

2. 现场总线网络技术

20 世纪 70 年代产生了"集中控制"的中央控制计算机系统，随着微处理器的普遍应用和计算机可靠性的显著提高，分布式控制系统（Distributed Control

System，DCS）得到应用，其利用多台计算机、智能部件及智能仪表等来逐渐实现分布式控制。与此同时，随着集成电路技术和通信技术的发展，数字通信网络扩展至工业过程现场，信息采集、传输、处理、显示，以及优化控制等功能结合于一体的智能设备也广泛应用于工业制造。上述新技术的发展，对设备之间的通信、计算和控制，在可操作性、可维护性、可靠性及精度等维度都提出了更高的要求。现场总线技术（Fieldbus Technology）顺势而生。

现场总线是公用工业通信协议的总称，通常用于实时分布式控制系统，是自动化控制领域中的底层数据通信网络。其主要解决工业现场的智能仪表、控制器、执行器等现场设备之间的数字通信问题，以及这些现场控制边缘设备和高级控制中心系统之间的信息传输问题。现场总线技术的诞生、发展是工业控制技术领域的一个重要突破，其技术特点有如下 6 点。

① 开放性。现场总线技术致力于建立一个统一的工厂底层网络开放性系统，使用户可以从自己的需要和考虑出发，把不同厂商的产品组成任意大小的系统，不同厂商的设备之间根据协议实现信息交换。

② 互操作性和互用性。互操作性是指实现互联设备间和系统间的信息双向传输，而互用性是指不同的生产厂商之间性能相近的设备可以实现互相替换。

③ 智能化与功能自治性。将传感测量、补偿计算、工程量处理与控制等功能分布到现场设备上完成，只需依靠现场设备就能够实现自动控制的基本功能，随时对设备的运行状态进行诊断。

④ 系统结构的高度分散性。现场总线构成了全分布式控制体系结构，从根本上改变了集中与分散相融的集散控制的体系结构，不仅简化了系统结构，还提高了可靠性。

⑤ 对现场环境的适应性。作为工厂底层网络，现场总线技术是专门为适应现场环境而设计的，它可支持光缆、同轴电缆、红外线、射频、双绞线、电力线等，具有较强的健壮性，并可利用两线制实现供电与通信，满足基本的安全和防爆要求等。

⑥ 可控状态。操作员在控制室不仅可以掌握现场设备和仪表的工作状态，也可以进行参数调整，还可以定位和预测事故，使得系统的可控性、可靠性和可

维护性得到显著提高，在设计、安装和维护等方面有很大的优势，用户拥有高度的系统集成自主权。

现场总线控制系统（Fieldbus Control System，FCS）既是一个开放的通信网络，又是一个全分布式控制系统，是计算机技术、通信技术和控制技术结合发展的结晶。作为一种全数字化、全分布、互操作和开放式互联的新一代控制系统，FCS 把挂载在总线上的智能设备作为网络节点联结在一起形成网络系统，进而构成自动化控制系统，是智能设备的纽带，实现基本控制、补偿计算、参数修改、报警、显示、监控、优化及控管一体化的综合自动化功能。如表 3-10 所示，由于采用了全数字化技术，FCS 大幅度减轻了传统控制系统中烦琐的布线工作量，并使系统检测和控制单元的分布更加合理。与传统的 DCS 相比，FCS 具有更高的可靠性、更好的可维护性、成本更低、实时性更高，以及实现了管控一体化的结构体系等优点。

表3-10　FCS和DCS的对比

	FCS	DCS
结构	一对多：一对传输线接多台仪表，双向传输多个信号	一对一：一对传输线接一台仪表，单向传输一个信号
可靠性	可靠性好：数字信号传输抗干扰能力强，精度高	可靠性差：模拟信号传输抗干扰能力强，精度低
失控状态	操作员在控制室既可以了解现场设备或现场仪表的工作状况，也能对设备进行参数调整，还可以预测或寻找故障，使设备始终处于操作员的远程监控与可控状态之中	操作员在控制室既了解不了现场设备或现场仪表的工作状况，也不能对设备进行参数调整，更不能预测故障，使操作员对仪表处于"失控"状态
仪表	智能仪表除了具有模拟仪表的检测、变换、补偿等功能外，还具有数字通信能力，并且具有控制和运算的能力	模拟仪表只有检测、变换、补偿等功能
控制	控制功能分散在各个智能仪表中	所有的控制功能集中在控制站中

现场总线技术是当今工业自动化控制领域的热门技术之一，很多公司推出其各自的现场总线技术，世界上现存 40 多种现场总线，而仍未制定成统一的标准。1999 年国际电工协会（International Electrotechnical Commission，IEC）制定了 IEC 61158 标准，规定了 8 种不同的通信协定。

- Type 1 FF 总线 H1
- Type 2 ControlNet
- Type 3 PROFIBUS
- Type 4 P-NET
- Type 5 FF 总线 HSE
- Type 6 SwiftNet
- Type 7 WorldFIP
- Type 8 Interbus

其中，P-NET 和 SwiftNet 是特定领域的专用总线，ControlNet、WorldFIP 和 Interbus 是在 PLC 的基础上发展起来的，而 FF 和 HSE 是在传统 DCS 的基础上发展起来的。8 种现场总线技术采用的通信协议完全不同，要实现兼容和互操作非常困难。2008 年 IEC 提出新的现场总线标准 IEC 61158，将现场总线相关的标准分为 15 个通信行规簇（Communication Profile Family，CPF），争取通过高层协议达到相互兼容的目的。

- CPF01：FF 总线。
- CPF02：CIP。
- CPF03：PROFIBUS 及 PROFINET。
- CPF04：P-NET。
- CPF05：WorldFIP。
- CPF06：INTERBUS。
- CPF07：CC-Link。
- CPF08：HART。
- CPF09：Vnet/IP。
- CPF10：TCnet。
- CPF11：EtherCAT。
- CPF12：Ethernet POWERLINK。
- CPF13：EPA，中国提出的即时工业以太网通信协定。
- CPF14：MODBUS-RTPS。

- CPF15: SERCOS。

下面介绍几种常用的现场总线技术。

（1）FF 总线

基金会现场总线（Foundation Fieldbus，FF）是由美国现场总线基金会组织开发的一种串行、双工的数字通信协议。FF 主要是为适应过程自动化系统在环境、功能与技术等方面的需要而专门设计的，获得世界上主要的自动控制设备提供商的广泛支持。

FF 总线的主要技术包括：① FF 通信协议；②用于完成 OSI 参考模型中第 2 ～7 层通信协议的协议栈；③用于描述设备参数、特性、属性和操作接口的 DDL 设备描述语言及字典；④用于实现测量、控制、工程量转换等的功能块；⑤用于实现系统组态、系统调度及管理等的系统软件技术；⑥用于构筑自动化集成系统和网络系统的系统集成技术。

FF 总线具体主要包括 4 部分，依次为物理层、数据链路层（Data Link Layer，DLL）、现场总线访问子层（Fieldbus Access Sublayer，AFS）和现场总线消息规范（Fieldbus Message Specification，FMS）。

在物理层，FF 总线有两种通信速率：低速 H1 和高速 H2。H1 的传输速率为 31.25kbit/s，通信距离可远达 1 900m，并且可通过中继器延长，支持总线电源防爆环境，适用于温度、流量及物位测量等现场环境应用。H2 的传输速率还可继续分为 1Mbit/s 和 2.5Mbit/s 两种，其通信距离分别为 750m 和 500m。因为 H2 没有得到推广，于是后来被 HSE 代替。物理传输介质可以采用双绞线、光缆和无线传输，并且采用曼彻斯特编码，这符合 IEC1158-2 标准。

DLL 主要用于控制现场总线中报文的传输，它定义了两种传输方式：调度和非调度。对于调度传输方式，DLL 通过链路活动调度器（Link Active Scheduler，LAS）来管理每个设备对总线的访问；对于非调度方式，设备在调度报文传输之间传送非调度报文。

AFS 的主要功能是控制数据链路，确保数据被传输到指定的设备。该层根据设备之间的通信关系，将通信服务分为 3 种类型：客户 / 服务器型、报告分发型和发布 / 接收型，并根据不同的通信服务类型控制不同设备之间的数据传输和接收。

作为 FF 总线的最高层，FMS 定义了用户应用所需的通信服务、报文格式和行为状态等。它通过对象字典（Object Dictionary，OD）、虚拟现场设备（Virtual Field Device，VFD）和虚拟通信关系（Virtual Communication Relationship，VCR）等机制，为用户应用提供了一套标准化的访问方法。

FF 总线的拓扑结构较为灵活，通常包括点到点型、带分支的总线型、菊花链型和树形。这些结构可以组合起来形成一个混合性结构，具有很强的可管理性，以满足各种物理连接的需要。与其他总线相比，FF 总线是围绕着过程工业的特点设计和开发的。它具有开放性、可互操作性、系统结构的分散性、独特的功能块技术、通信执行的同步性和现场环境的适应性（如本质安全、电缆安装和总线供电）等优点，能更好地满足过程自动化的要求。

（2）Profibus

Profibus 是过程现场总线（Process Field Bus）的简称，是由德国西门子等 14 家公司及 5 家研究机构共同推广的一种国际化、开放式、独立生产过程现场总线标准规范，以满足现场设备接口的基本要求。Profibus 包括了三大系列：Profibus-FMS、Profibus-DP（Decentralized Peripherals，分布式周边）和 Profibus-PA（Process Automation，过程自动化）。Profibus 协议包含 OSI 模型的物理层、数据链路层和应用层。物理层采用 3 种方式，DP 和 FMS 采用 RS-485、PA 采用 IEC1158-2、远距离传输和电磁干扰下传输采用光纤传输。这 3 种 Profibus 都使用相同的总线存取协议，主站之间（复杂的自动化系统）采用令牌传输模式，主站与从站（如简单的 I/O 设备）之间采用主从模式，主站获得总线存取令牌后，就可以与从站进行通信。下面介绍 3 种 Profibus 协议。

Profibus-FMS 是一种复杂的通信协议，适用于要求严苛的车间级通用通信，主要用于 Profibus 主站之间的非确定性通信。FMS 是实时多主网络，采用令牌结构，通过 RS-485 和光纤传输数据。

与 Profibus-FMS 相比，Profibus-DP 是一种高速、低成本的通信方式。其架构更为简单，所以通信速度更快。它主要用于 Profibus 主站和其远程从站之间的确定性通信，但仍然允许主站与主站之间的通信。Profibus-DP 主要采用线形、星形、环形等拓扑结构，利用 RS-485 和光纤传输数据，拥有最快可达 12Mbit/s 的通信速率，可以实现光纤双环冗余结构。Profibus-DP 为工厂自动化应用提供高速通信，例如由中央控制器控制的传感器和执行器，也可以利用标准或选用的诊断功能获知每个模块的状态。

Profibus-PA 用于过程自动化系统，由过程控制系统的监控和测量设备控制，它是一种本质安全的通信协议，可应用于防爆区域。Profibus-PA 的物理层匹配 IEC 61158-2，允许电力通信缆线提供电源给现场设备，即使在发生故障时，也可限制电流，避免形成可能导致爆炸的条件，但是能连接到该网络的设备数量受限于网络的供电方式。Profibus-PA 的通信速率为 31.25kbit/s。Profibus-PA 使用与 Profibus-DP 相同的通信协议，在一些需要同时进行自动化处理和过程控制的应用中，Profibus-DP 和 Profibus-PA 可以同时使用。Profibus-PA 利用转换设备与 Profibus-DP 网络相连接，以速率较快的 Profibus-DP 作为网络主干，再将信号传递给控制器。

基于 Profibus 的 3 个部分，可实现从现场设备层到车间层监控的分布式数字控制和现场通信网络。其中，Profibus-DP/PA 位于工厂自动化系统的底层，用于连接现场设备，完成现场设备的控制及设备之间的连锁控制，Profibus-FMS 则用于车间级监控网络，完成主要生产设备之间的连接，并监控车间级设备，实现工厂综合的自动化和现场设备的智能化。

Profibus 分别于 1996 年和 2006 年成为国际现场总线标准 IEC 61158（Type 3）和中国标准（GB/T20540-2006）的一部分。与其他现场总线系统相比，Profibus 最大的优势在于其稳定的标准支持和经实际应用验证的通用性。目前，Profibus 已经被广泛应用于制造业的自动化、过程工业的自动化、建筑、交通、电力等领域。需要指出的是，Profibus 和工业以太网中使用的 ProfiNet 是两种不同的通信协议。

（3）Modbus

Modbus 是世界上第一个真正应用于工业现场的总线协议，是 Modicon 公司为使用 PLC 进行通信而发明的，是目前广泛应用于工业控制领域的一种通用串行通信协议。通过这个协议，控制器可以彼此通信，或经由网络（如以太网）和其他设备进行通信。

Modbus 是 OSI 模型第 7 层的应用层报文传输协议，它为连接到不同类型的总线或网络的设备之间提供客户机 / 服务器通信。互联网设备可以通过 TCP/IP 栈上预留的系统端口 502 访问 Modbus。Modbus 本质上是一个请求 / 应答协议，它定义了一个控制器可以识别和使用的消息结构和通用格式，描述了控制器请求如何访问其他设备、如何应答来自其他设备的请求，以及如何侦测错误并记录的过程。

Modbus 协议采用主从通信技术，即由主设备主动查询和操作从设备。一般来说，将主控设备使用的通信协议称为 Modbus Master，从设备使用的通信协议称为 Modbus Slave。典型的主设备包括工控计算机和工业控制器等；典型的从设备，如 PLC 可编程控制器等。其通信遵循以下的过程。

① 主设备向从设备发送请求。

② 从设备对来自主设备的请求进行分析和处理，并将结果发送到主设备。

③ 如果出现任何错误，将返回一个异常功能码至从设备。

当在 Modbus 网络上通信时，协议确定了每个控制器需要知道它的设备地址，识别按地址发来的消息，并决定要采取什么行动。如果需要响应，控制器产生反馈并用 Modbus 协议发出。在其他网络上，包含 Modbus 协议的消息被转换为帧或包结构以便在该网络上使用。这种转换还扩展了基于特定网络解析节点地址、路由路径及错误检测的方法。

Modbus 定义了控制器能够识别和使用的消息结构，但它不定义物理层，Modbus 设备大多通过串口 RS-232、RS-422、RS-485 进行通信，也可以选择以太网口。对于串口通信，有 ASCII 和 RTU（Remote Teminal Unit，远程终端单元）两种传输方式，它们在数据表示和协议上大同小异。Modbus RTU 是一种紧凑的二进制数据表示方式，ASCII 是一种冗长的可读表示方式。在串口通信下，Modbus 协议需要校验数据，除了采用传统的奇偶校验外，ASCII 模式还采用纵向冗余校验（Longitudinal Redundancy Check，LRC），RTU 模式采用循环冗余校验（Cyclic Redundancy Check，CRC）。以太网连接有多个 Modbus TCP 变种，因为 TCP 是一个可靠的面向连接的协议，Modbus TCP 不需要校验。对于上述 3 种通信协议，Modbus 在数据模型和功能调用上都是相同的，只是封装方法不同。

Modbus 是工业电子设备之间常用的通信方式，不同厂商的控制设备可以通过 Modbus 连成一个工业网络。与其他工业通信协议相比，Modbus 是一个开放的标准，无须许可证费，不存在知识产权限制；Modbus 可以支持 RS-232 和 RS-485 等多种电气接口，如支持双绞线、光纤和无线等介质传输；Modbus 的帧格式简单紧凑，易于开发和使用。Modbus 于 2008 年正式成为国家标准（GB/T19582-2008），目前它是工业通信领域现场总线技术国家标准之一。

（4）CAN 总线

控制器局域网（Controller Area Network，CAN）是一种能够实现分布式实时控制的串行通信网络，由德国博世公司开发，用于构建汽车电子控制网络。CAN 最初用于车内微控制器的通信、各车载电子控制装置之间的通信，减少汽车内线束的数量。该协议的健壮性将其应用扩展到其他自动化和工业应用，是目前世界上应用最广泛的现场总线之一。

CAN 总线通信接口中集成了 CAN 协议的物理层和数据链路层功能，可完成对通信数据的成帧处理，包括位填充、数据块编码、循环冗余检验、优先级判别等。CAN 总线可以在双绞线上运行，也可以在光缆上运行。当 CAN 总线上的一个节点 / 站发送数据时，以报文的形式向网络中所有节点传送数据，不论数据是否发送给自己，每个节点都会接收该数据。每组报文开头的 11 位字符为标识符，它定义了报文的优先级，这种报文格式称为面向内容的寻址方案。标识符在同一系统中是唯一的，二进制数最低的标识符具有最高的优先级，总线读取中的冲突可通过位仲裁解决。例如，标识符 0111111、0100100、0100111 发生位仲裁时，0100100 报文会被跟踪，而其余报文会被丢弃。

当某一个站要向其他站发送数据时，该站的 CPU 将数据和自身标识符传送给该站的 CAN 芯片，此时 CAN 芯片处于准备状态；当它接收到总线分配的信号时，它被转换为发送报文状态。CAN 芯片按照协议将数据组织成一定的报文格式发出，并使网上的其他站处于接收状态。处于接收状态的每个站检测接收到的报文，用于判断这些报文是否是发给自己的，以确定是否接收它。由于 CAN

总线是一种面向内容的寻址方案，因此可以方便地建立高水准的控制系统并进行灵活的配置。

基于 RS-485 的总线一般构成主从式结构系统，通信方式只能以主站轮询的方式进行，系统的实时性和可靠性较差。CAN 各节点先通过总线访问各节点的优先权（取决于报文标识符），然后采用无损结构的逐位仲裁方式，向总线发送数据，另外废除了站地址编码，对通信数据进行编码，不同的节点能同时接收到相同的数据，这些特点使得 CAN 总线构成的网络各节点之间的数据通信实时性强，并且易于构成冗余结构，提高系统的可靠性和灵活性。

与其他现场总线相比，CAN 总线具备以下 3 个特点。

① 数据通信没有主从之分，任意节点可以向其他任何一个或多个节点发起数据通信，通信次序根据各个节点标识符的优先级确定。

② 多个节点同时发起通信时，优先级低的避让优先级高的，因此不会对通信线路造成拥塞。

③ 通信距离可达 10km（速率低于 5kbit/s 时），速率可达到 1Mbit/s（通信距离小于 40m 时）。

基于上述特点，CAN 总线适用于实时性要求高、数据量大、距离短或者距离长、数据量小的通信，尤其适用于多主多从或者所有节点都平等的现场中使用。其通信速率高、易于实现、性价比高、可靠性高和灵活性强，逐渐成为最有应用前景的现场总线之一，广泛地应用于工业自动化、船舶、医疗设备、工业设备等方面。

3. 工业以太网

现场总线的出现，是自动控制领域的一次变革。从 20 世纪 80 年代以来，现场总线发展迅速，但也暴露出了许多不足。

① 现有的现场总线标准过多。自现场总线诞生以来，世界各大厂商已经开发了数百种现场总线，其中有二三十种是开放的现场总线。由于技术和市场经济利益等方面的矛盾，目前现场总线标准还没有统一。

② 现场总线沿用了各大公司的专利技术，导致不能互相兼容，不能实现信息透明的互访。同时，无一例外，它们都过分强调了工业控制网络的特殊性。另

外，由于现场总线产品的独特性，其成本也较高。

③ 互联网等信息技术的快速发展，要求企业能从现场设备层到管理层实现全面的无缝信息集成，并提供一个开放的基础体系结构，但由于速率较低、应用场景有限，以及不便于和互联网信息集成等缺点，目前的现场总线还不能满足企业综合自动化的发展要求。

20 世纪 90 年代中期，随着现场总线的快速发展，以以太网为代表的商用现货（Commercial off the Shelf，COTS）通信技术也得到了迅速发展，这也引起了自动化设备制造商和用户的关注，由此以太网开始进入工业控制领域。工业传输通信的协议有很多种，主要是因为历史遗留和人为垄断两方面。虽然目前现场总线标准仍然有很多，但还没有一种比工业以太网更具生命力，因此越来越多的企业正在采用最流行的以太网加上 TCP/IP。

典型的工业以太网基本结构如图 3-17 所示，包括现场设备层、控制层和管理层。每一层都有其本质需求和不同的信息交换类型，不同的网络大小、支持设备的数量、网络速率、反馈时间和负载大小将导致各层采用不同的网络技术。

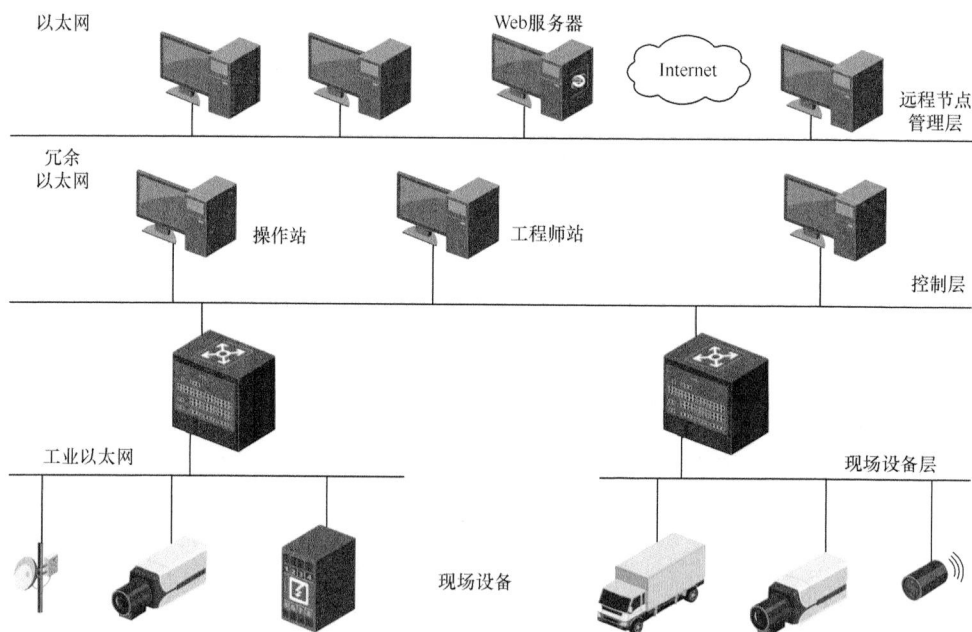

图 3-17　典型的工业以太网基本结构

（1）工业以太网与以太网的区别

由于以太网是以办公自动化为目标而设计的，因此并不能完全满足工业环境和标准的要求。简单地说，工业以太网是现场总线，而以太网不是。从 OSI 参考模型来看，现场总线网络一般只实现第 1 层（物理层）、第 2 层（数据链路层）、第 7 层（应用层）。因为现场总线通常只包含一个网络段，所以不需要第 3 层（网络层）和第 4 层（传输层），也不需要第 5 层（会话层）和第 6 层（表示层）。在工业领域使用传统以太网还有明显的缺陷。

① 确定性

由于以太网的 MAC 层协议是 CSMA/CD，该协议在网络上存在冲突。对于工业网络来说，如果存在大量的冲突，数据就必须重发多次，这大大增加了网络间通信的不确定性，导致系统控制性能的降低。

② 实时性

在工业控制系统中，事件发生后，系统必须在可以准确预测的时间范围内做出响应。而工业上对数据传输的实时性要求非常高，数据的更新要求只耗时数十毫秒。而以太网的 CSMA/CD 机制，在冲突的情况下可以重发数据 16 次，以时间为代价解决冲突。而设备如果掉线，可能造成严重的设备或人身安全事故。

③ 可靠性

以太网是为商业设计的，但当应用到工业现场时，面对恶劣的工作环境、严重的线间干扰，其可靠性不可避免地有所降低。因此，工业网络要求高可靠性、可恢复性和可维护性。工业以太网的发展需要结合现有现场总线技术来修改以太网协议标准，以确保不仅能正确发送和接收特定的制造数据，而且在需要执行特定操作时，还能按时发送和接收数据。具体表现在以下 5 个方面。

- 物理介质采用以太网连线，如双绞线、光纤等；
- 使用以太网连接设备（如交换机等），在工业现场使用工业以太网交换机；
- 采用 IEEE802.3 物理层和数据链路层标准、TCP/IP 协议组；
- 应用层（甚至是用户层）采用现场总线的应用层、用户层协议；
- 兼容现有成熟的传统控制系统，如 DCS、PLC 等。

随着以太网通信速率的提高、全双工通信和交换技术的发展，以太网直接应用于现场设备层通信已经成为一种趋势。当以太网应用于信息技术时，应用层包括 HTTP、FTP、SNMP 等常用协议；但当它用于工业控制时，反映在应用层的是实时通信、用于系统组态的对象和工程模型的应用协议。至 21 世纪，这些协议尚未统一，但受到了广泛支持，并且已经开发出了相应产品的应用层协议，其中典型的工业以太网协议有 HSE、Modbus-TCP/IP、ProfiNet、EtherNet/IP 和 Powerlink 等。

（2）主流的工业以太网协议

① HSE

FF 现场总线基金会在 2000 年发布了 Ethernet 规范，即高速以太网（High Speed Ethernet，HSE）。HSE 是以太网协议 IEEE802.3、TCP/IP 协议族和 FF Hl 的结合体。FF 现场总线基金会明确了 HSE 实现控制网络与互联网一体化的目标。

HSE 技术的核心部分是链接设备，它是 HSE 体系结构，将 Hl（31.25kbit/s）设备连接到 100Mbit/s 的 HSE 主干网络的关键组成部分，同时具有桥接、网关功能。桥接功能可用于连接多个 H1 总线网络段，使同一 H1 网络段上的 H1 设备之间进行对等通信而不受主机系统的干涉。

网关功能允许 HSE 网络连接到其他工厂控制网络和信息网络，HSE 链接设备不需要为 H1 子系统解释报文，而是集合从 H1 总线网络段接收的报文数据，并且将 Hl 地址转换为 IP 地址。

② Modbus TCP/IP

该协议由施耐德公司推出，以一种非常简单的方式将 Modbus 帧嵌入到 TCP 帧中，将 Modbus 与以太网和 TCP/IP 结合，成为 Modbus TCP/IP。这是一种面向连接的方法，每一个呼叫都需要一个应答，这种呼叫 / 应答的机制与 Modbus 的主 / 从机制相协调，这使交换式以太网具有很高的确定性，采用 TCP/IP，可以以网页的形式出现，使用户界面更加友好。

使用网络浏览器以方便查看企业网络内部设备的运行情况。施耐德公司为 Modbus 注册了 502 端口，可以将实时数据嵌入到网页中，另外，通过在设备中嵌入 Web 服务器，便可将 Web 浏览器作为设备的操作终端。

③ ProfiNet

针对工业应用需求，德国西门子于 2001 年发布协议 ProfiNet。将原有的 Profibus

与互联网技术相结合，形成了 ProfiNet 的网络解决方案，主要包括以下 3 点。

- 基于组件对象模型（COM）的分布式自动化系统；
- 指定了 ProfiNet 现场总线和标准以太网之间的开放、透明通信；
- 提供独立于制造商、包括设备层和系统层的系统模型。

ProfiNet 采用标准 TCP/IP 加上以太网作为连接媒介，采用标准的 TCP/IP 加上应用层的 RPC/DCOM 来完成节点之间的通信和网络寻址。它可以同时与传统 Profibus 系统和新型智能现场设备相连接。

现有的 Profibus 网络段可以通过代理设备（proxy）连接到 ProfiNet 网络，使整个 Profibus 设备和协议可以完整地在 Pet 中使用。传统的 Profibus 设备可以通过代理 proxy 与 ProfiNet 上面的 COM 对象通信，并通过 OLE 自动化接口在 COM 对象之间进行调用。

④ Ethernet/IP

Ethernet/IP 是一种工业应用层协议，用于工业自动化应用。它是基于标准 UDP/IP 与 TCP/IP，使用固定的以太网硬件和软件，为配置、访问和控制工业自动化设备定义了基于 CIP（Control and Information Protocol）的应用层协议。以此保证网络上隐式（控制）实时 I/O 信息和显式信息（包括用于组态、参数设置、诊断等）的有效传输。

Ethernet/IP 采用标准的 Ethernet 和 TCP/IP 技术传输 CIP 通信数据包，这样，通用且开放的应用层协议 CIP 与被广泛应用的 Ethernet 和 TCP/IP 共同构成 Ethernet/IP 协议的体系结构。

⑤ Powerlink

Powerlink 是由奥地利 B&R 公司开发的，用于构建基于以太网的现场总线系统，以满足运动控制的高实时性要求。Powerlink 通信协议对 TCP（UDP）/IP 协议栈进行了实时扩展，并在 TCP/IP 的基础上增加了异步中间件 Async 用于异步数据传输和同步中间件 Isochron 用于快速、周期的同步数据传输。Powerlink 利用槽时间通信网络管理以太网网段的中间件，控制网络上的数据流量。SCNM 采用主从调度，每个站只有在接收到主站请求时才能发送实时数据。因此，在特定的时间，只允许一个站访问，因此不存在冲突，从而保证了实时通信。同时，

Powerlink 采用 IEEE 1588 的时间同步。Powerlink 实时数据传输周期最短可达 200μs，抖动小于 1μs。

（3）工业以太网的优势

工业以太网技术具有价格低廉、稳定可靠、通信速率高、软硬件产品丰富、应用范围广及支持技术成熟等优点，已成为目前最受欢迎的通信网络之一。工业以太网符合工业自动化系统向分布式、智能化控制方向发展，开放的、透明的通信协议是必然的要求，其技术优势非常明显。

① 以太网是一种完全开放的全数字网络，允许来自不同供应商的设备根据网络协议轻松连接。

② 以太网可以实现工业控制网络与企业信息网络的无缝连接，形成企业管控一体化的全开放网络。

③ 软硬件成本低廉。由于以太网技术非常成熟，支持以太网的软硬件受到各供应商的高度重视和广泛支持，有各种软件开发环境和硬件设备供用户选择。

④ 通信速率高。随着企业信息系统的扩张和复杂性的提高，对信息的需求越来越大，有时甚至需要音频、视频数据的传输。当前以太网的通信速率为 10Mbit/s、100Mbit/s，快速的千兆以太网技术也开始广泛应用，10G 以太网技术也正在研究，其速率比现场总线快很多。

⑤ 可持续发展潜力大。在信息瞬息万变的时代，一个快速而有效的通信管理网络将在很大程度上决定着企业的生存和发展。信息技术和通信技术的发展将更加迅速，也更加成熟，由此保证了以太网技术的不断地持续发展。

据不完全统计，现有的国际总线／工业以太网协议数量多达 40 余种。也有一些自动化控制企业直接使用私有协议来实现整个工业设备的信息交互。在这样的工业生态中，数据壁垒林立，数据通信受到很大的影响。

首先是实现信息的标准化。在传统的工业控制系统中，为了满足最基本的工艺管理需求，数据被固化在明确的因果关系内。例如，在可编程逻辑器件（PLC）的控制过程中，有明确固定的处理对象，数据只在固定设备之间流动。然而，工业互联网的数据处理主体更为广泛。例如，利用大数据分析诊断设备是否故障，需要跨系理解和集成数据，这就要求数据的存储与传输更加通用化与标准化。

其次是加强与云的连接。借助云平台，利用专家经验共享和智能决策库，不仅可以提高运维领域的设备管理水平，还可以降低运营成本。另外，对数据集进行切分和规律查找，可以在人员投入和控制过程中实现节能、提效。它不仅可以利用大数据分析的结果为生产企业提供有针对性的营销、有针对性的研发、智能维护保修等服务，还可以预测设备未来可能出现故障的时间，提供解决方案，以消除设备故障或停机给客户带来的损失。

最后，强调了与现场级设备的交互。在传统的工业生产过程中，设备往往独立运行。而工业互联网智能工厂的核心，是突破现场设备层，通过通信技术将智能设备有机地连接起来，实现企业内部资源的纵向整合。设备之间的通信与互联已成为一个大趋势。未来，设备之间或者事物之间的互联数量将远远超过人与人之间的互联。

因此，为了满足数据互通的需求，业界做了一系列努力，希望建立一个统一的数据互通的方式，仅仅使用一整套接口、属性和方法的标准集，便能实现工业互联网的工厂系统中各个系统、各个单元数据的无缝集成。用于工业现场设备的 OPC 统一架构（OPC UA）、数据分发服务（DDS）和用于广泛数据采集的 oneM2M 等技术成为当前业内关注的焦点，正逐步被工业企业接纳和采用。

4. 时间敏感网络

随着 IT 技术与 OT 技术的不断融合，从以 RS-232 和 RS-485 为代表的串行通信，到现场总线技术，再到实时以太网技术，制造业对工业通信技术的要求也在不断发展。随着工业互联网的深入推广和应用，对于工业通信技术的实时性、确定性和可靠性的需求也更为迫切。制造现场控制所需的实时性数据和生产管理与优化层所需的非实时性数据需要通过统一网络进行集中，在统一的数据平台进行数据处理与分析，并能够下发到各个控制器去执行。而一些全局优化的工作并不需要通过层级的控制器，而是希望直接到边缘侧或者云端。传统以太网已经不能满足越来越多的数据处理和广泛分布的网络需求，以 TSN 为代表的确定性网络技术应运而生。

时间敏感型网络（Time Sensitive Network，TSN）是 IEEE 802.1 任务组开发的一套数据链路层协议规范，用于构建更可靠的、低时延、低抖动的以太网，是当前业界积极推动的基于传统以太网技术支撑的实时工业通信技术。TSN 以传统以太网为网络基础，通过时钟同步、数据调度、网络配置等机制，允许周期性与非周期性数据在同一网络中传输，提供确定性数据传输能力。它主要的技术特点有以下 5 点。

（1）时间同步

全局时间同步是大多数 TSN 标准的基础，用于保证数据帧在各个设备中传输时隙的正确匹配，满足通信流的端到端确定性时延和无排队传输要求。TSN 利用 IEEE 802.1AS 在各个时间感知系统之间传递同步消息，提供精确的时间同步。

（2）确定性传输

在数据传输方面，对于 TSN 而言，重要的不是"最快的传输"和"平均传输时延"，而是在最坏情况下的数据传输时延。TSN 通过对数据流量的整形、无缝冗余传输、过滤和基于优先级调度等，实现对关键数据的高可靠、低时延、零分组丢失的确定性传输。

（3）网络的动态配置

大多数网络的配置需要在网络停止运行期间进行，这对于工业控制等应用来说几乎是不可能的。TSN 通过 IEEE 802.1Qcc 引入集中网络控制器（Centralized Network Configuration，CNC）和集中用户控制器（Centralized User Configuration，CUC）来实现网络的动态配置，在网络运行时灵活地配置新的设备和数据流。

（4）兼容性

TSN 以传统以太网为基础，支持关键流量和尽力而为（Best-Effort，BE）的流量共享同一网络基础设施，同时保证关键流量的传输不受干扰。同时 TSN 是开放的以太网标准而非专用协议，来自不同供应商支持的 TSN 设备都可以相互兼容，为用户提供了极大的便利。

（5）安全

TSN 利用 IEEE 802.1Qci 对输入交换机的数据进行筛选和管控，对不符合规范的数据帧进行阻拦，能及时隔断外来入侵数据，实时保护网络的安全，也能与其他安全协议协同使用，进一步提升网络的安全性能。

TSN 主要服务于时间敏感应用及系统，保证数据在确定的时间内以最小的时间抖动进行传输，具备以下价值。

① 提供微秒级确定性服务，保证各行业的实时性需求。TSN 可以达到 10μs

级的周期传输，性能优于主流的工业以太网。并且 TSN 面向音视频、工业、汽车等多种行业，将实时性延伸至更高的层次。

② 降低整个通信网络的复杂度，实现周期性数据和非周期性数据同时传输。以工业为例，当前周期性控制数据使用工业以太网传输，非周期性数据使用标准以太网传输。TSN 通过其调度机制能够实现周期性数据和非周期性数据在同一网络中传输，进一步简化了整个通信中的网络复杂性。

③ 统一网络传输，提高经济性。TSN 能够帮助实现 IT 和 OT 的融合，统一的网络能够减少开发部署成本，降低控制器等产品的网络配置所需的工程时间。

5. 工厂外部网络

从工业企业不同的业务需求来看，工厂外部网络主要分为 3 种专线连接和一种上网连接。专线可以在保证服务质量的前提下实现网络服务，上网连接可实现普遍上网服务。

① 上网专线：实现智能工厂接入互联网。还允许用户或出厂产品通过互联网访问智能工厂，这是工业企业基本的专线需求。

② 互联专线：实现智能工厂与分支机构或上下游企业之间安全可靠的互联。这是大中型企业常见的专线需求。

③ 上云专线：实现智能工厂与位于公有云的工业云平台的互联。近年来，企业对公有云服务提供商的此类专线需求发展迅速，特别是随着国家"百万企业上云"工程的推进，工业企业对此类专线的需求尤为强烈。

④ 上网连接：实现出厂产品接入互联网，与智能工厂或者工业云平台互联，是工业企业实现制造服务化的基础。

随着工业网络化、智能化的发展，工厂内的系统与应用逐步向外扩展，工业互联网工厂外网络的服务呈现普遍化、精细化、灵活化趋势。

工厂外网络服务普遍化。传统的工厂外网络主要提供企业信息的通信，企业信息系统也部署在工厂内部网络上。工厂外网络只有很少的连接对象和单一的服务。随着云平台技术的发展，一些企业信息系统，如企业资源计划（ERP）、客户关系管理（CRM）等正在外网化，越来越多的 IT 软件也在互联网上提供基于云的服务。随着工业产品和设备的远程服务业务的发展，未来将展开基于工厂外网络的大型设备的远程监控、维修、管理、优化。

工厂外网络服务精细化。工业互联网的工厂外网络将实现整个产业链和价值链的泛在互联，复杂多样的互联场景促进了服务的精细化发展。一方面，海量的设备连接需求，促进了工厂外网络的建设和全覆盖业务的快速发展；另一方面，企业互联网接入需求向上云需求的转变，促进了专线业务的精细化，新的企业专线技术将为不同的场景提供细分的服务，如企业互联网接入、业务系统上云、公有云与私有云交互等。

工厂外网络服务灵活化。随着网络虚拟化和软件化的发展，提高网络服务的灵活性，使得工厂外网络将能够根据企业的需求快速开通服务、调整业务。大量移动通信网络技术的应用，提高了网络接入的便捷性和部署速度，为企业实现广泛互联提供了更灵活的选择。

3.1.5 新一代网络技术：5G

1. 5G概述

5G 是第五代移动通信技术。目前，国际电联 ITU 已完成 5G 愿景研究和 5G 技术方案的征集工作。3GPP 作为 5G 技术标准制定的核心组织，已于 2018 年 6 月正式宣布冻结第五代移动通信技术标准（5G NR）的独立组网（SA）功能。5G 标准与商用路线如图 3-18 所示。

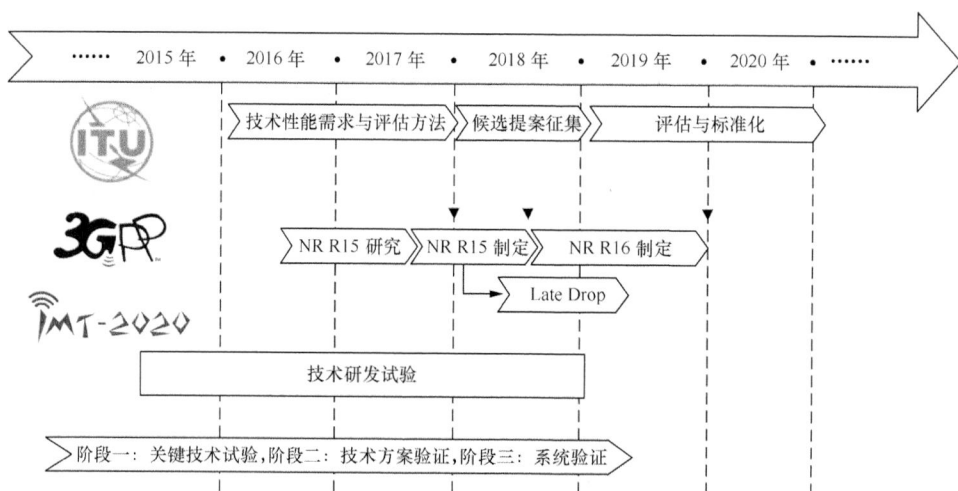

图 3-18　5G 标准与商用路线

2018 年 12 月初，中国三大电信运营商获得了在全国范围内使用 5G 中低频段测试频率的许可：中国联通和中国电信获得了 3.5GHz 频段，中国移动获得了 2.6GHz 和 4.9GHz 频段。5G 网络已进入大规模部署阶段。

5G 技术除了人与人之间连接之外，还提供物与物、人与物之间的连接。5G 系统需要满足以下 5 个技术要求。第一，传输速率要提高 10 ～100 倍，用户体验速率达到 0.1 ～1Gbit/s，用户峰值速率达到 10Gbit/s；第二，网络延时要降低至原来的 80% ～90%，达到毫秒级；第三，设备连接密度要提高 10 ～100 倍，达到 600 万 / 平方千米；第四，流量密度要提高 100 ～1000 倍，每平方千米达到 20Tbit/s；第五，改善用户体验，移动性要求超过 500km/h。此外，5G 具备以下特点和优势。

（1）5G 更加注重用户体验，网络平均吞吐速率、传输时延及对虚拟现实、3D、交互式游戏等新兴移动业务的支撑能力等将成为衡量 5G 系统性能的关键指标。

（2）5G 不仅把传统的点到点的物理层传输与信道编译码技术作为核心目标，而且把更为广泛的多点、多用户、多天线、多小区协作组网需求作为突破的重点，力求显著改善系统性能。

（3）室内移动通信业务已经占据了应用的主导地位，改善室内无线覆盖性能和业务的支撑能力成为 5G 系统的优先目标。

（4）5G 移动通信系统将更多地使用高频段频谱资源，但由于高频段无线电波穿透能力有限，无线与有线的融合、光载无线组网等技术将得到更为广泛的应用。

（5）可软件配置的无线网络使得运营商可根据业务流量的动态变化来实时调整网络资源，有效降低网络运营成本和能耗。

如图 3-19 所示，ITU 定义了 5G 的 3 种常用场景，包括增强移动宽带（enhanced Mobile Broadband，eMBB）、大规模机器通信（massive Machine Type of Communication，mMTC）和超可靠低时延通信（Ultra-Reliable and Low Latency Communications，URLLC）。

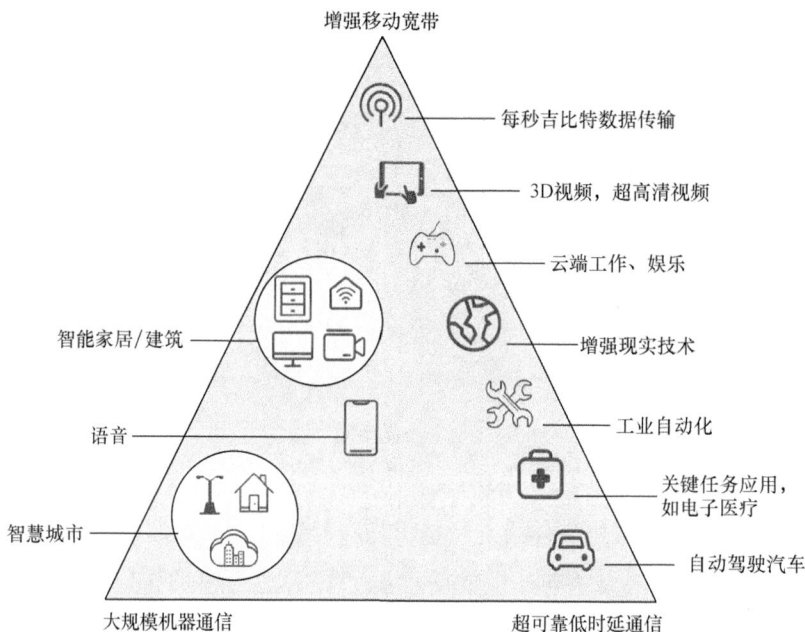

图 3-19　5G 应用场景

① eMBB 典型应用包括 3D/超高清视频和虚拟现实等高流量移动宽带业务。

② mMTC 典型应用包括智慧城市、智能家居等大规模的物联网服务，这类应用要求高连接密度，并且呈现行业的多样性和差异性。

③ URLLC 典型应用包括无人驾驶、工业自动化和其他要求低时延、高可靠连接的业务。例如，自动驾驶实时监测等服务需要毫秒级的时延，汽车生产和工业机械设备加工制造需要 10ms 时延，可靠性要求接近 100%。

需要注意的是，mMTC 和 eMTC 都是面向物联网的应用场景，但侧重点不同。mMTC 主要是人与物之间的信息传递，eMTC 则是物与物之间的信息传递。

2. 5G关键技术

为提升其业务支撑能力，5G 在无线传输技术和网络技术方面有新的突破。在无线传输技术方面，引入先进的大规模 MIMO 技术、基于滤波器组的多载波技术、全双工技术等能进一步挖掘频谱效率提升潜力的技术；在无线网络方面，采用更灵活、更智能的网络架构和组网技术，如控制转发分离软件定义的无线网络架构、统一自组织网络、异构超密集部署等。

（1）大规模 MIMO 技术

多天线技术作为提高系统频谱效率和传输可靠性的有效手段，已被广泛应用于各种无线通信系统，如 3G、LTE、LTE-A、WLAN 等。根据信息论，天线数量越多，频谱效率和可靠性就越高。当发射和接收天线数量较大时，MIMO 信道容量随发射和接收天线数量的最小值近似线性增加。因此，使用大数量的天线，是大大提高系统容量的有效途径。大规模 MIMO 技术可以做到以下 3 点。①在不需要增加基站密度和带宽的条件下，深度挖掘空间资源，大幅度提高频谱效率；②将波束集中在很窄的范围内，大大减少干扰；③显著降低传输功率，提高功率效率。

（2）基于滤波器组的多载波技术

OFDM 技术广泛应用于各种无线通信系统中，如 LTE 的下行链路，但 OFDM 技术也存在许多缺点，比如，为了对抗多径衰落，插入循环前缀，导致无线资源的浪费；还有，它对载波频偏的灵敏度高，峰值平均比高；另外，每个子载波必须具有相同的带宽，需要保持子载波之间的同步和正交，这会限制频谱使用的灵活性。此外，由于 OFDM 技术采用方波作为基带波形，且载波旁瓣较大，导致难以使用可用频谱。

在基于滤波器组的多载波技术（Filter Bank Multi-Carrier，FBMC）中，发送端通过合成滤波器组来实现多载波调制，接收端通过分析滤波器组来实现多载波解调。与 OFDM 不同的是，FBMC 载波不再要求正交，也不需要插入循环前缀；能灵活控制各子载波带宽、各子载波之间的交叠程度，从而灵活地控制相邻子载波之间的干扰，并且便于利用一些分散的频谱资源。每个子载波之间不需要同步，同步、信道估计与检测可以在每个子载波上单独处理，因此特别适用于难以实现各用户之间严格同步的上行链路。

（3）全双工技术

全双工通信技术是指同时、同频双向通信的技术。在无线通信系统中，网络侧和终端侧发送信号和接收信号之间存在固有的自干扰。在现有的无线通信系统中，无法实现同时同频的双向通信。双向链路按时间或频率进行区分，对应于 TDD 和 FDD 模式。理论上，由于同时、同频双向通信是不可能的，所以有一半的无线资源（频率和时间）被浪费。全双工技术可以使频谱利用率提高一倍，实现更灵活的频谱使用。同时，由于设备技术和信号处理技术的发展，同频全双工技术逐渐成为研究热点，是 5G 系统充分开发无线频谱资源的重要方向。

（4）超密集异构网络技术

由于 5G 系统不仅包括新的无线传输技术，还包括现有的各种无线接入技术的后续演进，因此 5G 网络必然是多种无线接入技术的融合，如 5G、4G、LTE 和 Wi-Fi 等共存，既有负责基础覆盖的宏站，也有负责热点覆盖的低功率站。在这些海量的低功耗节点中，一些是运营商部署的，经过规划的宏节点，更多的可能是用户部署的，没有经过规划的低功耗节点，从而使得网络的拓扑结构和特性变得极其复杂。在未来无线网络中，在宏站的覆盖区域，各种无线传输技术的各类低功率节点的部署密度将超过现有的站点部署密度的 10 倍，站点之间的距离达到 10m 甚至更小，支持高达每平方千米 25 000 个用户。甚至激活用户数和站点数的比例将达到 1:1，即每个激活的用户都将分配有一个服务节点，从而形成超密集的异构网络。

（5）自组织网络技术

在传统的移动通信网络中，网络部署、运维基本依靠人工手段，因此需要大量的人力，这给运营商带来巨大的运营成本。并且，随着移动通信网络的发展，人工优化网络存在一定的困难。自组织网络（Self-Organizing Network，SON）的思路是在网络中引入自组织能力（网络智能化），包括自配置、自优化、自愈合等功能，从而自动实现网络规划、部署、维护、优化和排障等各个环节，尽量减少人工干预。

5G 将是一个异构融合、协同的多制式共存的网络。从技术角度看，将存在多层、多无线接入技术的共存，这导致网络结构更加复杂。另外，各种无线接入技术内部和各种覆盖范围内的网络节点之间的关系错综复杂，网络的部署、运营、维护工作将极具挑战，故 SON 将成为 5G 的重要技术。为了降低网络部署、运维的复杂度和成本以及提高网络的运维质量，5G 网络应能支持更智能、更统一的 SON 功能，能实现多种无线接入技术、覆盖层次的联合自配置、自优化、自愈合。

（6）软件定义无线网络

软件定义网络（Software Defined Networking，SDN）技术是网络虚拟化的一种实现方式。在传统的互联网网络架构中，控制和转发是集成在一起的，网络互联节点（如路由器和交换机）是封闭的，转发控制必须在本地完成，因此增加了复杂度。SDN 的基本思路是从设备中分离出路由器中的路由决策等控制功能，由中心控制器通过软件来统一控制，分离控制和转发，从而使控制更加灵活、设备更加简单。在 SDN 网络中，路由不再是一个分布式实现，而是由控制器集中定义。

现有的无线网络架构中，基站、服务网关、分组网关除了完成数据方面的功能外，还需要参与一些控制方面的功能，如无线资源管理、移动性管理等功能需要在各基站的参与下完成，形成分布式的控制功能。由于网络没有中心式的控制器，使得与无线接入相关的优化难以完成，并且各厂商的网络设备如基站等往往配有制造商自定义的配置接口，需要通过复杂的控制协议来完成其配置功能，并且其配置参数通常很多，配置和优化非常复杂，网络管理非常复杂，使得运营商只能间接控制自己部署的网络，业务创新能力严重受限。将 SDN 引入无线网络，形成软件定义的无线网络，是无线网络发展的一个重要方向。

在软件定义的无线网络中，控制平面与网络设备的硬件相分离，形成集中控制。网络设备只需要根据中央控制器的命令完成数据转发，使运营商能够更好地控制网络，简化网络管理，更好地开展业务创新。在现有的无线网络中，不同的运营商不允许共享相同的基础设施来为用户提供服务。在软件定义的无线网络中，对基站资源分片，以实现基站的虚拟化，进而实现网络的虚拟化。不同的运营商可以通过中央控制器控制同一个网络设备，支持不同运营商共享相同的基础设施，以降低运营商的成本，而且也可以提高网络的经济效益。随着中心控制器的采用，由无线网络中的不同接入技术构成的异构网络的无线资源管理、网络协同优化等功能也将变得更加方便。

（7）内容分发网络

内容分发网络（Content Distribution Network，CDN）是为解决互联网接入质量而提出的一个概念。在传统的内容发布方式中，内容发布由内容供应商的服务器完成。随着互联网访问量的急剧增加，服务器可能处于重负载状态，互联网中的拥塞问题越发突出，严重影响网站的响应速度，使网站难以为用户提供高质量的服务。CDN 通过在网络中采用缓存服务器，并将缓存服务器分布到用户接入相对集中的区域或网络中，根据网络流量和各节点的连接数量、负载状况及到用户的距离和响应时间等综合信息，将用户的请求重新导向离用户最近的服务节点上，使用户可以最近地获取所需内容，以解决互联网网络拥塞的状况，并提高用户访问网站的响应速度。

在无线网络中，由于智能终端应用的日益普及，以及对移动数据业务的需求越来越大，内容越来越多。为了加快网络接入速度，在无线网络中采用 CDN 技术成为必然的选择，它也将成为 5G 系统中的重要技术。

3. 5G在工业互联网上的应用

传统模式下，制造商依靠有线技术来连接生产设施，目前固定线路在工业互联网中还是占主导地位，相对于有线来说，无线更适合千变万化的环境，降低线路升级需要花费的成本，近年来 Wi-Fi、蓝牙等无线解决方案也都应用在制造业中。

因为生产制造企业环境的多样化和无线终端类型的多样化，所以无线解决方案需要考虑业务覆盖问题和带宽问题。同时，企业日常工作需要运行大量的应用系统，无线解决方案需要考虑可靠性和安全性等方面的问题，保持移动业务的连续性。智能制造过程中，设备与设备、设备与人、设备与云端智能平台之间都需要高效信息的交互，因此需要极为苛刻的性能要求和海量接入处理能力。5G 在工业互联网的应用主要体现在以下 3 个方面。

（1）5G 全面推动网络无线化，既减少了机器之间的线路成本，又能够在各种场景中平滑切换，使得工厂模块化生产和柔性制造成为可能。

（2）5G 网络广覆盖特性，使得各种跨地域协同维护、远程定位成为可能，可以使工厂和生产线的建设、改造施工更加便捷，提升了效率，降低了成本。

（3）5G 的引入将解决低时延、高可靠、高速率、高密度部署等问题，而且 5G 网络切片技术可以按需、灵活地调整网络 QoS，在不同的应用场景下，可分别满足低时延、高可靠保障和高带宽、高速率等网络需求。

3.2 标识解析体系

工业互联网的核心包括网络、平台和安全体系的建设，提供生产与消费的全生命周期服务。标识解析体系是工业互联网的重要组成部分，类似互联网领域的域名解析系统（DNS）。

工业互联网标识解析体系，即利用标识编码技术与标识解析技术建立工业互联网中工业设备与标识、地址与标识、内容与标识等之间的映射关系，从而通过标识控制工业设备、获取和处理工业数据、实现工业智能化。工业互联网标识将传统互联网中的主机延伸到诸如物品、信息、机器、服务之类的资源，并将 IP 地址延伸到不同主机、不同地点、不同结构的精细化信息集合。与传统互联网的 DNS 地位类似，工业互联网标识解析体系是工业互联网的入口，是连接工业网络的关键神经系统，是实现互联互通、资源调度、生产协调的重要基础设施。通过给各个对象分配标识，并借助工业互联网标识解析系统，可以实现地域、行业、企业之间的信息查询、信息共享。

工业互联网标识解析体系是我国工业互联网建设的重要任务。为了更好地理解工业互联网的标识解析技术，本节首先介绍互联网域名解析系统的一些基本概念，在掌握了相关知识后，介绍主流的标识解析体系，然后在此基础上，介绍工业互联网标识解析体系的架构和关键技术。

3.2.1 互联网域名解析系统

1. DNS概述

从理论上看，计算机程序可以通过网络地址（如 IP 地址）访问主机、邮箱、服务器等其他资源，但是 IP 地址难于记忆或跟随内容迁移。因此引入网络域名系统（DNS）解决这个问题。DNS 本质是一种分层的、基于域的命名方案，该方案采用分布式数据库系统实现域名和 IP 地址的相互映射。用户不需要记住机器直接读取的 IP 串，这样可以更方便地访问互联网。DNS 作为互联网的核心业务之一，已成为互联网的基础设施。

域名是因特网上某一台计算机或某一个计算机组的名称，它由一系列以点分隔的名称组成，用于在数据传输过程中标识计算机的电子位置。它是企业、个人或机构在因特网上相互联络的网络地址。DNS 规定域名中的标号都由英文字母和数字组成，每一个标号不超过 63 个字符，标号不区分大小写字母。除连字符（-）外，标号中不能使用其他标点符号。最低级别的域名写在最左边，而最高级别的域名写在最右边，完整域名不能超过 255 个字符。

2．DNS域名空间

域名系统逻辑上呈倒树形结构，自顶向下由根域、顶级域、二级域和三级域构成，如图 3-20 所示。树的叶节点表示不包含子域的域（当然，它们仍包含主机），一个叶节点域可以只包含一台主机，也可以代表一个公司，从而包含几千台主机。域名空间采用层次化的基于域的命名方案，域之间用"."号分割。

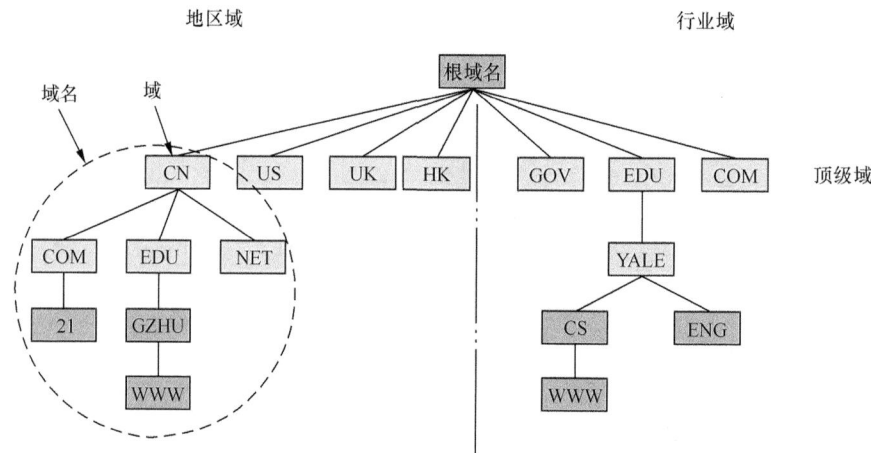

图 3-20　互联网域名空间的一部分

全球互联网域名和 IP 地址由互联网名称与数字地址分配机构（The Internet Corporation for Assigned Names and Numbers，ICANN）负责管理。ICANN 是一个非营利性国际组织，汇集了全球网络界的商业、技术及学术各领域专家。ICANN 位于美国加利福尼亚，负责 IP 地址的空间分配、协议标识符的分配、通用顶级域名及国家和地区顶级域名系统的管理，以及根服务器系统的管理。这些服务最初是由美国的互联网数字分配机构（Internet Assigned- Numbers Authority，IANA）和其他一些组织提供的。1998 年后，ICANN 行使 IANA 的职能，由 IANA 和其他实体与美国政府达成协议，对其进行管理。互联网域名根据不同级别可分为顶级域名、二级域名，三级域名等。

（1）顶级域名

顶级域名分为国家类和通用类。ISO3166 标准为全球 200 多个国家按照国家代码分配了由两个字母构成的国家顶级域名（national Top-Level Domainnames，nTLDs），例如中国是 cn，美国是 us 等。

通用顶级域名（generic Top Level Domain，gTLD）由 3 个或 3 个以上字母构成，如表示商业组织的 .com，表示教育机构或大学的 .edu，表示非营利性组织的 .org，表示网络服务机构的 .net，表示政府组织的 .gov，表示军事性组织的 .mil 等。2011 年前全球只有 22 个 gTLDs。2011 年 6 月 ICANN 通过新顶级域方案，任何公司、机构都有权向 ICANN 申请新的顶级域名。目前已开放了 400 多个顶级域，包括：.club（俱乐部）、.city（城市）、.berlin（柏林）、.nyc（纽约）等极具个性的后缀，为未来多样化的网络地址提供了可能。

（2）二级域名

二级域名是顶级域名之下的域名。在国际顶级域名下，它是指域名注册人的网上名称，例如 .ibm、.microsoft 等；在国家顶级域名下则表示注册企业类别的符号，例如 .com、.top、.edu、.gov、.net 等。

我国的顶级域名是 .cn，也是我国的一级域名。在顶级域名之下，我国的二级域名又分为类别域名和行政区域名两类。类别域名共 6 个，包括用于科研机构的 .ac，用于工商金融企业的 .com，用于教育机构的 .edu，用于政府部门的 .gov，用于互联网络信息中心和运行中心的 .net 和用于非营利性组织的 .org。行政区域名有 34 个，分别对应于我国各省、自治区和直辖市。

（3）三级域名

三级域名用字母（A～Z，a～z）、数字（0～9）和连接符（-）组成，各级域名之间用实点（.）连接，三级域名的长度不能超过 20 个字符，需要指出的是，域名不区分大小写，因此，IOT、IoT 和 iot 的含义一样。每个域的名字从它向上到（未命名的）根节点的路径，各个部分之间用句点分开。域名可以是绝对的，也可以是相对的。绝对域名总是以句点作为结束（例如 gzhu.edu.cn.）。相对域名必须在一定的上下文环境中被解释出来才有意义，从而唯一地确定其含义。绝对域名和相对域名都引用了域名树中一个特定的节点，以及它下面的所有节点。各组成部分的名字最多可以有 63 个字符长，整个路径的名字不超过 255 个字符。

创建一个新的域需要得到该新域的上级域的许可，这样可以避免名字冲突，采用这种方式，上级域可以知道它所有的子域。一旦一个新的域已被创建并注册，则无须域名树中任何上层域的许可就可以创建子域。

3. DNS解析原理与过程

解析服务器和域名服务器组成 DNS。域名与 IP 地址之间的转换工作称为域名解析，域名解析需要由专门的域名解析服务器来完成。域名服务器具有将域名转换为 IP 地址的功能，是指保存有该网络中所有主机的域名和对应的 IP 地址。域名服务器是客户机 / 服务器模式中的服务器端，采用主服务器和转发服务器两种方式。DNS 的域名必须只对应一个 IP 地址，而 IP 地址不一定只对应一个域名。当用户在应用程序中输入 DNS 名称，DNS 服务可以将此名称解析为与之相关的 IP 地址。

DNS 是一个分层级的分散式名称对应系统，有点像计算机的目录树结构。顶部是一个"root"，然后再细分为几个基本类别名称，如 com、org、edu 等；下面是组织名称，如 IBM、Microsoft、Intel 等；然后是主机名称，如 www、mail、ftp 等。当 DNS 客户机需要查询程序中使用的名称时，它将查询本地 DNS 服务器以解析该名称。客户机发送的每条查询消息均包含 3 条信息，以指定服务器应回答的问题。如果当前请求的服务器请求不了，则将其提交到它的上级服务器，直到成功解析为止。上述的 3 条信息包括以下 3 点。

- 指定的 DNS 域名，表示为完全合格的域名（FQDN）；
- 指定的查询类型，它可以按照类型指定资源记录，也可以用作查询操作的专门类型；
- DNS 域名的指定类别。

指定的 DNS 域名可以是计算机的完全合格的域名，指定的查询类型用于根据该名称搜索地址资源记录，DNS 服务器总是指定为互联网类别。

DNS 查询有多种解析方式。本地 DNS 服务器可以使用自己的资源记录信息缓存来应答查询，也可以代表请求客户机来查询或联系其他 DNS 服务器以完全解析该名称，然后将应答返回给客户机，这个过程就是递归。客户机本身也可尝试联系其他的 DNS 服务器来解析名称。此时，客户机将使用基于服务器应答的独立和附加的查询，这个过程就是迭代，即递归查询从客户端到本地 DNS 服务器，迭代查询是 DNS 服务器之间的交互查询。解析的具体过程如下。

① 客户端向 DNS 服务器提出查询项目；如在浏览器中输入域名。

② 当被询问及该域名之内的主机名时，DNS 服务器将直接应答；操作系统将首先检查其本地的 Hosts 文件是否有其 url 映射关系。如果有此 url 映射关系，它将首先调用这个 IP 地址映射来完成域名解析。

③ 如果查询的主机名称属于另外的域名，则检查缓存中是否有相关信息；如果 Hosts 中没有该域名的映射，则检查本地 DNS 解析器缓存中是否存在该网址映射。如果存在，将返回主机以完成域名解析。值得注意的是，如果要查询的域名不是由本地 DNS 服务器区域解析的，但该服务器已缓存了此 url 映射关系，则调用 IP 地址映射完成域名解析，这是不权威的解析。

④ 如果没有发现，将转到 root 服务器进行查询，root 服务器会告知该域名之下一层授权服务器的位置；如果本地 DNS 服务器的本地区域文件与缓存解析都失效，则取决于本地 DNS 服务器设置，如果不使用转发模式，本地 DNS 会把请求发至根 DNS，收到请求后根 DNS 服务器将决定这个域名（.cn）是谁来授权管理，并返回一个负责该顶级域名服务器的 IP。

⑤ 本地服务器然后会向其中的一台服务器进行查询，并将这些服务器的列表存储在缓存中以备将来使用；本地 DNS 服务器收到 IP 信息并联系负责 .cn 域的这台服务器。

⑥ 远程服务器响应查询，如果响应不是最后一层的答案，继续到下一层，直到得到客户端想要的结果。这台负责 .cn 域的服务器收到请求后，如果自己无法解析，它就会找一个管理 .cn 域的下一级 DNS 服务器地址（edu.cn）给本地 DNS 服务器。当本地 DNS 服务器收到这个地址后，就会找域服务器，重复上面

的查询动作，直至找到主机为止。

⑦ 将查询结果发送给客户端，同时将结果储存一个备份在自己的缓存里面；如果在存放时间尚未过期之前再次接到相同的查询，则使用存储在缓存里的数据进行响应。

上述步骤⑥中，如果使用转发模式，此 DNS 服务器将把请求转发至上一级 DNS 服务器，由上一级服务器进行解析，上一级服务器如果无法解析请求，则查找根 DNS 或转发请求至上上级，以此循环。无论本地 DNS 服务器是转发，还是根提示，最后结果都返回给本地 DNS 服务器，由此 DNS 服务器再返回给客户端。从这个过程可以看出，没有任何一台 DNS 主机会包含所有域名的 DNS 数据，数据都是分散在全部的 DNS 服务器中。

总之，DNS 的查询过程按两部分进行。首先，名称查询从客户机开始并传递给解析程序进行解析；其次，不能就地解析查询时，可根据需要查询 DNS 服务器以解析名称。DNS 的查询过程如图 3-21 所示。

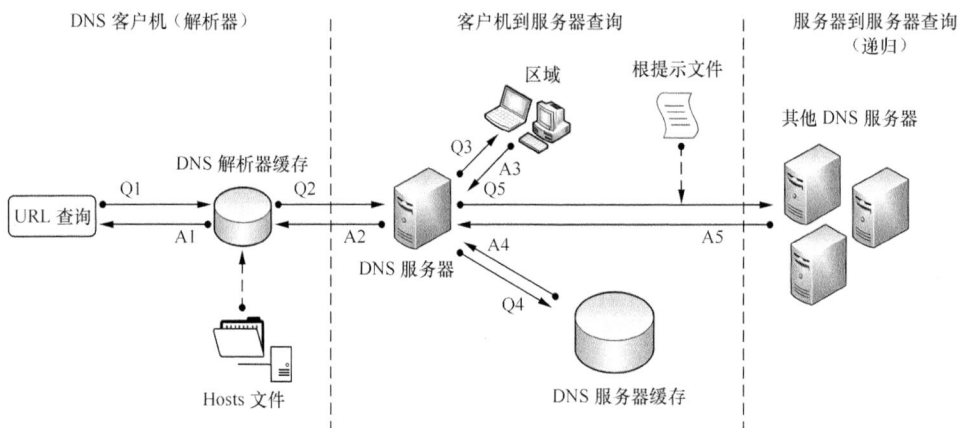

图 3-21　DNS 的查询过程

在默认情况下，DNS 客户服务要求服务器在返回应答前使用递归过程来代表客户机完全解析名称，如图 3-22 所示。

为了使 DNS 服务器正确执行，首先需要在 DNS 域名空间内存储一些有用的其他 DNS 服务器的联系信息。这些信息以根线索的形式提供，根线索是记录初步资源的一个列表，可用于定位对 DNS 域名空间树的根具有绝对控制权的 DNS

服务器。例如根服务器对 DNS 域名空间树中的根域和顶级域具有绝对控制权，DNS 服务器可以使用根线索来搜索根服务器，从而完成递归过程。

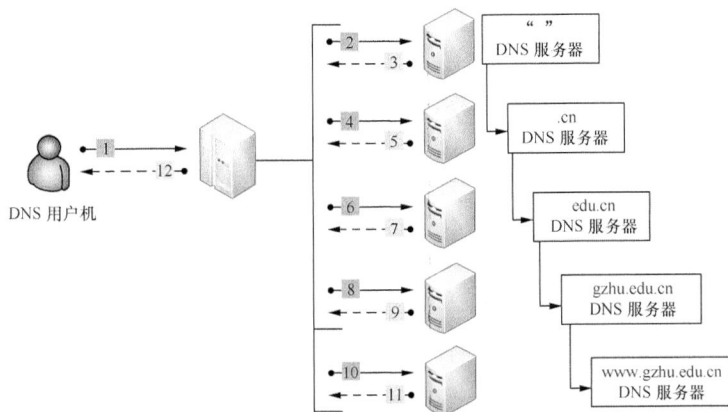

图 3-22　递归解析过程

3.2.2　主流标识解析体系

现在主流的标识解析体系主要有 ONS、OID、Ecode、Handle 和 UID 等。其基本思路都是针对面向的对象进行数字解读，然后进行唯一标记，并提供对应的信息查询和浏览功能，从而构成一个完整的数据信息架构。根据解决方案的不同，大致可分为两类：基于 DNS 扩展的改良路径和可脱离 DNS 独立运行的革新路径。改良路径扩展了现有 DNS 架构，提供面向工业网络的标识解析服务，如 EPCglobal 体系和 OID 等；革新路径则提出一套全新的标识解析架构提供服务，如 Handle、UID 等。

改良路径基于互联网 DNS 系统，对现有互联网 DNS 系统进行适当的改进，实现标识解析。这种标识解析技术在 DNS 技术上叠加一套标识服务，然后再往下保存标识 ID 和与标识相关的映射。目前 OID、Ecode、ONS 三大体系都是基于改良路径的方式实现的，这些工作已经在基础设施上展开。其中应用较为广泛的是 GS1/EPCglobal 针对 EPC 编码提出的 ONS 解析系统和 ISO/IEC、ITU 国际标准组织共同提出的 OID 标识解析体系。革新路径是采用不同于 DNS 的标识解析技术，包括 Handle 体系、UID 体系（日本），以及一些其他类型的体系。本节将对改良路径的 ONS、OID 和革新路径的 Handle 体系进行分析和描述。

1. ONS

对象名解析服务（Object Name Service，ONS）是专门针对电子产品编码（Electronic Product Code，EPC）与货品信息的建立在 DNS 基础之上的解析服务。在分析 ONS 之前需要了解 EPC 系统。

EPC 系统基于互联网和 RFID 技术，采用 EPC 编码技术，对各个实体对象进行唯一性编码，实现全球物品信息的实时共享。EPC 系统包含 3 部分：EPC 编码体系、RFID 系统、信息网络系统。RFID 扫描电子标签，读取标签内实体对象唯一的标识符 EPC 码，完成数据的采集。RFID 在获得 EPC 码后，将编码传输给与互联网相连的服务器上，完成后续的数据存储与查询。一个完整的 EPC 工作系统由 EPC 编码标准、EPC 标签、RFID 读写器、神经网络软件（Savant）服务器、ONS 服务器、物理标记语言（Physical Markup Language，PML）服务器、互联网及众多的数据库组成，如表 3-11 所示。

表3-11　EPC系统的组成

系统构成	对应名称	注释
EPC 编码体系	EPC 编码标准	提供对所标识对象的全球唯一编码
射频识别系统	EPC 标签	标签中存储 EPC 码，标签附在物品上
	RFID 读写器	读写标签中存储的 EPC 码
信息网络系统	Savant 服务器	处理标签或传感器数据流的中间件软件
	ONS 服务器	将 EPC 码转化为指向 PML 服务器
	PML 服务器	基于 XML，描述物品的数据

EPC 编码体系是 EPC 系统结构中最重要的组成部分。国际物品编码协会（Globe Standard 1，GS1）提出的 EPC 编码体系具有存储量大、读写速度快、使用寿命长等特点。EPC 编码由 4 个字段组成，它们是版本号、域名管理者代码、对象分类代码和序列号。如表 3-12 所示，其中版本号表示 EPC 编码体系的版本信息，版本号的不同标志着后 3 段数据的划分长度不同。域名管理是生产厂商的代码，对象分类表示厂商生产的产品类型。具体编码规则由厂商规定，序列号是对厂商的某一类产品的每一个货品进行唯一标识。EPC 编码具有 EPC-64、

EPC-96 和 EPC-256 3 种方案，每个方案又有不同的编码类型。

表3-12　EPC编码结构

编码方案	编码类型	版本号（bit）	域名管理（bit）	对象分类（bit）	序列号（bit）
EPC-64	Type Ⅰ	2	21	17	24
	Type Ⅱ	2	15	13	34
	Type Ⅲ	2	26	13	23
EPC-96	Type Ⅰ	8	28	24	36
EPC-256	Type Ⅰ	8	32	56	160
	Type Ⅱ	8	64	56	128
	Type Ⅲ	8	128	56	64

以 EPC-96 位编码为例，28 位的厂商代码号可以提供 2.68 亿个唯一的 EPC 码，足以对行业内所有企业厂商进行唯一的编码。24 位的对象分类号意味着每个企业厂商可以生产 1 600 万种不同类型的产品，并且每种类型的产品可以生产 680 亿个。这种 EPC 编码设计可以满足全球所有企业厂商为每一个具体产品分配其独特的 EPC 编码。

类似 DNS 将一台计算机定位到万维网的某一具体地点的服务，全球追溯网络不仅要在标签中储存 EPC 编码，还要将相应的产品信息和 EPC 编码匹配。这个服务由 ONS 实现。ONS 服务器主要负责为用户提供查询服务，它将存储在标签中的 EPC 编码转换为名称权威指针（Naming Authority Pointer，NAPTR）记录，通过该记录获取 EPC 信息服务器（EPC Information Service，EPCIS）中的 PML 地址，而后获得产品信息。ONS 将 EPC 码映射到一个或多个统一资源标识符（Uniform Resource Identifier，URL），利用 URL 在 EPCIS 中获得相应的产品信息。本质上 ONS 解决的是编码与之相对应的 EPCIS 服务器 PML 地址的映射管理和获取问题。

ONS 包括静态 ONS 和动态 ONS 两大类。静态 ONS 服务通过 EPC 码查询供应商提供的这类商品的静态信息；动态 ONS 服务通过 EPC 码查询更精确的这类商品信息，例如在供应链中各个环节上所生成的信息。

（1）ONS 系统架构

如图 3-23 所示，ONS 系统是一个分布式的层次结构，它由映射信息、根

ONS、本地 ONS 服务器、本地 ONS 缓存和本地 ONS 解算器构成。

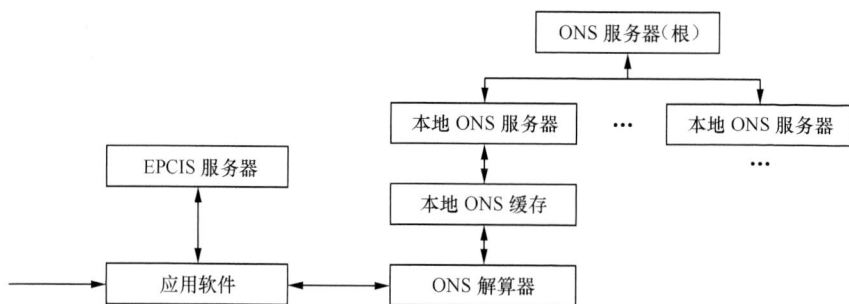

图 3-23　ONS 系统架构

① 映射信息是指 ONS 服务器中存储的 EPC 码与对应 EPCIS 服务器 URL 地址的关系。

② 根 ONS 是 ONS 系统最高等级的域名，存储着 EPC 码与它所在的 ONS 服务器地址的映射关系。当根据 EPC 码在本地 ONS 服务器找不到相关的 EPCIS 服务器 URL 时，可以通过根 ONS 去找到 EPC 所对应的 ONS 服务器的地址，然后再根据该 ONS 服务器的地址去找 EPC 码真正对应的 EPCIS 服务器的 URL。

③ ONS 服务器是 ONS 系统扩展和建立的基础，存储着 EPC 码与其相对应的商品信息存储地址的映射，同时提供查询机制，通过 EPC 码查询到一个或多个名称权威指针 NAPTR 记录，ONS 从中获取产品信息所在的 EPCIS 服务器地址。

④ 本地 ONS 缓存是指将近段时间 ONS 服务器上查询到的映射数据缓存在本地，查询相同信息时直接读取缓存，从而减少 ONS 服务器的查询次数，降低查询压力。

⑤ ONS 解算器是格式化收到的 EPC 码，转化成一个完整的 EPC 域名，指向 ONS 服务器。

（2）ONS 查询流程

ONS 的工作原理和功能类似于 DNS，DNS 的作用是将一个域名映射到一个或多个 IP，而 ONS 的功能是将一个 EPC 映射到一个或多个 EPC 对应的 EPCIS 服务器 URL 地址，通过 URL 找到 EPCIS 服务器，即可查找到产品的数据信息。

ONS 的查询流程如下所述。

① RFID 读写器读取 EPC 标签中的存储编码并发送给 Savant 服务器。

② Savant 服务器对收到的 EPC 编码进行过滤后发送给本地 ONS 解算器。

③ 本地 ONS 解算器对收到的 EPC 码进行格式化，将码转换成域名发送给本地 ONS 服务器，请服务器返回该域名所对应的 NAPTR 记录。

④ 本地 ONS 服务器将查找到的 NAPTR 结果返回给本地 ONS 解算器。

⑤ 本地 ONS 解算器对返回的 NAPTR 结果进行解析，提取出 EPCIS 服务器的地址并返回给 Savant 服务器。

⑥ Savant 根据地址找到对应的 EPCIS 服务器，从中获取对应的产品数据信息。

（3）ONS 与 DNS 的比较

ONS 是基于 DNS 的专门针对 EPC 编码与货品信息的解析服务。DNS 解析是 ONS 工作过程中重要的一个环节。在将 EPC 编码转换成 URL 格式，再由客户端将其转换成标准域名后，这部分工作就由 DNS 承担，DNS 经过递归式或迭代式解析，将结果以 NAPTR 记录的格式返回给客户端，ONS 完成解析。

DNS 与 ONS 之间的主要区别是输入与输出的内容。ONS 基于 DNS 进行 EPC 解析，所以它的输入端是 EPC 编码，而 DNS 用于解析，它的输入端是域名；ONS 返回的结果是 NAPTR 格式，而 DNS 则更多时候返回查询的 IP 地址。

2. OID

随着现代物联网的发展，对标识与载体技术分离的需求逐渐增加，各类机构组织对于标识管理的独立性也在逐渐增强。对象标识符（Object Identifier，OID）是由 ISO/IEC 和 ITU-T 国际标准化组织联合提出的一种采用分层树形结构对任何类型的对象（包括实体对象、虚拟对象、复合对象等）进行命名的标识机制。ISO/IEC 29168、ISO/IEC 29177、ISO/IEC 9834、ISO/IEC 8824、ISO/IEC 8825、ISO/IEC 15962、ISO/IEC 15963 系列国际标准对 OID 标识的命名规则、分配方案、传输编码、解析管理体系等内容进行了规范，实现了全球范围内用正式、无歧义和精确的唯一标识机制来标识不同对象。因此，OID 逐渐开始取代一些传统的编码技术，成为物联网重要的对象标识技术。

（1）OID 的命名规范

与互联网的 DNS 类似，OID 编码规则是一种树状结构，不同层次之间用“.”分隔，层数无限制。标识对象时，标识符是沿着从树根到叶子整个路径上的节点顺序组合而成的一个字符串。国际根节点下分为 ISO、ISO&ITU-T 联合、ITU 中 ISO、ISO-ITU 联合节点下，由各个国家成员体负责内部 OID 的管理和注册，图 3-24 给出了从根目录开始到中国的 OID 分配方案。根目录下 ISO 和 ISO&ITU-T 联合两个分支的中国分支由中国电子技术标准化技术研究所下属的国家 OID 注册中心负责管理。

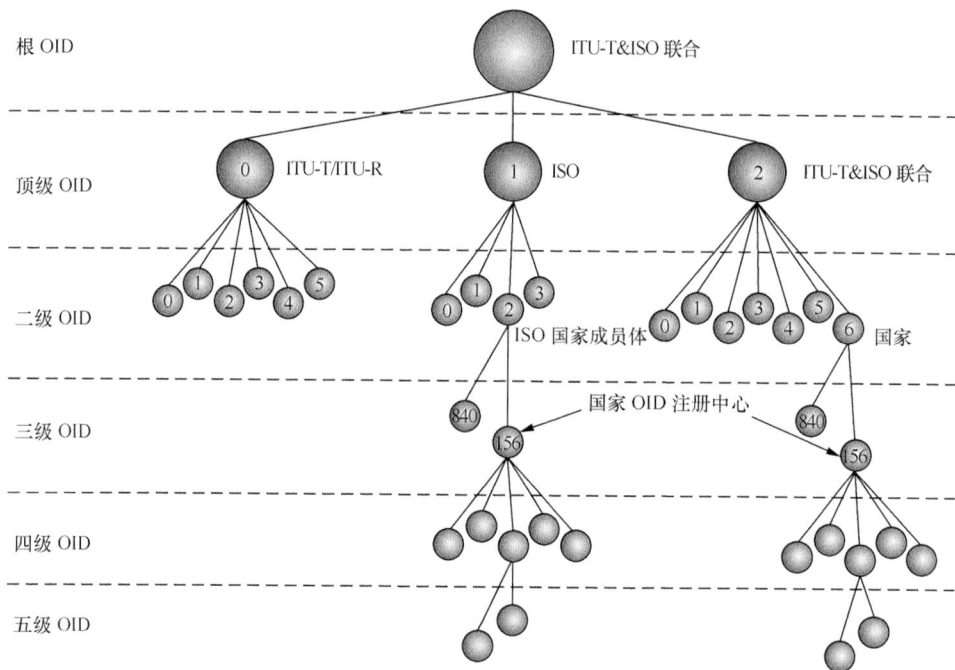

图 3-24　对象标识符树

OID 名称包括：数字和字母数字，数字名称的值是一个大于 0 小于 16 000 000 的正整数，字母数字名称形式的值是不小于 1 个字符并且不大于 100 个字符的可变长度字符串，同时该值在注册机构范围内是唯一的。以中国电子技术标准化研究所为例，用 OID(1 .2.156.1) 标识，含义是：ISO 分支（1）—国家成员分支（2）—中国分支（156）—中国电子技术标准化研究所（1）。

（2）OID 的解析服务

OID 标识解析系统面向公众用户，提供解析追溯服务，包括管理机构信息、对象信息、对象内容、子节点等多重解析服务。需要指出的是，OID 支持二维码扫描和 RFID 读取，通过包括智能手机在内的便携式设备的软件，实现所查询对象全部生命链周期的信息解析。

OID 标识解析系统能够精确标识数据元或者数据结构等大数据领域的核心要素。在此基础上，OID 提供元数据注册功能，以及公开、规范的通用数据字典服务，为各个应用领域的信息系统建设、数据共享和数据交互提供科学依据。

（3）OID 的技术优势

① 全域唯一性

OID 是由两大国际标准化机构 ISO/IEC、ITU 联合推动的标识体系，OID 在面对多种对象时，通过将分配的标识与对象的相关特性信息关联，从而保证全球唯一性，具有权威性。

② 自主可控性

实际应用中，由 ISO/IEC 国际标准化机构负责维护顶层 OID 标识，各个国家负责该国家分支下的 OID 分配、注册、解析等工作，实现自我管理和维护，OID 标识机制不存在知识产权和注册费等方面的问题。我国 OID 标识解析系统现已成功部署，可以在实现和国际根系统对接的同时，保证自主可控性。

③ 体系兼容性

OID 标识解析系统提供多种系统对接方式，确保与现有标识管理机制最大程度地兼容。OID 识别解析系统具有分层灵活、可扩展性强等特点，适合作为现有应用之间进行交换的元标识机制。以 RFID 为例，面对多种 ID 编码方式，ISO/IEC 15962、ISO/IEC 15963 将 OID 定为一种基于标签 ID 编码机制的元标识，作为各类 RFID 不同标识方案转换的方式并提供了详细的技术方案。

OID 的特点有：面向多种对象、关联性强、自主可控、良好兼容、分层灵活和可扩展性强等。目前，OID 标识体系发展成熟，被广泛应用于信息安全、电子医疗、网络管理、自动识别、传感网络等计算机、通信、信息处理等相关领域，具备极佳的应用基础和发展前景。

3. Handle

Handle 是一个分布式信息系统，它为互联网提供高效、可扩展和安全的全局名称服务。Handle 标识解析体系提供了一种安全可靠的互联网标识解析方案，可以为网络中的数字对象提供永久标识、动态链接和安全管理等基础服务。Handle 系统包括：开源协议、名称空间和协议的应用实现。这些协议使分布式计算机系统能够存储数字资源的名称或标识，并将这些 Handle 标识编码解析为定位、访问和以其他方式使用资源所需的信息。

Handle 标识编码由全球统一管理的 Handle 前缀和自定义编码（后缀）组成，是一种具有全球唯一性、可解析的数字对象标识符。前缀和后缀用 "/" 分隔。例如：86.1000/acqd1024，其中 86 表示中国，1000 表示海尔，ac 表示空调，qd 表示青岛，1024 表示序列号。

Handle 标识解析系统由以下要素组成：国际并联根节点（GHR）、辅根节点（ARS）、行业节点（LHS1）、下级的各授权节点（LHSn）、缓存 / 递归解析服务节点等。这些要素构成一个分层服务模型。标识解析时，客户端向缓存解析服务器发起解析请求。如果缓存服务器中存在能够提供相应解析服务的授权点信息，则直接返回信息。客户端与授权节点建立连接并发送解析请求，授权节点返回详细的标识解析结果。如缓存服务器中没有对应授权节点的信息，则从 GHR 开始逐级递归解析，获取对应的授权节点信息直到返回解析结果。这和 DNS 的递归解析类似。

Handle 在世界上设置多个根节点，根节点之间平等互通。在 Handle 系统分布式存储和管理架构下，该系统用户通过 Handle 服务器在分布式的环境下使用 Handle 可低成本、快速搭建服务平台，简单快速地对接不同的系统，支持各种应用。Handle 由非营利性国际组织 DONA 进行运营管理。由多极最高授权管理者（Multi-Primary Administrator，MPA）建设和运营 Handle 系统的全球并联根节点，MPA 是由 DONA 授权和认证的。中国已经拥有自主可控的 Handle 根节点资源，由国家工业信息安全发展研究中心运营与管理。这也是目前受到各国重视的原因之一。它的另外一个特点是提供部分用户自定义的编码能力。用户可以根据实际需求在编码体系的某些字段自定义编码规则。Handle 系统除了具有分布式管理的优势之外，还具有以下特点。

（1）唯一性

Handle 系统拥有一个全球解析系统和分段管理的运行维护机制。在全球服务系统下，它被设置为若干级区域性服务系统。在全球服务系统的管理下，区域性服务系统提供特定区域、特定类型的标识管理。整个系统保证了 Handle 码在全球范围内的唯一性。

（2）兼容性

编码与标识标准是不同的。通过恰当的标识和解析机制，Handle 系统可以兼容现有的标识方法和编码机制。Handle 体系可以与 GS1、UID 等体系兼容。

（3）永久性

Handle 系统提供了维持 Handle 码和其对应的实际对象间的指向，当实际对象的内容和位置发生改变时，引用 Handle 码的用户无须任何处理就能感知到相应的变化。

（4）可扩展性

通过向 Handle 系统申请一个 Handle 前缀，可以将本地命名空间纳入到 Handle 体系中。系统间的交互是针对 Handle 系统和元数据标准的。当引入一个新的信息、新的系统时，只要符合相应的规范和标准，其他系统就不需要进行任何更改。

目前 Handle 技术已经在智慧城市、产品溯源、药品信息管理、数字图书馆、工控安全管理等领域广泛应用。

此外，还有其他的标识技术，限于篇幅，这里不进行详细说明。随着工业互联网的发展，人们发现标识技术是适用于工业互联网各个领域的基本共性支撑技术，它作为工业大数据、设备智能化等目标的基本支撑技术，可以有效地解决"信息孤岛"问题，打破不同领域间的信息壁垒。

3.2.3 工业互联网标识解析体系

工业互联网产业联盟在《工业互联网标识解析——产品追溯白皮书》中指出：工业互联网标识，类似于互联网域名，赋予每一个产品、零部件、机器设备唯一的"身份证"，实现资源区分和管理；工业互联网标识解析，则类似于互联网域名解析，可以通过产品标识查询存储产品信息的服务器地址，或者直接查询产品信息及相关服务。

DNS 解析系统对资源名称的解析具有唯一性，它只能解析符合完全域名格式的资源名称，不能够兼容解析其他种类的资源名称。另外，DNS 域名是一种具有统一性和可知性分级结构的资源名称。由于工业互联网编码标准的多样性，且即使同一种编码标准也可能有许多不同的编码子类，这就导致了物品编码分级结构的分散性和未知性。某个编码的结构对于相应的编码体系来说是可知的，但对于兼容多种编码体系的系统来说是未知的。因此，不能够直接使用 DNS 解析机制来解析物品编码。所以，需要构建一套异构兼容的工业互联网的标识解析体系，打破不同标识解析体系之间的信息壁垒，实现更大范围的网络互联和数据互通。

1. 体系架构

工业互联网标识解析系统与域名系统类似，是实现资源互联互通的关键基础设施，它主要由 3 部分构成：标识编码、标识解析和标识数据服务。标识编码是指为人、机、物等实体对象和算法、工艺等虚拟对象赋予全球唯一的身份标识，是机器、物品的"身份证"；标识解析是指能够根据标识编码查询目标对象网络位置或者相关信息的系统装置，对机器和物品进行唯一性的定位和信息查询；标识数据服务是指借助标识编码资源和标识解析系统开展工业数据的管理和共享共用。工业互联网是实现全球供应链系统和企业生产系统的精准对接、产品的全生命周期管理和智能化服务的前提和基础。最初，工业互联网标识解析系统主要应用于企业供应链管理和产品追溯等场景中，但随着工业互联网的进一步发展，标识解析技术从最初的小范围、闭环、私有标识设计向大范围、开环的公共标识解析系统发展，对各类资源利用公有标识进行标准化编码已成为实现信息共享、推进工业智能化的基础。

目前世界上只有一些应用于物联网的标识解析体系方案，还没有一个真正应用于工业互联网的标识解析体系。工业互联网产业联盟从功能和部署管理的角度提出了工业互联网标识解析体系的架构。

（1）功能架构

如图 3-25 所示，从功能视角看，工业互联网标识解析整体架构可以进一步细分为标识编码层、标识采集层、标识解析层和信息共享层。相对互联网域名系统而言，区别主要在于"对象范围更广、对象粒度细化、解析功能丰富"。

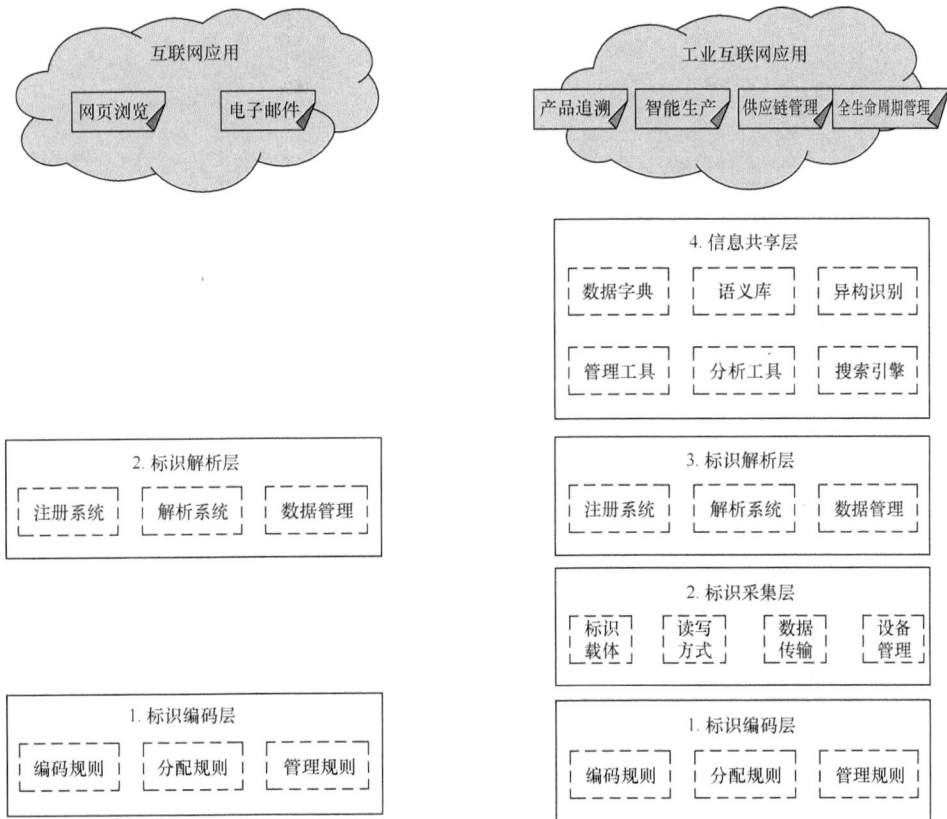

图 3-25　功能架构

① 标识编码层

标识编码层定义了工业制造中各类对象进行数字化表示的相关管理规范，包括标识编码规则、标识编码分配规则和标识编码管理规则。具体的，标识编码管理主要指根据欲申请的标识编码体系，按照相应的标识编码规则生成符合规则的标识并向管理机构进行注册，保障标识编码的全局唯一并可以被相应的软件解析。

② 标识采集层

标识采集层是借助条码、二维码、RFID 电子标签等标识载体，通过非接触的读写方式，根据特定的通信协议实现数据的传输，并在边缘端和平台端实现对采集设备的管理，包括标识载体管理、标识读写设备管理、标识数据传输和标识设备管理模块。

③ 标识解析层

标识解析层定义了根据标识编码查询对象网络位置或者相关信息的服务，包括标识注册、标识解析和标识数据管理。标识注册是指申请标识编码，并将标识与产品信息（或者存储产品信息的位置）这一关联记录存储在特定地点的服务；标识解析是指通过产品标识查询存储产品信息的服务器地址，或者直接查询产品信息及相关服务；数据管理主要是数据清洗和数据关联，其中数据清洗主要是指去除因误读、漏读、错读等原因所造成的标识数据不准确、不完整，数据关联主要是指将产品标识与其他产品信息关联起来。

④ 信息共享层

信息共享层是指通过构建统一的语法数据模型，实现异构资源交互共享的服务，主要包括数据字典、语义库、异构识别、管理和分析工具及搜索引擎。其中，借助数据字典和语义库等语义技术可以实现统一理解和利用异构的产品信息；异构识别是指自主适配不同的编码规则，对特定标识体系采取预先指定的处理模式；标识管理和搜索是通过搜索引擎等模式查询多个不同来源的产品信息。

从实现角度来看，在工业互联网的标识解析流程中，标识采集层主要在硬件端，标识编码层主要在软件端，标识解析及信息共享层主要在平台端。

● 硬件端。其主要是指产品信息采集终端，包括基于射频通信等技术，自动化、智能化的、可批量的、与标识载体进行标识数据交互的读写与感知设备，以及对上述标识载体、封装打印、读写设备、感知设备的功能、性能、安全等指标进行检查和测试的设备。

● 软件端。其主要是指产品信息处理软件，包括了编码、解码软件及边缘端的数据处理软件，包括数据的清洗、关联和语义映射及异构的识别等。

● 平台端。我国将逐步建成"国家标识解析中心 - 行业标识解析平台 - 企业标识解析系统"所组成的三级工业互联网标识解析体系。通过平台端实现转发标识查询请求、查询标识映射信息的解析服务和信息共享。

工业互联网的标识解析系统的应用范围包括产品追溯、智能生产、供应链管理和产品全生命周期管理,与互联网域名系统相对简单的解析功能相比,工业互联网的标识解析系统的应用范围更广。

（2）管理架构

工业互联网标识解析体系采用分层、分级的部署管理模式（见图 3-26）,包括根节点、顶级节点、二级节点及递归节点。

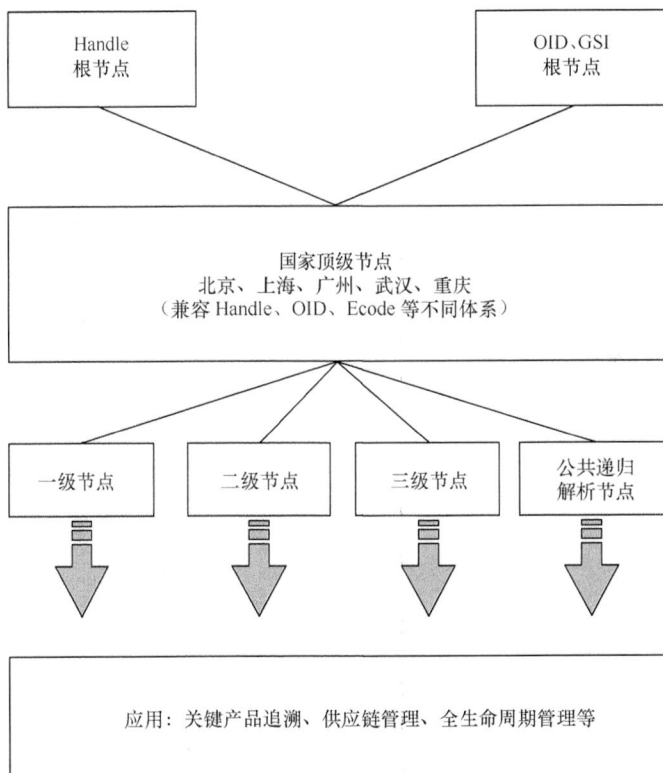

图 3-26　管理架构

最上层是国际根节点,是某一种标识体系管理的最高层级服务节点,面向全球范围提供公共的根区数据管理和根解析服务。

其次是国家顶级节点，它是一个国家或者地区内部顶级的标识解析服务节点，能够面向全国范围提供顶级标识编码注册和标识解析服务，以及标识备案、标识认证等管理能力。我国工业互联网标识解析体系的关键是国家顶级节点，既是对外互联的国际关口，也是对内统筹的核心枢纽。国家顶级节点向下与二级节点对接，二级节点面向行业／地区提供标识注册和解析服务。

最下层为企业内部标识解析系统节点。递归节点与顶级节点、二级节点和企业节点对接，提供递归查询服务，接收客户端查询请求，通过缓存等技术手段整体提升工业互联网标识解析的服务性能。

2. 关键技术

传统互联网通过 DNS 将名字转换成 IP 地址，实现网络信息资源的获取。在工业互联网中也需要类似的服务，将物品的身份编码标识转换为存储物品信息的服务器 IP 地址，进而获取信息资源。目前，有许多相互竞争的标识编码标准，不同的标识编码体系之间存在寻址冲突的问题。工业互联网具有复杂的应用场景和大量的被标识对象数量。利用单一编码系统来取代现有的多种标识编码系统并存的现状，代价大且技术难度大。因此，与现有工业互联网标识解析体系兼容的新型解决方案是当前工业互联网标识解析体系的主要研究方向。工业互联网标识解析体系的关键技术主要由标识编码技术、解析寻址技术、数据服务技术和安全技术 4 部分组成。

（1）标识编码技术

工业互联网标识编码技术是工业互联网标识解析体系研究的重点之一。工业互联网通过标识编码连接人、机、物等资源。通过联网对象（实体对象或虚拟对象）之间的协作交互，实现工业全要素、全产业链、全价值链的互联互通，有效提高工业生产效率。因此，工业互联网标识技术用于唯一识别不同联网对象，是工业互联网应用服务的先决条件。工业互联网标识编码技术是指将唯一标识赋予物理实体或虚拟资源。标识可被人类和机器识读，然后解析为信息。目前，标识编码规则并不统一，零散混乱，导致工业行业"信息孤岛"问题严重，影响产业链上的数据交换和信息共享。工业应用场景复杂，被标识对象形式多样，这对标识编码结构提出了严峻的挑战。而标识编码结构决定了标识空间的大小，并与管理策略密切相关，直接影响标识解析系统的设计。因此，标识编码的目的要考虑唯一性、针对性、可用性、可扩展性和安全性等多方面的内容。目前，主流的标识编码方案有两种：层级式的结构化标识编码方案和扁平化的随机数形式的标识编码方案。结构化标识编码方案有利于实现标识编码的分级查询和管理；随机数形式的标识编码方案具有去中心化特性，在网络攻击和防御方面具有良好的表现。

（2）解析寻址技术

在互联网中，解析是指将域名解析为 IP 地址，通过 IP 路由寻址实现端到端的访问。在工业互联网中，也需要通过解析系统查找到标识对应的地址信息或相关的元数据信息。解析寻址技术主要分为经典的解析寻址技术、改进型解析寻址技术和变革型解析寻址技术 3 种类型。经典的解析寻址技术是通过 DNS 域名找到对应的 IP 地址，然后通过 IP 地址找到 MAC 地址；改进型解析寻址技术仍然是基于 DNS，通过局部的适当改进来满足工业互联网的需求；变革型解析寻址技术是指从现有的互联网解析寻址技术的新型解析寻址方案分离出来，同时又能够与互联网域名系统保持互联互通。目前主要是由数字对象名称管理机构（DONA 基金会）提出的 Handle 标识编码及其标识解析系统，其优势在于技术创新空间较大，能够更好地满足工业互联网发展需求，为打造新型网络治理格局提供了契机。

（3）标识数据服务技术

标识数据服务技术是指借助标识编码资源和标识解析系统开展标识数据管理和跨企业、跨行业、跨地区和跨国家的数据共享服务。标识对象在不同行业、垂直领域的用途不同，导致数据具有不同的性质、不同的类型、不同的表达形式和不同的内容，使其难以处理、关联、整合和描述。标识数据服务技术通过构建统一的语义、语法数据模型，有效整合异构资源，实现数据的互联互通。全球主要制造强国都开展了数据管理的研究，尤其以德国工业 4.0 工作组提出的资产管理壳最为突出，资产管理壳以管理壳头部标识为索引，通过定义统一的数据描述规则，实现企业间异构数据的高效交换。

标识数据服务技术包含数据传输接口技术、数据建模技术和数据语义技术。

数据传输接口技术通过规范数据接口格式、接口服务、传输协议和传输安全，实现多源数据采集和多平台下的数据连接。数据建模技术通过构建统一、多行业、多系统并行协作的层级模型，解决数据管理分散的问题，实现资源的汇聚共享。数据语义化技术借助数据描述框架和人工智能等数据分析技术，完成异构数据的处理、转换、映射等，规范数据的格式和属性描述，促进数据的相互理解。

（4）安全技术

新型工业互联网标识解析方案需保证标识解析服务具有较强的安全性。由于工业互联网将企业数据、企业资产、现场人员连接在一起，与传统的互联网相比，对安全性要求更高。因此，需构建多层次、全方位的标识解析安全保障机制及系统，提供多节点、多级别的身份鉴权能力，支持操作追溯、操作查证、数据保护、数据可控、数据防篡改等功能，从而提升标识解析的安全保障能力。

互联网与工业融合创新，不仅仅是网络的互通，更是对网络所传递信息的融合理解及开放应用。工业互联网、智能制造发展的重要核心推动力是工业互联网空间的信息采集、理解。标识解析体系是未来工业互联网、物联网、智慧城市基础信息设施的重要组成部分，也是支撑网络互联互通和信息共享共用的重要基础设施。工业互联网标识解析体系的价值主要是协助工业数据的管理和共享共用，关键在于推动可标识的数据对象在企业内部网络或跨企业、跨行业、跨地区、跨国家的流动。当前工业互联网标识解析系统初具规模，初步具备了面向业务可灵活定义等特性，但在面向工业互联网信息空间的语义理解方面还有许多工作要做，尤其是标准化方面，还需面向制造企业的实际需求，制定开放共享的标准。

标识解析体系作为工业互联网的关键神经系统，是实现工业系统互联和工业数据传输、交换的支撑基础。通过工业互联网标识解析系统，构建人、机、物全面互联的基础设施，可以实现工业设计、研发、生产、销售、服务等产业要素的全面互联，提升协作效率，对促进工业数据的开放流动与聚合、推动工业资源的优化集成与自由调度、支撑工业集成创新应用具有重要意义。

参考文献

[1] 王兴玲，焦玲，刘鹏 . 大学计算机应用基础 [M]. 北京：清华大学出版社，2011.

[2] AndrewS.Tanenbaum. 计算机网络：第 4 版 [M]. 潘爱民，译 . 北京：清华大学出版社，2004.

[3] 工业互联网产业联盟 . 工业互联网网络连接白皮书（版本 1.0）[R]. 2018.

[4] 楚俊生，游世林 . 工业互联网网络技术标准化分析 [J]. 电信网技术，2017（11）：37-43.

[5] 陈磊 . 从现场总线到工业以太网的实时性问题研究 [D]. 浙江大学，2004.

[6] 工业互联网产业联盟 . 工业互联网体系架构（版本 1.0）[R]. 2016.

[7] 方晓柯 . 现场总线网络技术的研究 [D]. 东北大学，2005.

[8] ANONYMOUS. Serving global industrial automation: IEC publishes new fieldbus standards[J]. Assembly Automation, 1980, 28（3）：266-267.

[9] 胡毅，于东，刘明烈 . 工业控制网络的研究现状及发展趋势 [J]. 计算机科学，2010（1）：29-33+52.

[10] 许方敏，伍丽娇，杨帆，赵成林 . 时间敏感网络（TSN）及无线 TSN 技术 [J]. 电信科学，2020，36（8）：81-91.

[11] 中国电子技术标准化研究院 . 时间敏感网络白皮书 [R]，2020.

[12] 张云勇 . 5G 将全面使能工业互联网 [J]. 电信科学，2019，35（1）：7-14.

[13] 尤肖虎，潘志文，高西奇，等 . 5G 移动通信发展趋势与若干关键技术 [J]. 中国科学：信息科学，2014，44（5）：551-563.

[14] 工业互联网产业联盟 . 工业互联网标识解析——产品追溯白皮书 [R]，2017.

[15] 任语铮，曾诗钦，霍如，等 . 新型工业互联网标识解析体系探讨与实践 [J]. 信息通信技术与政策，2019（8）.

[16] 淳娇 . 基于 EPC/RFID 技术的肉制品电子溯源系统研究与实现 [D]. 南京农业大学，2016.

[17] 田晓芳 . EPC 物联网与信息共享技术的研究与实现 [D]. 中国地质大学（北京），2005.

[18] 中国电子技术标准化研究院 . 对象标识符 (OID) 白皮书 [R]. 2015.

[19] 李世强，詹鑫毅，邱家才 . 浅述 Handle 系统 [J]. 信息系统工程 . 2019（12）：38-39.

[20] 刘阳 . 工业互联网标识解析技术标准化进展与发展趋势 [J]，仪器仪表标准化与计量，2018（6）：17-19.

[21] 张钰雯，池程，朱斯语 . 工业互联网标识解析体系发展趋势 [J]. 信息通信技术与政策，2019（8）：43-46.

[22] 杨震，张东，李洁，等 . 工业互联网中的标识解析技术 [J]. 电信科学，2017（11）：140-146.

第 4 章

工业互联网平台

工业互联网平台是工业全要素链接的枢纽和工业资源配置的核心，也是工业智能化的"神经中枢系统"。工业互联网的三大要素是平台、网络和安全，平台是其中的核心。工业互联网的特征是对工业资源的泛在连接、弹性供给、高效配置，负责连接设备、软件、工厂、产品和人等工业要素，实现对工业产品的网络化制造，对海量工业数据进行采集、汇聚、分析和提供服务。

本章 4.1 节介绍工业互联网平台的架构，4.2 节介绍工业互联网平台的核心技术，4.3 节介绍国外工业互联网平台，4.4 节介绍国内工业互联网平台。

4.1 工业互联网平台的架构

4.1.1 工业互联网平台的定位

工业互联网平台是现代化产业体系建设的重要支撑之一，是集智能传感、物联网、云计算、大数据、工业软件和工业技术等跨界融合和创新发展于一体的结果。以工业互联网平台为核心的现代化产业体系在技术的推动下不断向新基础、新要素和新业态等方向发展，以支撑现代化产业的高端化、智能化、绿色化和生态化。

工业互联网平台具有以下几个基本的定位。首先，工业互联网平台是传统工业云平台的迭代和升级。成本驱动导向、集成应用导向、能力交易导向、创新引领导向和生态构建导向是工业云平台到工业互联网平台演进的 5 个必然阶段。工业互联网在传统工业云平台的软件工具共享、业务系统集成的基础上，叠加了开放的制造能力、复用知识经验与集聚开发者的功能，大幅提升了工业知识生产、传播和利用的效率，形成了海量开放的 App 与工业用户之间相互促进、双向迭代的生态体系。其次，工业互联网平台是新工业体系的"操作系统"。打破原有工业系统的封闭和隔离，工业互联网的扁平、灵活又高效的组织架构将成为新工业体系的基本形态。依托高效的设备集成模块、强大的数据处理引擎、高速的数据传输网络、开放的开发环境和工具、组件化的工业知识微服务，工业互联网平台向下对接海量工业设备、仪器和产品，向上支撑工业智能化应用的快速开发与部署，发挥着类似谷歌 Android 系统、微软 Windows 系统和苹果 iOS 系统的重要作用。工业互联网平台支撑构建了基于软件定义的高度灵活性与智能化的工业体系。再次，工业互联网平台是资源集聚和共享的有效载体。工业互联网平台将制造工具和能力、人才、创意，还有信息流和资金流都汇聚于云端；各类工业企业、互联网企业、通信企业及第三方开发者等主体集聚于云端；将工业科学、数据科学、信息科学、计算机科学和管理科学融合在云端，这些都将推动主体、资源、知识的集聚和共享，形成社会协同化的生产方式和组织模式。最后，工业互联网平台将提升制造企业的竞争优势。当前，工业互联网平台的发展正处于规模化扩张阶段，发达工业国家将工业互联网平台建设作为自身工业发展的战略重点，各国的领军企业为了巩固和强化它们在制造业的地位，也在不断地推动工业互联网平台的发展。

4.1.2　工业互联网平台的作用

工业互联网平台能够对海量的工业设备与系统数据进行高效集成，实现资源和业务的智能化管理，从而促进知识和经验的积累和传承，驱动应用和服务的开放创新。在传统的制造型企业向新型智能化企业的转变过程中，工业互联网平台不仅发挥着重要的核心支撑作用，还是新型智能化制造企业的数字化神经中枢。工业互联网平台具有以下重要的作用。

（1）企业基于平台实现智能化生产和管理。通过对生产现场的"人、机、料、法、环"各类数据的全面采集和智能分析，能够及时发现导致生产瓶颈与产品缺陷的根本原因，并给出问题的解决方案，从而不断提高企业的生产效率和产品质量。同时，基于企业的现场数据与计划资源、运营管理等数据的综合分析，能够实现更精准的供应链管理和财务管理，降低企业的运营成本和风险。

（2）企业基于平台实现生产方式和服务的创新。通过平台可以实现对产品售后使用环节的数据融通，提供设备的运维和健康管理、产品的增值服务等新型业务模式，企业实现从传统的卖产品到新型的卖服务的转变，从而实现产品价值的提升。通过平台的交互功能，企业还可以与用户进行更加充分的交互，进一步了解用户的个性化需求，并有效组织生产资源，利用个性化实现产品的更高附加值。

（3）企业基于平台实现新的互联网模式和业态。不同企业基于平台可以开展信息交互，实现跨企业、跨行业、跨区域的资源和业务的集聚，打造更高效的协同设计、协同制造和协同服务体系。未来，工业互联网平台可能催生更多新的产业体系，这将催生一系列互联网新模式和新业态，如同移动互联网平台创造了应用开发、应用分发、线上和线下等一系列新的产业环节和价值。

（4）企业基于平台实现智能化运转。平台向下链接海量设备，自身承载工业经验与知识的模型，向上对接企业工业优化应用，是工业全要素链接的枢纽和工业资源配置的核心，驱动先进制造体系的智能化运转。

（5）企业基于平台实现海量异构数据驱动的网络化和智能化。凭借平台上先进的大规模计算架构和高性能的云计算基础设施，工业互联网平台实现对海量异构数据的集成、存储和计算，解决工业数据爆炸式增长与现有工业系统计算能力不匹配的问题，加快以数据为驱动的网络化、智能化的进程。

4.1.3　工业互联网平台的技术架构

工业互联网平台需要解决一系列难题：多种异构工业设备网络的连接、多源数据的深度融合、海量数据的存储与治理、相关数据的建模与分析、工业应用创新与集成，以及工业知识的积累与迭代。其中涉及八大类重要技术，包括数据集成与边缘计算技术、IaaS 技术、平台使能技术、数据治理技术、应用开发与微服务技术、工业数据建模与分析技术、信息安全技术及新一代信息技术。工业互联网平台技术架构如图 4-1 所示。

1. 数据集成与边缘计算技术

设备接入：分为三大类，即基于以太网、光纤等通用协议，工业以太网、工业总线等工业通信协议，以及 4G/5G、NB-IoT 等无线协议，这些协议保证了海量设备到平台边缘层的成功接入。

协议转换：首先通过协议解析、中间件等技术，提高 Profibus、OPC、

ModBus、CAN 等各类工业通信协议与软件通信接口的兼容性，以便统一数据格式；其次通过 HTTP、MQTT 等协议采集数据，将数据从边缘侧传输到云端，最终实现数据的远程接入。

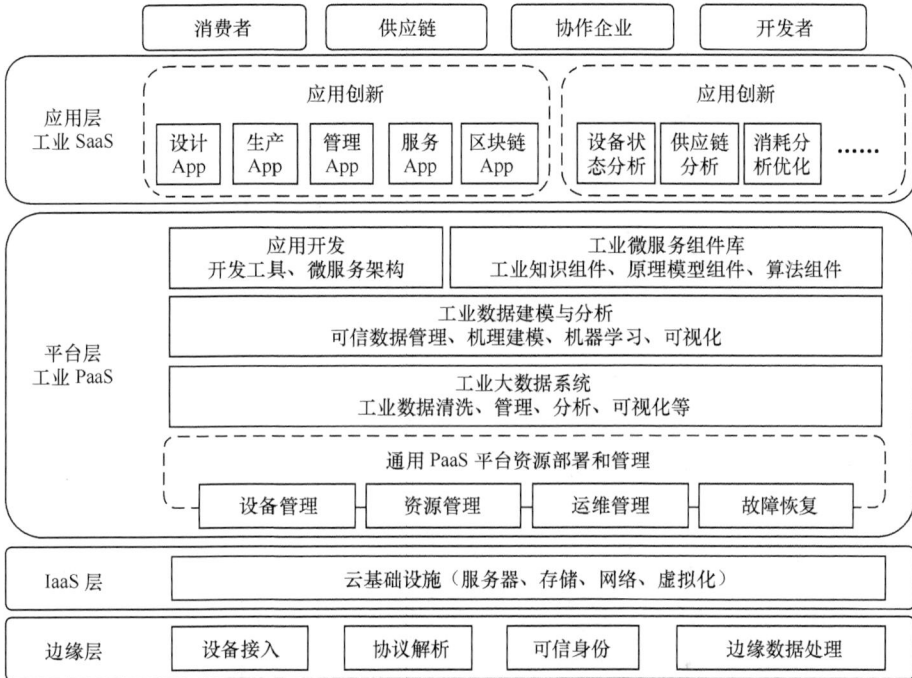

图 4-1　工业互联网平台技术架构

边缘计算：通过边缘分析算法等软件技术、高性能计算芯片等硬件技术，实现了在靠近设备或数据源头的网络边缘侧的数据预处理、存储以及智能分析与应用，提升了操作响应灵敏度，降低了网络拥塞程度，实现了和云端分析的协同。

2. IaaS 技术

在虚拟化技术调配资源、分布式存储提供缓存的支持下，通过并行计算、负载均衡等技术，实现了网络、计算、存储等资源的池化管理，能够按需分配资源，保障了资源使用的安全和隔离，完善了为用户提供的云基础设施服务。

3. 平台使能技术

资源调度：通过监测技术及相应的调度算法，可实时分析从云端获取的应用业务量，为应用程序分配相应的底层资源，实现云端应用自适应业务量的变化。

多租户管理：通过虚拟化、数据库隔离和容器等技术，隔离了不同租户的应用和服务，并保障了他们的隐私与安全。

4. 数据治理技术

数据处理框架：采用 Hadoop、Spark、Storm 等分布式处理架构，满足海量数据批处理和流处理的计算需求。

数据预处理：通过数据冗余剔除、异常检测、归一化等方法清洗原始数据，保证后续用以存储、管理与分析的数据的质量。

数据存储与治理：通过分布式文件系统、NoSQL 数据库、关系数据库、时序数据库等不同的数据管理引擎，对数据进行分区选择、存储、编目与索引等操作。

5. 应用开发与微服务技术

多语言多工具：拥有操作方便、效率更高的集成开发环境，支持 PHP、Python、JavaScript、Ruby 和 Java 等多种语言，提供 Eclipse Integration、JBoss Developer Studio、Git 和 Jenkins 等各类开发工具。

微服务架构：通过集合服务注册、发现、通信、调用功能的管理机制和运行环境，为基于微型服务单元集成的"松耦合"应用开发和部署提供支撑。

图形化编程：支持用户通过图形化编程工具，如 LabVIEW 等，实现对应用的创建、测试、扩展等操作的可视化，提高操作效率。

6. 工业数据建模与分析技术

数据分析算法：以数学的概率统计为基础，编写机器学习和深度学习等人工智能算法，实现对历史和实时数据、时序数据的分类、聚类、关联和预测等各种分析。

机理建模：结合电子信息、机械自动化、物理等领域的专业知识与生产实践经验，在已知的工业机理上建立类型丰富的模型，实现数据分析的应用。

7. 安全技术

数据接入安全：采用工业防火墙技术、工业网闸技术、加密隧道传输技术，实现数据防泄露、防劫持和防破坏，保障数据的源头安全及传输安全。

平台安全：通过平台入侵实时检测、网络安全防御系统、恶意代码防护、网站威胁防护、网页防篡改等技术实现工业互联网平台的代码安全、应用安全、数据安全和网站安全。

访问安全：通过建立统一的访问机制，限制用户的访问权限以及所能使用的计算资源和网络资源实现对云平台重要资源的访问控制和管理，防止非法访问。

8. 新一代信息技术

人工智能技术：在计算机视听觉、智能语音处理、自然语言理解、新型人机交互、生物特征识别、复杂环境识别、智能决策控制等技术的加持下，通过人工智能技术，关键制造设备能实现自感知、自学习、自适应、自控制。在行业特点与大数据分析技术的基础上，结合机器学习、知识发现与知识工程、跨媒体智能等方法，使产品质量改进与缺陷检测、生产工艺过程优化、设备健康管理、故障预测与诊断等关键环节具备人工智能特征。目标产品采用智能感知、模式识别、智能语义理解、智能分析决策等核心技术，实现复杂环境感知、智能人机交互、灵活精准控制和群体实时协同等功能。

区块链技术：区块链包含 4 个主要的技术特征，分别为共享统一账本、灵活智能合约、达成机器共识以及保护权限隐私，它是分布式数据存储、点对点传输、共识机制、加密算法等计算机技术的应用延伸。

（1）共享账本主要通过链式结构完成数据存储，每一个区块环环相扣，相邻区块相互串联，也就是上一区块的散列是下一区块的数据头。因为每个有存储账本权限的节点和相关方有相同的账本数据，所以通过这种结构来存储交易资产状态，能够以简单的方式提高数据被泄露破坏的难度。账本中存储了交易记录，且这些交易都是交易发起方签名，由一定的背书策略验证过，并经过共识以后写入账本中。

（2）智能合约用于描述多方协作中的交易规则和流程，并以代码的形式部署在相关的参与方的背书节点中。从代码的实现方式来看，智能合约是由一个内外部事件来驱动执行的。

（3）在分布式网络中，所接收到的交易在区块链节点中经过代码逻辑、业务顺序和智能合约来执行，并在账本中形成一种依赖机器和算法的共识，确保所记录的交易记录和交易结果全网一致。机器共识能够适应大规模机器类通信

（Massive Machine Type Communications，mMTC）的去中心化架构，有效促进形成一种去中介化的应用新模式和商业新生态。

（4）不论是人、机，还是物、机构，只有经过联盟授权才能加入区块链网络。只有拥有授权的人才可以访问账本、进行交易操作和查看交易记录。这种机制使得交易具备真实可验性、可溯源性，同时无法狡辩及伪造。

八大类技术都在快速发展，也对工业互联网平台的构建和发展产生了深远影响。在平台层，PaaS 技术、新型集成技术和容器技术正加速改变信息系统的构建和组织方式。在边缘层，边缘计算技术极大地拓展了平台收集和管理数据的范围和能力。在应用层，微服务等新型开发框架驱动工业软件开发方式不断变革，而工业机理与数据科学的深度融合则正在引发工业应用的创新浪潮。5G、人工智能和区块链这些新一代信息技术将进一步释放数据的生产潜力，将从生产方式、组织管理和商业模式等多方面改造、发展制造业，同时不断开拓创新，为制造产业不断向高端化、智能化、绿色化、生态化方向发展提供源源不断的动力。

4.2 工业互联网平台的核心技术

工业互联网平台的技术架构可分为边缘层、工业 IaaS 层、工业 PaaS 层和工业 App 层 4 层。

4.2.1 边缘层的核心技术

工业互联网边缘层通过对大规模的深度数据的采集，以及异构数据的协议转换与边缘处理，构建了工业互联网平台的数据基础，因此又称为数据采集层。边缘层的实质是实时高效地采集和云端汇聚数据，其中数据对象是通过泛在感知技术所获得的设备、人、系统环境等各类信息。工业数据采集（边缘层）体系架构如图 4-2 所示。

边缘层发展受限于多个方面，包括相关传感器的部署工作不够到位、设备智能化水平不够高、终端所采集的数据不够多、数据深度不足、精度较低等，这些问题无法满足后期实时分析、智能决策与优化的需求。

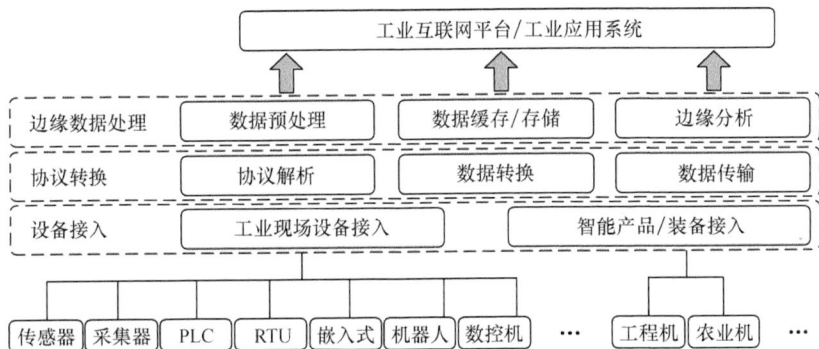

图 4-2　工业数据采集（边缘层）体系架构

突破数据采集瓶颈的主要路径包括以下两个方面。

① 通过协议兼容、转换实现多源、异构系统的数据可采集、可传输、可交互。重点是构建一套能够兼容、转换多种协议的技术产品体系，实现 Profibus 等 40 多种现场总线协议、ProfiNet 等几十种工业以太网协议及 ZigBee 等数十种无线协议的互联互通。例如，吉比特以太网通过将数据采集转换模块 Predix Machine 部署在现场传感器、控制器和网关中，以多种方式实现不同协议的兼容和转换，完成工业现场数据的采集及云端汇集；西门子通过在设备端部署数据采集模块 Mind Connect Nano，实现通用协议的兼容和私有协议的转换及云端汇聚。

② 通过边缘计算等技术在设备层进行数据预处理，大幅提高数据采集、传输的效率，降低网络接入、存储、计算等成本，提高现场反馈和控制的实时性。SAP 正在推动 HANA 平台底层部署应用边缘计算产品，实现现场数据预处理，提高数据的传输效率，降低云端负载。思科在工业交换机上应用边缘计算技术，在本地对数据进行轻量级运算及实时处理。数量庞大的边缘计算节点将有效缓解网络传输的压力、云端存储和计算的压力。数据采集实现了制造全流程隐性数据的显性化，为制造资源的优化提供了海量数据源，是实时分析、科学决策的起点，也是当前制造业数字化、网络化的难点，还是建设基于工业互联网平台制造

业生态的基础。边缘层的核心技术包括如下几种。

1. 传感器技术

传感器是指那些对被测对象的某一确定的信息具有感受（或响应）与检出功能，并使之按照一定规律转换成与之对应的可输出信号的元器件或装置，是实现测试与自动控制的重要环节。智能系统的智能需要数据，而传感器就负责对原始信息进行捕获及转换。没有数据的智能系统是无本之木，无法实现可靠的智能测试及控制。如果没有传感器，再强大的计算机也无法发挥智能的作用。数字孪生完成了物理世界的设备向数字系统的映射，要求给每个物理设备加上设备标识。对于一些高价值的设备，除了这些传统标识外，还需要统一配备一个物理级别的嵌入式的身份证书。这些证书都是在设备出厂时，由国家级的设备身份认证中心颁发的。这些设备在向云端传输自身获取的数据时，需要同时加上自己的标识，以便云端进行身份验证。所以传感器是获取数据的重要器件，是工业互联网的关键感官。

2. 协议转换技术

工业互联网平台中负责数据采集的传感器种类繁多，数据联网的协议兼容问题越来越突出，已成为工业互联网平台顺利运行的重要掣肘之一。解决系统通信协议的转换及通信标准化的问题意义重大。协议转换技术是通过构建一个脱离于具体硬件设备的接口通信服务平台，依据其开放的实时数据库，简化系统中异构协议转换和系统联网的过程，异构协议也可转换为标准协议并与其他系统联网，实现实时数据的采集和处理，包括实现串口、以太网、现场总线物理层的通信协议转换，数据链路层的通信协议相互转换，同时具备将非标准的通信协议转化为标准的通信协议的功能，具有开放性的标准化接口。

3. 低功耗技术

在工业互联网平台的数据采集层，大量的嵌入式系统被广泛应用，这些系统一般都是借助电池来工作。因此，从整体系统上进行低功耗设计，降低传感器的功耗、有效延长电池供电时间，成为一个迫在眉睫的问题。微处理器是工业互联网处理数字信息的核心器件，如何降低芯片的功耗，对整个边缘层系统来说非常关键。随着芯片集成度的进一步增加和算力的快速提高，芯片的功率密度也在持续增加，芯片发热量的增大会造成芯片可靠性的下降。在边缘层，很多情况下工业界会选择牺牲部分芯片的性能来追求更低的功耗。

4. 能量获取技术

新型能量获取技术和传统的供电方式不一样,它不受限于有线供电,而是利用环境热量(热电、温差电堆)、振动或应变(压电体)、光线(光电)、运动(线圈、磁体)等"免费"能源。能量获取技术将这些"免费"能源进行转化,用于系统中电池的充电或补充,甚至在一些特定领域可以完全取代电池。随着低功耗物联网感知和能量获取与管理技术的快速发展,无源能量获取系统正在得到更广泛的应用。

5. 边缘计算技术

边缘计算担任着物理世界和数字世界之间连接桥梁的角色,在靠近物或数据源头的网络边缘侧,融合网络、计算、存储、应用核心能力的分布式开放平台,就近提供边缘智能服务,满足行业数字化在敏捷连接、实时业务、数据优化、应用智能、安全与隐私保护等方面的关键需求。在边缘进行计算处理,以便加速网络的服务响应,使实时业务、应用智能、安全与隐私保护等方面的需求得以满足。在工业互联网平台中,边缘计算在 IT 和 OT 系统的融合方面发挥着重要的作用。

4.2.2　工业 IaaS 层的核心技术

工业 IaaS 层是指把 IT 基础设施作为一种服务通过网络对外提供服务。具体来说,工业 IaaS 层是基于虚拟化、分布式存储、并行计算、负载调度等技术,实现网络、计算、存储等资源的资源池管理,并根据用户适时调度资源,确保资源使用的安全与隔离,为客户提供云基础设施服务。工业 IaaS 层的核心技术包括以下几种。

1. 海量数据的分布式存储技术

海量数据采用分布式存储方式,通过分布式缓存系统来对访问接口及本地数据进行缓冲以减小网络压力,具有高可扩展性、高并发性、高可用性等特点。它主要分为 3 种类型:一是直连式存储(Direct-Attached Storage,DAS),这种存储方式与普通的 PC 存储结构一样,外部存储设备都是直接挂接在服务器内部总线上,数据存储设备是整个服务器结构的一部分;二是网络存储设备(Network

Attached Storage，NAS），这种方式采用单独为网络数据存储而开发的一种文件服务器来连接存储设备，形成一个网络，这样数据存储就不再是服务器的附属，而是作为独立网络节点存在于网络之中，可由所有的网络用户共享；三是存储网络（Storage Area Network，SAN），这种存储方式顺应了计算机服务器体系架构网络化的趋势，其最大的特点是将网络和设备的通信协议与传输物理介质隔离开，多种协议可在同一个物理连接上同时传送。

2. 海量数据的管理技术

云计算的一大特点是能够处理海量数据。云计算在保证数据的存储和访问的同时，还需要对海量数据进行特定的检索和分析，所以需要能够高效管理大量数据的数据管理技术。Hadoop 团队开发的开源数据管理模块 HBase 是目前业界比较典型的大规模数据管理技术，另一个是谷歌公司的 BT（Big Table）数据管理技术。HBase 是 Apache 的 Hadoop 项目的子项目，定位于分布式、面向列的开源数据库。作为高可靠性分布式存储系统，HBase 在性能和可伸缩方面都有比较好的表现。利用 HBase 技术可在廉价的 PC 服务器上搭建起大规模结构化存储集群。Big Table 是非关系数据库，是一个分布式的、持久化存储的多维度排序 Map，其设计目的是进行 PB 级别的数据的可靠处理，并且能够部署到上千台机器上。海量数据管理系统的一大优势是对外提供数据服务功能。该服务的实现方式有：API 调用、订单服务和实时推送等。在大型的海量存储管理系统中，通常同时使用多种不同的数据服务模型，以达到更好的服务质量。系统会根据不同的业务情况，具体分析使用何种服务模型。

3. 虚拟化技术

虚拟化技术为云计算服务提供基础架构层面的支撑，是云计算最重要的核心技术之一。虚拟化技术可以将计算机的各种物理资源（可以是服务器、网络，也可以是内存及存储等）予以抽象、转换后呈现出来，打破实体结构间不可切割的障碍。这种资源管理技术可以更好地让用户以比原本组态更好的方式来应用这些资源。同时，这些资源的新虚拟部分（通常包括计算能力及资料存储）可以不受现有资源的架设方式、地域或物理组态的限制。从技术上讲，虚拟化是一种在软件中仿真计算机硬件，以虚拟资源为用户提供服务的计算形式，不仅能够提高计算机资源的利用率，还能够提高服务质量。它把应用系统中的硬件动态化地连接起来，不再受物理空间的限制，实现统一集中管理和物理资源使用。虚拟化技术的优点有很多，包括减少服务器的过度提供、提高设备利用率，也包括减少 IT 的总体投资、增强提供 IT 环境的灵活性，甚至可以资源共享。通过虚拟化技术能够完成软件应用和底层硬件相隔离，包括两种形式：一种是将单个资源划分成多个虚拟资源的裂分模式，另一种是将多个资源整合成一个虚拟资源的聚合模式。从实现层次来分，虚拟化技术可以划分为硬件虚拟化、操作系统虚拟化和应用程序虚拟化等；以应用领域来分，虚拟化技术可以划分为服务器虚拟化、存储虚拟化、网络虚拟化、桌面虚拟化、CPU 虚拟化和文件虚拟化等。

4. 云计算平台管理技术

IaaS 层资源规模庞大，服务器星罗云布，上百种应用齐头并进，因此高效率管理这些服务器，确保整个系统高效、稳定、持续工作成为一大难题。云计算平台管理技术能够帮助用户方便地使用所有的设施，包括处理、存储、网络和其他基本的计算资源，能够部署和运行任意软件，包括操作系统和应用程序。使用者不管理或控制任何云计算基础设施，但能控制操作系统的选择、存储空间、部署的应用，也有可能获得有限制的网络组件（如防火墙、负载均衡器等）的控制。使用者可方便部署和开通新业务，快速发现系统故障并修复系统。通过自动化、智能化手段实现大规模系统的可靠运营是云计算平台管理技术的关键。

4.2.3　工业 PaaS 层的核心技术

工业 PaaS 层为企业提供云服务所必需的各种中间件、分层的动态扩展机制、开发和运维等支撑能力，帮助企业快速构建面向工业行业的社会级服务，同时与开发者、合作伙伴一起打造良性的生态圈。如果说工业 PaaS 是工业互联网平台的核心，那么工业 PaaS 的核心就是数字化模型。工业互联网平台要想将人、流程、数据和事物都结合在一起，就必须有足够的工业知识和经验，并把这些以数字化模型的形式沉淀到平台之上，即把工业的技术原理、行业知识、基础工艺和模型工具规则化、软件化和模块化，并封装为可重复使用的组件。工业 PaaS 层架构如图 4-3 所示。工业 PaaS 层的核心技术包括以下几种。

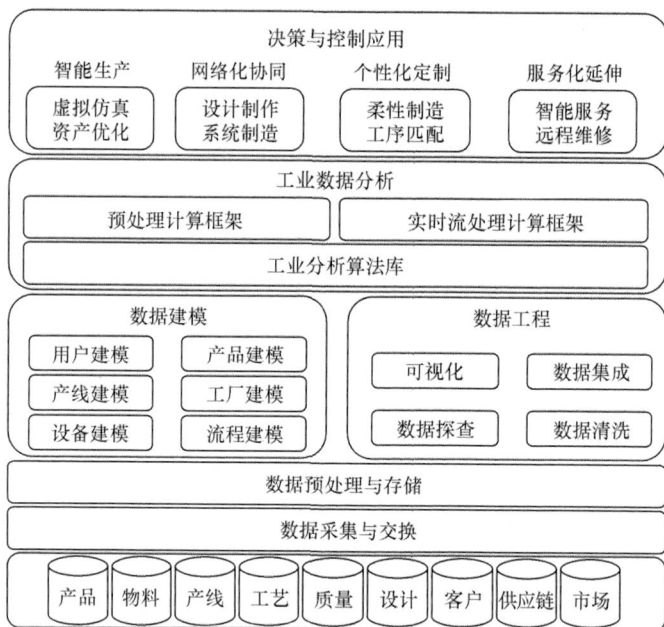

图 4-3 工业 PaaS 层架构

1. 数据建模与分析技术

数据建模与分析技术通过数学统计、机器学习及最新的人工智能算法，实现面向历史数据、实时数据和时序数据的聚类、关联和预测分析，是一种用于定义和分析数据要求及其需要相应支持信息系统的过程。数据分析是大数据价值的重要体现，是大数据价值链的重要阶段。数据分析能够提供论断建议或支持决策，包含数据挖掘、自然语言处理、全文检索等几个部分。数据建模与分析技术通过模型算法管理和引擎调度，使用回归分析法、决策树算法、聚类分析和关联分析等方法，从数量庞大、不完全、有噪声、随机的数据中挖掘出其背后的信息。

2. 工业建模技术

工业建模技术主要包括机理建模技术和测试法建模技术。机理建模技术是结合电子信息、机械自动化、物理等领域的专业知识与生产实践经验，在已知的工业机理上建立类型丰富的模型，实现分析与应用。机理建模技术能够依据工业生产流程中对应的变化机理，建立相关的平衡方程，包括质平衡方程、能量平衡方程、动量平衡方程，也包括反映流体流动、传热、传质和化学反应等基本规律的运动方程和物理参数方程及某些设备的特性方程等，并从中获得所需的数学模型。机理建模技术要求生产过程的机理必须为人们所充分掌握，可以通过特定数学模型来表达，同时要求模型尽量简单，以保证精度达标。而当某些参数不确定，采用机理法建模较为复杂时，可以改用测试法。测试法建模是指根据工业过程的输入 / 输出实测数据进行数学处理后得到模型。测试法只要求从外特性上测试和描述它的动态性质，相当于把被研究的工业过程看作一个黑匣子，忽略内部相关的机理。为了获得动态性质，必须给这个黑匣子施加激励，如一个阶跃扰动或脉冲扰动等。测试法建模相比机理建模更简单、省力。因此，在两种方式都能达到目的的情况下，工业上会优先选择测试法建模。

3. Docker容器技术

传统软件架构的特性是单体应用、开发周期长、整个应用开发代码类型单一、调用众多公共库、各个组件紧耦合且版本复杂、部署需要人工操作且操作困难、时间管理成本居高不下。例如，以 Java 应用为代表的三层架构的部署模式，即使在虚拟机环境下，也需要先建立相对应的操作系统和应用服务器，才能运行虚拟应用程序。

容器的代表性产品 Docker 的出现是一个标志性的节点。Docker 首次提出了 Build → Ship → Run 的概念，使用镜像方式将应用程序和它所依赖的操作系统、类库及运行时环境整体打包，统一交付，消除了传统应用对操作系统、应用服务器不同厂商及版本，甚至对于环境变量、基础函数库 API 调用的深度依赖。因此，容器可以在 Windows、Linux 等主流的操作系统上运行，而与底层所使用的平台无关，本质上是一种操作系统级别的虚拟化。应用架构一旦转换为容器并且迁移部署之后，就可以在任何云平台之间无缝迁移。所以，使用容器能够利用镜像快速部署运行服务，实现业务的快速交付，缩短业务的上线周期，极大地方便运维人员的上线部署工作。

容器与传统虚拟化相比，具有更低的资源使用粒度，一台设备上可以允许运行超百个容器服务，大大提升了服务器硬件资源的利用率。在流量较高的环境下，有容器的加持，可以有效地对业务负载进行弹性扩容；反之，当流量降低时，容器平台可以自动缩容，适时腾出空间资源。

4. 微服务架构技术

微服务架构是一项在云中部署应用和服务的技术。亚马逊、eBay、Netflix 等公司都采用了微服务架构范式来解决问题。微服务可以在"自己的程序"中运行，并通过"轻量级设备与 HTTP 型 API 进行沟通"。微服务是一组协作的架构约束，一个大型的应用由或多或少的微服务组成。系统中的各个微服务可独立部署，仅专注于自身并高质量地完成一项任务。同时，各个微服务之间是松耦合的。微服务架构不关注单纯构建结构单一的复杂应用，而是把应用拆分为不同的、功能指向性高的、互相关联的小型服务。每个微服务都是一个微型应用，可以实现某个特定的功能，有着自己的六边形架构，包括商业逻辑和各种接口。有的微服务通过开放应用程序接口供其他微服务或者应用客户端调用，有的微服务则通过网页 UI 实现复用。

5. 动态调度技术

动态调度技术可以根据应用的 CPU 和内存的负荷、时间段、应用系统的优先级等多种方式来对计算单元进行动态创建、动态分配到应用、动态将计算单元挂接到路由和均衡模块上。调度策略即是一系列的调度规则，既包括全局调度规则，也包括应用系统级别的调度规则。调度决策需要一个偏实时的动态计算过程，而计算的输入则实时地从各个计算单元中获得，调度决策根据运行数据和调度规则进行动态计算并进行调度。

6. 平台安全技术

平台安全技术用于阻止非授权实体的识别、跟踪和访问，提供非集中式的认证和信任模型，能够高效地实现加密和数据保护，保护异构设备间的隐私。平台安全主要包括工业设备控制、网络安全和数据安全。其采用工业防火墙技术、工业网闸技术、加密隧道传输技术，实现数据的防泄露、防劫持和防破坏，保障数据的源头安全及传输安全。通过平台入侵实时检测、网络安全防御系统、恶意代码防护、网络威胁防护、网页防篡改等技术实现工业互联网平台的代码安全、应用安全、数据安全、网站安全和平台安全。通过建立统一的访问机制，限制用户的访问权限和所能使用的计算资源及网络资源，实现对云平台重要资源的访问控制和管理，防止非法访问，实现安全访问。

4.2.4　工业 App 层的核心技术

工业互联网平台为工业 App 提供了必要的接口、存储计算、开发组件和工具资源等环境支持。工业 App 是工业互联网的价值所在，是工业互联网智能化应用的支柱。用户通过调用工业 App，在不同的应用场景实现对特定制造资源的优化配置，激发全社会的资源，推动工业技术、经验、知识和最佳实践的模型化、软件化、再封装。传统的生产管理软件云化速度慢、专业的工业 App 应用不够、应用开发者数量不足、商业模式还未成熟等一系列问题，都是工业 App 面临的突出问题。

工业 App 发展的总体思路是，一方面，加快对传统的 CAX、ERP、MES 等研发设计工具和运营管理软件的云化改造，基于工业 PaaS 实现云端部署、集成与应用，满足企业分布式管理和远程协作的需要；另一方面，围绕多行业、多领域和多场景的云应用需求，通过对工业 PaaS 层微服务的调用、组合、封装和二次开发，开发形成面向特定行业特定场景的工业 App。工业 App 大多采用 MVC 模式，即数据封装（Model）工业 App 数据，并定义了操作和处理数据的逻辑规则；视图（View）将应用模型对象中的数据显示出来，并允许用户编辑数据；控制（Controller）负责用户视图和业务逻辑的协调控制。目前的工业 App 架构如图 4-4 所示，从工业维、技术维和软件维 3 个维度来描述工业 App。

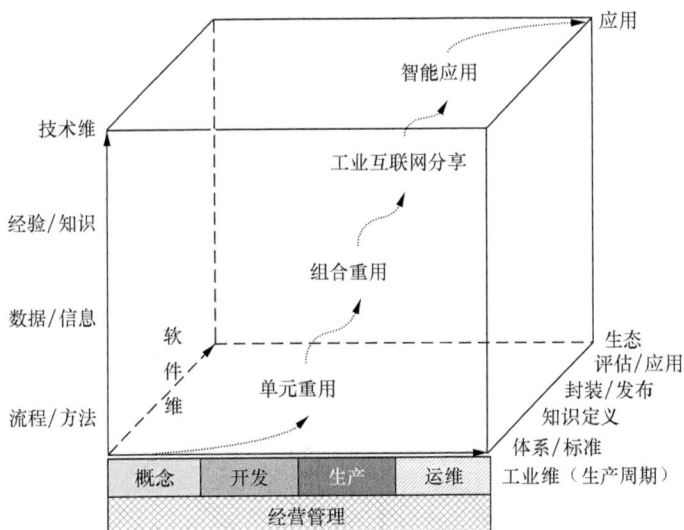

图 4-4　目前的工业 App 架构

工业维是依据工业产品及相关设施从提出需求到交付使用这个完整的工业生命周期来划分的，可将工业 App 分为研发设计、生产制造、运维服务和经营管理四大类工业活动。技术维则是依据开发各类工业产品需要不同层次的工业技术，映射形成工业 App 的三大层级结构，即由物理、电子和化学等原理性基础工业技术形成了基础共性 App；航空、汽车和家电等各行业的行业通用工业技术形成了行业通用 App；企业和科研院所的产品型号、具体产品等特有的工业技术形成了工程专用 App。软件维则是按照工业技术转换为工业 App 的开发过程以及参考软件生命周期，分为体系规划、技术建模、开发测评和应用改进四大阶段的软件活动，每个软件活动可以细分为更具体的软件活动。

工业 App 的实现包含图形化编程技术、多租户技术、应用系统集成技术和新型工业区块链应用技术等。

1. 图形化编程技术

图形化编程技术能够简化开发流程，帮助对代码不熟悉的领域专家通过图形化编程工具快速生成应用程序。通过图形化编程工具，结合能够自动生成指定编程语言的应用代码，用户只需要通过拖拽方式就可以进行应用创建、测试和扩展等快速研发应用程序。这种操作方式不仅降低了开发难度，还提高了研发效率。

2. 多租户技术

多租户技术（Multi-Tenancy Technology，MTT）是一种软件架构技术。在多用户的环境下，多租户技术不但能让用户共用相同的系统和程序组件，还能保证用户的使用独立性。多租户技术能够让环境配置的成本有效降低，对供应方来说意义重大。类似共享经济，硬件成本、操作系统与相关软件的授权成本可由多个租户共同承担。多租户技术对不同的数据有不同的隔离方式，这些数据隔离方法有助于供应商节省维护成本。供应商可以在合理的授权范围内，对获取的数据进行分析并用来提高服务质量。多租户技术能够让程序发布成本大幅降低，当软件升级重新发布时，由于所有租户都在同一环境下，只需发布一次就能够同时对所有用户生效。

3. 应用系统集成技术

应用系统集成是针对客户的具体需求，给出相应应用的系统模式及其实现的详细技术解决方案和运营方案。应用系统集成已经深入到用户某一业务和特定的应用层面，通常来说，又被称作行业信息化解决方案集成，可以说是系统集成的高级阶段。

4. 新型工业区块链应用技术

工业互联网的分布式账本，除了防篡改、访问限制、智能合约的功能外，还需要有针对工业数据特点的账本快速读写功能、针对资产转移状态图迁移的快速读写功能等，以便能够快速溯源。在图形化编程技术的加持下，区块链联盟成员可以很容易地进行权限管理，而且对应的操作能够实现智能合约的自动转化和部署，同时生成协同工作的应用 App。基于可信数据，相关参与方的数据、过程和规则通过智能合约入链后，会直接和相关参与者的数据链形成共享体系。数据跨链共享实现了相关参与者的价值交换，是参与者互利共赢的关键。同时，监管机构以区块链节点的身份参与到基于联盟区块链的工业互联网基础设施中，合规科技监管机制以"智能合约"的软件程序形式介入到产业联盟的区块链系统中，负责获取企业的可信生产和交易数据并进行合规性审查，通过大数据分析技术进行分析，以把握整体工业行业的动态。

4.3 国外工业互联网平台

4.3.1 国外工业互联网平台现状

随着工业互联网平台的理念和重要性被世界所理解和认识，国际上陆续推出了各式各样的工业互联网平台产品。根据国际有关咨询机构的统计，截至 2020 年，全球工业互联网平台数量超过 150 个，占物联网平台总数的 32%，是第一大细分平台类型。2013 年，通用电气（GE）公司率先推出了 Predix 公有云平台，随后其他公司也纷纷加入。2015 年之后，跨国企业对平台的布局明显加快，其中最具代表性的除了 GE 的 Predix 处，还有 PTC 的 ThingWorx、西门子的

MindSphere、SAP 的 Leonardo 和瑞士 ABB 的 Ability 等。国际主要工业互联网平台技术和服务能力进展如表 4-1 所示。

表4-1　国际主要工业互联网平台技术和服务能力进展

平台	边缘层	IaaS	工业 PaaS	工业 App
GE Predix	Predix Machine 加载在传感器、控制器和网关上，实现协议的兼容和转换。Predix Ready 适合恶劣环境的数据采集	亚马逊 AWS 和微软 Azure	微服务组件：提高高端装备数据的异常检测、数据清洗与预处理、机器学习等经验，固化成原理性应用微服务。开发环境：基于 Pivotal Cloud Foundry 和 Mesosphere DC/OS	Predictivity：针对飞机发动机、医疗、能源等高端复杂装备，开发设备远程监控、预测性服务等 100 多种应用
PTC ThingWorx	ThingWorx 实现 Edge Micro Service 轻量级嵌入式操作系统	亚马逊 AWS	微服务组件：ThingWorx Marketplace，面向开发者提供物理建模、运动分析等工具包。开发环境：自行开发	支持 GE 等第三方数据服务，提供 CAX、PLX 等云化软件，以及预测分析等应用
西门子 MindSphere	MindConnet Nano/IoT 2040 实现协议兼容；MindConnet Software 实现协议的转换、开发	亚马逊 AWS 和微软 Azure	微服务组件：提供制造工艺优化、能源管理等微服务。开发环境：基于 SAP HANA Cloud Foundry	与 SAP、IBM、埃森哲等厂商合作，面向流程行业已经开发了工业自动化、设备故障检测等 50 个工业 App 应用
SAP Leonardo	SAP Leonardo 实现 Edge 边缘端的协议转换、数据持久化和数据分析等	亚马逊 AWS 和微软 Azure	微服务组件：SAP Leonardo Foundation 提供原始数据的接入能力、海量数据的处理能力、与业务系统的集成能力，并提供端到端的工业互联网应用开发工具集。开发环境：自行开发	一是帮助瑞士最大的汽车经销商 AMAG 集团实现基于 OBD 的车联网平台，二是帮助维斯塔斯建立数字孪生并推动了服务转型，三是帮助凯撒压缩机实现"智能空气战略"等

4.3.2　美国的主要工业互联网平台

1. GE开放的软件平台Predix

1892 年创立的 GE 公司，是目前世界上最大的装备制造与技术服务企业之一，业务范围广，包括安防、能源、交通、金融等多个领域。2013 年，GE 公司为了适应数字时代的发展模式并继续保持自己的领先地位，推出了"Predix- 工业云平台"，计划成为工业互联网领域的领头羊。Predix 平台主要根据统一的标准对各种数据进行规范化管理，并提供实时提取数据和分析数据的服务。

Predix 平台是面向工业互联网的 PaaS 平台，使用了分布式计算、大数据分析、资产数据管理和 M2M 通信等领先的技术。该平台可以帮助企业安全地将机器和数据与人连接，针对资产和业务进行软件创新，将在云端开发、部署和运维工业程序，并集成到企业的内部 IT 系统中，有助于提高运用效率、防止意外宕机、增加资产产出等。Predix 平台对外开放，可以和业界其他合作伙伴进行"互操作"，将各种工业资产设备和供应商相互连接并接入云端，同时提供资产性能管理（Application Performance Management，APM）和运营优化服务。

Predix 平台整体架构分为 3 层，即边缘连接层、平台层和应用服务层，如图 4-5 所示。

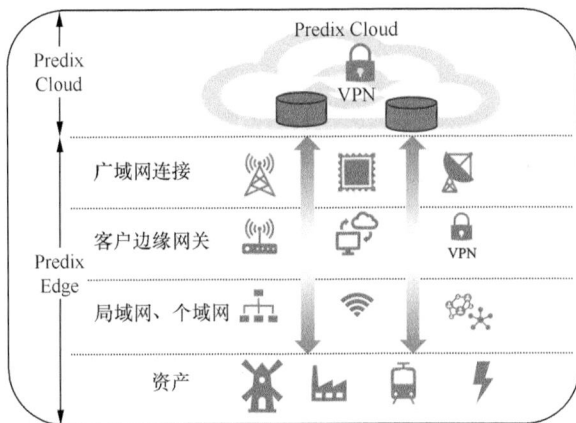

图 4-5　Predix 平台架构

（1）边缘连接层

边缘连接层主要负责向云端输送采集的数据，包含两个要素：Predix Machine 和 Predix Connectify。Predix Machine 是一个能够嵌入工业控制系统设备或网络网关等设备中的软件栈，主要职责是提供与工业资产之间安全的双向云连接并管理工业资产。为了满足工业连接要求，Predix Machine 支持可以通过不同工业标准协议（OPC-UA、DDS 和 Modbus 等）连接多个边缘组件的多种网关解决方案，可以部署在网关、控制器和传感器节点上。Predix Connectify 提供从 Predix Machine 到 Predix Cloud 的快速、安全的云连接，主要应用在暂时没有接入互联网的场景中，机器可以通过电话虚拟网、有线网或由卫星组成的虚拟网络与云端交流。Predix Machine 与 Predix Connectify 一起在工业设备与云端之间提供即插即用、安全、可靠的连接。

（2）平台层

平台层主要负责提供基于全球安全的云基础架构，用于满足日常工业负载和监督的需求，包含 Predix Cloud 和 Predix.io 两个核心要素。Predix Cloud 是启用工业互联网的中心，提供为工业工作负载优化和处理大规模工业数据的云基础设施，消除工业企业开发时难以扩展和代价昂贵的壁垒。Predix.io 是一个自主服务的门户，开发人员可以通过它访问专门用于工业互联网应用程序的服务，是基于 Predix 构建工业应用的起点。

（3）应用服务层

应用服务层主要提供工业微服务框架，设计、测试和运行工业互联网程序的环境，各种服务交互的框架，以及微服务市场，包括 Predix Services 和 Predix for Developers。Predix Services 包含工业服务和运营服务两大类。工业服务提供工业互联网应用程序所需的核心功能，即资产服务、数据服务、分析服务、运营服务和应用程序安全服务。资产服务是导入数据构建资产模型的服务；数据服务是收集、清理、组合、存储数据的服务；分析服务是创建与编排分析的服务，是应用程序开发的基础；运营服务包括开发运维和业务运营，开发运维主要提供在云端开发和部署工业互联网应用程序的服务，业务运营主要提供为工业互联网应用程序带来透明度的服务，以保障开发者的利润；应用程序安全服务是满足端到端的安全要求的服务。Predix for Developers 构建了工业互联网应用程序独特的需求和要求，将工业应用程序的开发与传统的 IT 应用程序区分开，保证工业程序能够在正确的时间，以正确的方式，为正确的用户提供正确的信息。

下面介绍几个应用案例。

① 加拿大布鲁斯电力公司利用 8 个核反应堆，每个核反应堆能够生产多达 800MW 的电力，承担了安大略省约 30% 的基础电力。但是在电力生产过程中，存在效率不高、系统设备维护难、设备管理不足、工程进度慢等一系列问题，给布鲁斯电力公司带来了不小的压力。通过 Predix 平台的 APM 功能，GE 公司为布鲁斯电力公司提供了核电设备实时监控和故障反馈服务。该服务能实现可视化数据管理，根据核电设备的生命周期模型分析参数提供有效的设备维护周期，定期提醒设备维护，并且当发现了高风险设备时，能快速进入示警状态，使整个供电系统达到高等级的核电安全标准。通过 Predix 平台提高了效率，该电力公司的一个核电设备连续运行 500 天可以为当地提供全年 15% 的电力，平均发电价格降低了 30%，设备稳定性明显上升。

② 在航空领域，亚洲航空（AirAsia）的飞行效率优化是 GE Predix 应用的一个成功案例，该公司部署了 GE 的飞行效率服务，不仅优化了空中交通流量的管理，还优化了航空序列管理和飞行路径设计。该服务效果显著，2017 年帮助亚洲航空节省了大约 3 000 万美元的燃油费用。

2. PTC的ThingWorx

美国参数技术（Parametric Technology Corporation，PTC）公司成立于 1985 年，主要提供产品生命周期管理（Product Lifecycle Managemen，PLM）、CAD、应用程序生命周期管理（Application Lifecycle Management，ALM）、供应链管理（Supply Chain Management，SCM）和服务生命周期管理（Service Level Management，SLM）等服务和解决方案。

ThingWorx 是一个端到端的技术平台，它使工业互联网应用程序的开发人员可以快速地创建、部署及扩展企业级的工业互联网应用。

ThingWorx 平台提供的主要组件包括基于 Kepware OPC Server 的工作协议转换和数据采集、源于 Axeda 远程资产管理解决方案的 ThingWorx Utilities 设备管理、基于机器学习的 ThingWorx Anlytics 大数据分析、基于 CAD 产品数字模型和 Vuforia 技术集成的 ThingWorx Studio 和数字孪生等服务。除此之外，平台还包括 Control Advisor、Production Advisor、Asset Advisor 和 Navigate 等用于应用创新的功能模块。ThingWorx 平台架构如图 4-6 所示。

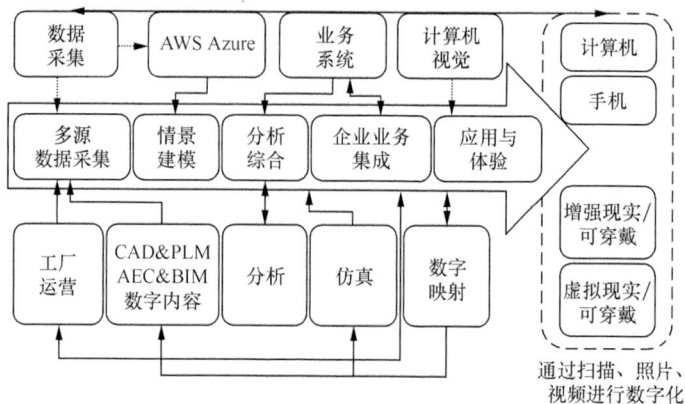

图 4-6　ThingWorx 平台架构

（1）连接和通信

ThingWorx 为跨网络连接传感器、装置和设备提供可扩展、安全、可嵌入且部署简便的通信机制。

（2）数据管理

通过 ThingWorx 的事件驱动执行引擎和 3D 存储技术，企业能够获得海量数据，让数据更有价值、更易操作，并通过分析数据获得有效的业务指向。ThingWorx 为当今互联网提供了必要的连接、存储、分析、执行和协同功能，能够满足上百万台设备连接扩展的需求，拥有可用于存储时间序列数据、结构化数据和社交数据的数据库引擎，其存储速度更是传统关系型数据库的 10 倍以上。

（3）应用使能

聚合页面构建器 ThingWorx 和"拖拽式"聚合页面构建器（Mash up Builder）使开发人员和业务用户无须编写代码，便可以方便地创建富应用、交互式应用、实时 Dash boards、交互式工作区和移动用户界面。ThingWorx 为服务器组件和功能提供了一整套完整的可扩展模型。开发者可以通过 ThingWorx 添加客户和第三方用户体验组件。客户机的服务方法可以通过较少的 JavaScript 编程来开发。第三方或其他已创建好的功能、Widgets 连接器等都可以从 Marketplace 下载并安装到 ThingWorx 平台上。

ThingWorx 具有如下平台特征。

① 设备连接层：ThingWorx 提供可扩展、安全、可嵌入并可轻松部署的通信，支持在网络拓扑结构及通信情景中连接传感器、设备和装置。

② 基于模型的开发：ThingWorx 的"无代码"开发支持创建环境中物的服务、存储、事件、协作和关系的模型。可实现高效率和高重用率，将开发速度提高了 5～10 倍。

③ 事件驱动的执行和 3D 存储引擎：事件驱动的执行支持对大量设备的规模需求。优化、统一的时序、结构化和社交数据存储比传统的关系数据库快 10 倍。与大数据分析系统双向连接。

④ 协作工作区的创建：ThingWorx 的"拖拽"（Mash up Builder）使开发人员和业务用户可以快速创建协作的应用程序、移动程序、移动 UI、分析工具和基于搜索的 BI，帮助更快地解决问题、获取机会。

⑤ 部署选项：按市场需求部署——云部署、内部部署和嵌入式部署，满足不同用例的需求。

⑥ 基于搜索的智能：ThingWorx SQUEAL（搜索、查询和分析）实现运营智能环境的搜索，使每个用户都能"搜索他们环境中的信息和物"。

应用案例如下。

① HIROTEC 通过 ThingWorx 平台实现设备预测性维护。HIROTEC 公司的国际自动化设备及零件的生产计划，会因为设备数据集成困难和设备故障等问题受到不同程度的影响。HIROTEC 基于 ThingWorx 平台组件连接 OT 层和 IT 层，实现 CNC 机器运行数据与 ERP 系统数据的对接，基于大数据服务对机器数据进行挖掘和分析。ThingWorx 帮助 HIROTEC 缩减了设备故障时间，提升了运营部门和生产部门之间的配合度，显著降低了企业的运营成本。

② Diebold 公司通过 ThingWorx 平台解决了不少问题。如减少了 15% 的停机时间；解决问题的时间从以前的平均 3h 减少到不到 30min；另有 17% 的问题无须到现场解决，可直接远程操作；Opteva ATM 的总故障时间缩减了 15%。

③ Elekta 提供预防性维护。超过 20% 的服务请求可以远程处理；系统故障概率下降，病床周转率上升；通过机器可靠性数据分析，改进产品设计。

④ Joy Global 转型业务模型。预测设备故障，快速响应问题，同时减少设备

停机；通过新的分析法，优化采矿流程，以降低开采成本，增加输出；帮助矿主监管整个采矿作业。

4.3.3 德国的主要工业互联网平台

1. 西门子的MindSphere

西门子股份公司成立于 1847 年，是目前全球电子与电气工程领域的领导者，业务广泛，主要集中在工业、能源、基础设施、城市和医疗五大领域，其于 2016 年 4 月推出于 "MindSphere" ——西门子工业云平台。

MindSphere 平台本质上是一个基于云的开放物联网操作系统。MindSphere 向下通过传感器、控制器及各种信息系统采集工业现场数据，向上将数据实时传输到云端，同时为企业提供大数据分析挖掘、工业 App 开发、智能应用增值服务等服务。MindSphere 平台总体架构如图 4-7 所示。

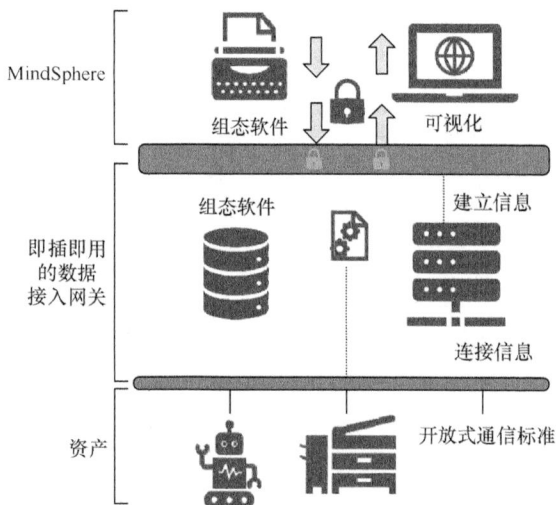

图 4-7　MindSphere 平台总体架构

（1）边缘连接层

边缘连接层可以通过 MindConnect 将来自不同制造商的设备、工业控制系统和信息系统等安全、实时的数据传输到 MindSphere 云平台。边缘连接层的主要产品是 MindConnect IoT 2040 和 MindConnect Nano，这两款产品都能够将工业设备的数据传输到 MindSphere 的工业 PC，分别适用于小型生产场景和大型生产场景。

（2）开发运营层

开发运营层主要基于 SAP HANA Cloud Foundry，为用户提供大数据服务和工业 App 开发服务。大数据服务主要为用户提供分析、存储、共享设备数据的服务，工业 App 开发服务主要为用户提供相应的工业知识、开发工具、开发环境和 App 共享服务。用户可以在开发运营层通过分析工厂数据并结合相应的行业知识开发工业 App，并且可以在平台售卖自己的工业应用或者租赁其他的工业应用。

（3）应用服务层

应用服务层主要是为用户提供基于 Mind App 和行业解决方案的智能应用服务，与 IBM 和 SAP 展开深度合作，主要包括设备预防性维护服务、工厂能耗分析服务、资源优化服务等。如 Mind Apps Fleet Manager 可以通过数据帮助企业实现对资产的实时监控，主要功能包括查看、搜索、排序和过滤资产，而且用户可以自定义相关的资产管理规则。Mind App 已在北美和欧洲的 100 多家企业进行试用。

应用案例如下。

① 2017 年 4 月，西门子与埃森哲、Evosoft、SAP、微软、亚马逊和 Bluvision 等合作伙伴在汉诺威展上展示了 6 种微服务和约 50 种工业 App。格林是一家全球性的磨削机械制造商，通过 MindSphere 平台对主要部件的状态参数进行收集、分析和测试，实现对刀具磨损状态的精确预测和及时修复。

② 近些年来，西门子将工业互联网技术应用于医疗领域，利用 MindSphere 提供的工业互联网服务，在监测生理数据的同时，结合机器诊断分析，提高疾病诊断分析的准确性，初步形成了智能医疗的形式。

③ 在轨道交通领域，MindSphere 可基于大数据技术为轨道交通运行提供一个安全监控、预防维护等服务，发现和分析铁路的安全问题，结合西门子在工业自动化领域的数字信息集成能力，及时有效地发出指令，避免隐患，提高系统的可靠性和安全性。

④ 格林科技通过西门子 S7 采集机床产品中的 6 组数据，每 30s 采集一次并上传至 MindSphere 平台，实现了故障报警等功能。

⑤ 物联网解决方案提供商 Bluvision 在可口可乐荷兰 Dongen 工厂的 150 个小电机上安装传感器，让 MindSphere 平台对电机振动数据进行分析，以实现实时故障的预测提醒。

2. SAP HANA和SAP Leonardo平台

SAP 公司成立于 1972 年，目前是全球最大的企业管理和协同电子商务解决方案提供商，也是全球第三大独立软件提供商。SAP 为工业设备打造了一套完整的服务体系，提供某一设备从注册到退出的设备管理全生命周期管理服务，借助物联网通信协议实现具有安全保障的远程连接，采集、分析和存储来自边缘端及云端的传感器数据，并为企业应用提供 SAP 云平台上的数据资源并供其调用。

2011 年，SAP 推出了基于内存计算的高性能实时数据计算平台 HANA，提供用于多源异构系统数据采集的 Data Services 和 Modeling Studio，基于开发服务平台 Hybris 为开发人员提供数以万计的通用算法模块，HANA 平台可以部署在私有云和公共云上。

从架构上看，SAP HANA 平台主要包括接入层、数据层和应用层。接入层通过 Replication Server 和 Load Controller 两个模块，将 SAP NetWeaver、SAP Business Suite 及其他第三方数据集成到 HANA 数据层，是整个系统的核心部分，以 SAP HANA Database 为核心，包括 HANA Studio、HANA Client、SMD Agent 等模块，实现对数据库的建模、配置、监控、报警和管理。应用层基于 SQL、MDX、BICS 接口访问 BI 分析、数据复制等应用程序。SAP HANA 平台架构如图 4-8 所示。

图 4-8　SAP HANA 平台架构

SAP Leonardo 是 SAP 2017 年推出的旗舰产品，是一套数字化创新系统，其中包含了物联网，嵌入了机器学习、人工智能和区块链等新技术，结合 SAP 多年的经验，为客户提供更智能、更便捷的应用。

SAP Leonardo 致力于将全球最先进的科学技术和最优秀的服务集成在同一个智能化平台中。SAP Leonardo 是具有先进产品和先进技术的组合包，能够将大数据、机器学习、物联网等各种新技术集成到 SAP Cloud Platform，并将这些技术和平台付诸各类应用开发，帮助企业开发新的业务，助力企业向数字化高新技术类转型。SAP Leonardo 平台架构如图 4-9 所示。

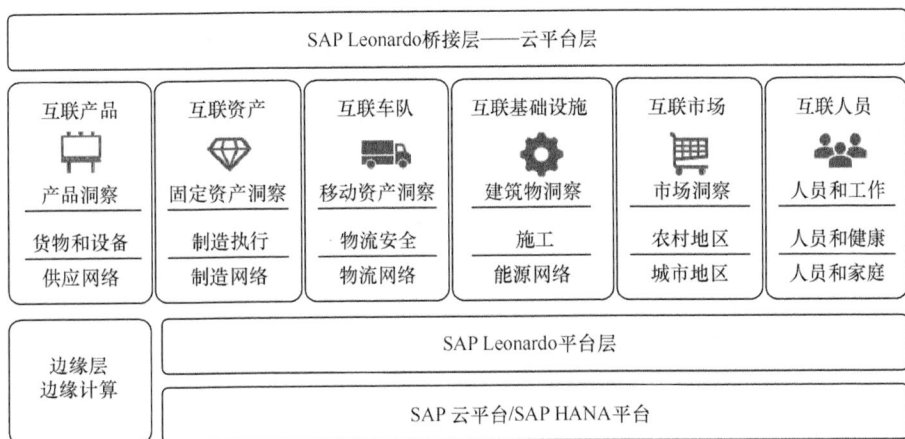

图 4-9　SAP Leonardo 平台架构

SAP Leonardo 的架构分为边缘层、平台层、应用层和桥接层。

（1）边缘层

边缘层 SAP Leonardo Edge 提供协议转换、数据持久化、数据分析等一系列边缘服务，将数据发送到云端，同时支持在边缘执行关键的业务流程。

（2）平台层

平台层 SAP Leonardo Foundation 提供对原始数据的访问、海量数据的处理、与业务系统的集成，并提供端到端的工业互联网应用开发工具集。

（3）应用层

应用层 SAP Leonardo Applications 涵盖 6 大领域的应用，实现产品互联、设备互联、车队互联、基础设施互联、市场互联及人的互联。

（4）桥接层

桥接层 SAP Leonardo Bridge 提供一个可配置的基于岗位的业务场景，建立业务数据与工业互联网应用数据的关联，实现智能化的业务解决方案。

其中 SAP Leonardo Foundation 和 SAP Leonardo Bridge 都是基于 SAP Cloud Platform 的技术。

应用案例如下。

① 华为技术有限公司与 SAP HANA 搭建实时业务平台。借助 SAP HANA 高性能平台，可以简化内部系统、提高性能、方便管理数量庞大的数据。该平台能够实现订单、生产可视化和数据透明化，明显增强业务处理和决策能力；提升财政预算报表和其余主要业务的速度，达到事半功倍的效果。结合 SAP HANA 共同创新研发高性能的一体机设备，为全球企业客户提供强有力的基础架构解决方案。

② NBA 大数据之旅。NBA.com，在 SAP HANA 高性能平台的支持下，可以实现千万级别用户的同时搜索和数以万计的实时数据发送请求，比赛结束 5min 后赛事数据就可以上传更新，而这些技术点上的改进对广大 NBA 球迷来说是非常有吸引力的。SAP HANA 开启了 NBA 的大数据之旅，球迷可以通过回放，仔细观看每一支球队在比赛中的表现。

4.3.4 其他国家的主要工业互联网平台

1. 瑞士ABB Ability

ABB 是当前机械制造和自动化技术的行业领头羊，产品线包括电力设备、工业机器人、传感器、实时控制和优化系统等。2017 年，ABB 推出行业互联网平台 ABB Ability，将数字技术与其在电气自动化设备制造等领域的专业优势结合，向工业互联网公司转型。

ABB Ability 平台由 Ability Edge 和 Ability Cloud 两部分组成。ABB Ability Edge 主要用于数据采集，包括设备和生产控制系统（SCADA，DCS）的数据。通过 Ability Edge 内置的数据模型进行预处理，并传输到云端。Ability Cloud 基于微软 Azure 云基础设施及其应用服务。通过对数据的综合管理和大数据分析，形成智能决策和服务应用。ABB Ability 平台目前主要应用于采矿、石化、电力、食品、水务、航运等领域。ABB 计划在其超过 7 000 万个连接设备和 7 万套控制系统的库存基础上，继续扩大 Ability 平台的使用。ABB Ability 平台架构如图 4-10 所示。

应用案例如下。

① 美国电力公司（AEP）基于 ABB Ability 平台实现设备的预测性维护。美

国电力公司一般在进行设备诊断时，都需要现场勘察，时间成本高，甚至面临高压危险。同时，公司主要依据产品手册对零配件进行定期更换，难以预测维护。ABB Ability 平台通过在设备及其零配件上安装不同的传感器，对设备数据进行采集、诊断和分析，为美国电力公司提供了一套智能的设备管理方案。ABB Ability 平台对汇集的数据进行统计、经验分析、模型参考、大数据计算等，并借助多功能智能仪表盘给出变压器的状态、故障概率分析和维修行动建议。通过 ABB Ability 平台，美国电力公司可以实时监测设备参数，进行预测维护。高压设备运维风险降低 15%，设备寿命延长 3 年，维护成本降低 2.7%，设备维护效率提高 4%，维护策略效果提高 8%，有效降低了设备维护成本。

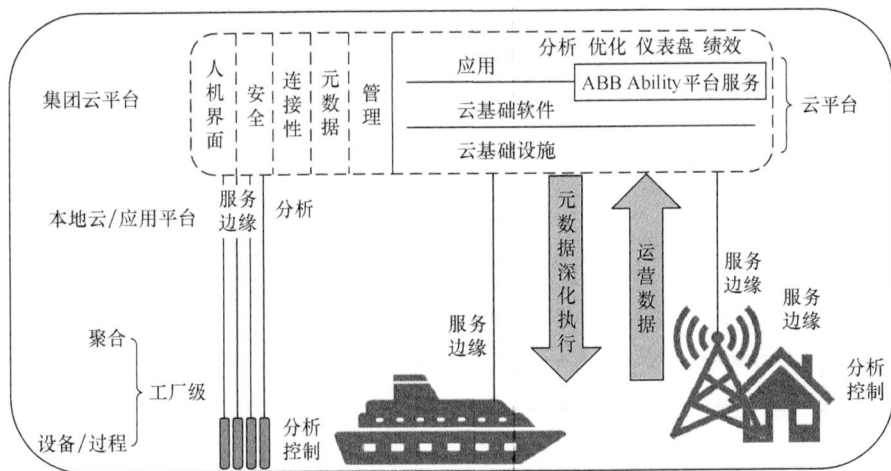

图 4-10　ABB Ability 平台架构

② 作为一个用于监控、优化和控制低压电气系统的创新云计算平台，ABB Ability 配电控制系统——芯 -Vision 拥有 ABB 和微软联合开发的世界级云架构，可以实现快速、可靠、高效的数据存储、分析和处理。通过即插即用的集成架构，由断路器实现云连接，客户可以在任意时间、任意地点远程监控电气设备，优化电源管理策略，减少电费支出，提高效率，提升项目的整体价值。通过试验，该解决方案帮助客户节省了 30% 左右的运营成本。

③ ABB Ability 的远程状态智能监控方案将成千上万的低压电机连入互联网并实时监控。电机上的传感器收集并传输电机振动、温度、负载和能耗等关键数

据到云端。当任意一个参数偏离标准值时，传感器会提醒操作者，防止事故发生。客户通过优化，电机的停机时间仅为原来的 30%，电机的寿命延长了 30%，能源消耗减少了近 10%。

2. 日本发那科FIELD system

发那科公司是世界实力最强的数控系统和机器人的生产厂家之一，主要产品有 FA、智能机器人和智能机器设备。通过包括发那科、思科、罗克韦尔自动化和其他公司共同开发的 FANUC Intelligent Edge Link and Drive（FIELD）system，可以在机床、机器人、外围设备和传感器之间建立连接，并为该系统提供高级的数据分析，从而提高生产的质量、效率和设备的可靠性、可管理性，提高整体效率和生产效益。同时，FIELD system 还实现了先进的机器学习和深度学习能力。

FIELD system 可以为用户和应用程序开发人员提供出色的机器学习和人工智能功能，以提高生产力和效率。通过这些先进的技术，发那科实现了机器人的散堆拾取、生产异常检测和故障预测等功能。FIELD system 将人工智能和最先进的计算机技术相结合，实现了分布式学习。同时 FIELD system 可以实现实时分析处理各个设备的运行数据，实现多设备之间的复杂协调生产。

应用案例如下。

FIFLD system 与思科云技术、物联网数据收集软件和点对点安全相结合，实现了零停机的系统；FIFLD system 与罗克韦尔自动以太网交换机连接，然后连接到思科的 UCS 服务器，系统在发那科和思科的 ZDT 数据采集软件上运行。用户将此系统应用于汽车行业，减少了停机时间，节约了成本。

4.4　国内工业互联网平台

4.4.1　国内工业互联网平台现状

目前，我国工业互联网平台建设整体和国际同步，在平台建设、应用程序开发、平台应用和联盟生态等方面取得了初步进展，体现在以下 3 点。

① 建设了一批面向垂直细分市场的工业互联网平台，平台能力和价值显著提升；

② 许多平台公司和初创公司开发了新的工业应用，并将其商业化；

③ 中小企业正在加速采用工业互联网平台，工业互联网平台已经成为地方政府完成企业整体上云的关键着力点。

我国工业互联网平台发展方兴未艾，通信技术企业、制造企业、装备与自动化企业等不同的建设主体，基于在各领域的技术沉淀与经验积累，积极打造各具特色的工业互联网平台。产业联盟的快速发展加快了平台生态系统的形成。例如，工业互联网产业联盟拥有会员 800 余家，发布了一系列研究成果，形成了一批试验台和应用案例，不断推动产业互联网平台的技术创新和应用推广。

随着跨系统、跨企业互联、交互需求的增加，全球工业互联网产业生态发展雏形初显。工业互联网生态系统主要是指制造体系中与数据采集、传输、处理、反馈等相关的工业环节，涉及制造环节中的信息系统集成、工业网络互联、工业云和服务，以及工业互联网安全等方面。我国工业互联网平台在上述方面存在许多亟待改善的地方。

1. 信息系统集成

国内的工业系统集成集中了全球所有重要的集成厂商，高端市场几乎被国外巨头垄断，国内集成企业的产业发展环境相对恶劣，中低端市场竞争激烈。同时，由于系统集成业务大多为非标准化，国内很多企业缺乏代表性的核心技术、难以开拓多元市场，现阶段国内集成商数量众多但规模不大，一些关键芯片和核心软件环节依赖国外产品。

2. 工业网络互联

工业网络互联包含工厂内部、外部两大网络。目前中国在工厂外部网络相关产业方面已具备扎实的基础；在工厂内网络方面，EPA、WIN-PA 等自主知识产权技术被纳入网络国际标准，形成了较好的技术基础。随着工业互联网中无线技术的应用拓展，未来面向无线化、IP 化的网络互联技术和产品标准将成为关键点。同时，资源标识和寻址技术是实现资源管理、信息交换、设备设施互联的基础，二者都不可偏废。

3. 工业云和服务

我国云计算和数据服务领域已经形成一定的基础，出现了一批高水平的服务企业及自主研发的云平台解决方案，在大数据平台服务器、NoSQL 数据库和数据仓库等产品方面有所积累。但是，工业云服务尚处于探索期，工业领域算法和模型、基于多种云架构的 PaaS 平台、以大数据分析能力为核心的开放平台等方面与国外差距巨大，因此在数据规范、云平台和云服务方面有待标准化。

4. 工业互联网安全

当前，工业互联网安全保护和业界对产业的服务支持系统的发展尚未成熟。工业互联网将继续使工业生产过程更具灵活性和弹性，公司、用户和产品将高度协调、开放和共享。工业网络的安全边界变得越来越模糊，攻击面将继续扩大。将来，安全性的甄别将集中在设备和数据上，所以有必要从技术、管理和服务等多个角度协调、构建工业网络安全发展环境。

4.4.2 国内主要的工业互联网平台

2018 年年底，工信部信息化和软件服务业司在全国范围内对近 600 家工业互联网领域的平台进行摸底调查，并在此基础上重点对基本符合工业互联网平台体系架构的 75 家平台的建设和应用推广情况进行分析研究。当前，国内主流工业互联网平台有以下几个。

1. 三一集团的树根互联平台

1989 年创立的三一集团是全球领先的工程机械制造企业，在 2016 年投资孵化了树根互联技术有限公司（简称树根互联）。树根互联运用物联网、大数据、云计算、机器学习、人工智能等新技术，打造根云工业互联网平台，并以根云平台为核心，建设开放、共建、共享的工业互联网产业生态。目前根云平台已接入约 69 万台类型各异的工业设备，其中包括工程机械、纺织设备、农机、港航设备、注塑设备等，实时采集设备参数，构建一个普适中国制造的技术平台。

树根互联发挥平台商的行业集成能力，围绕云存储物联通信、工业应用软件开发、产业链金融等各个环节拓展战略合作伙伴，与腾讯、华为、联通、用友、久隆保险等一批生态链企业建立了合作关系，共同为客户提供端到端、即插即用的服务，在提升工业企业智能制造水平、提高设备全生命周期效率、引导企业拓展新业务模式等方面成效显著。树根互联根云架构如图 4-11 所示。

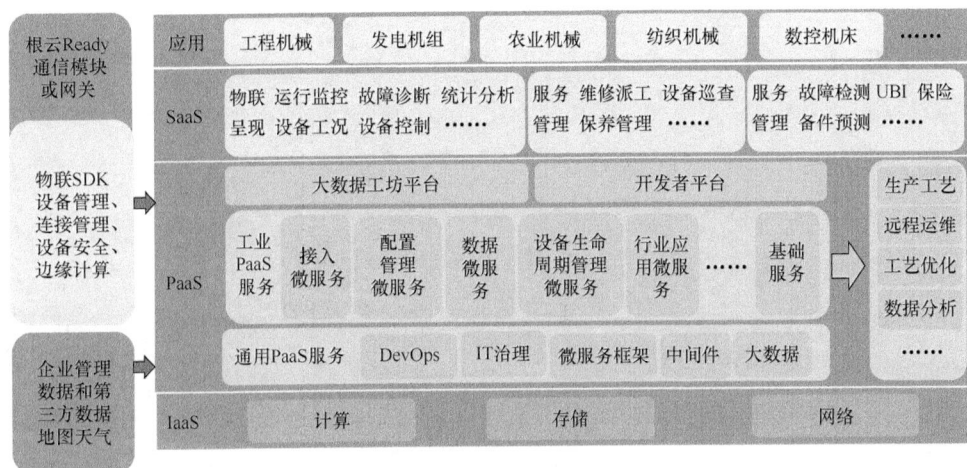

图 4-11　树根互联根云架构

（1）边缘层

树根互联同时接入生产控制类、运营管理类软件，既遵循 OPC UA，又自行开发协议转换解析模块，具有数据清洗、数据缓存和实时分析功能。树根互联既有集成旋思科技、微铭科技、繁易科技及紫清科技等的第三方解决方案，又有自主开发软件网关的连接协议和硬件网关。

（2）工业 IaaS 层

树根互联覆盖行业为 70 个，接入分布全球的 30 万台设备，活跃用户为 5 万左右，开发者用户数约为 2 000 个，采集近 1 万个运行参数，存储数据总量为 1 300 多 TB，利用云计算和大数据，远程管理庞大设备群的运行状况。

（3）工业 PaaS 层

在基础架构选型方面，平台基于 Kubernetes 容器技术及 VM 的混合架构。在服务管理方式方面，采用微服务、API 网关模式。目前，平台具有服务类微服务组件 21 个。在机理模型提供方面，平台具有装备行业的 11 种机理模型。在通用分析算法方面，引入分类算法、聚类算法、回归分析、关联规则、文本分析和深度学习等数据建模和分析算法，具备工业数据处理、建模和分析的能力。

（4）工业App

从应用场景来看，工业App已基本涵盖了研发设计、生产制造、经营管理、售后服务等整个生产制造流程。工业App总量有630个，其中生产类有24个，管理类有137个，服务类有228个，其他类有241个。单从服务行业来看，工业App应用开始向制造业普及。跨行业通用App有87个，装备行业App有517个，汽车行业App有2个，电子行业App有2个，冶金行业App有1个，石化行业App有1个，轻工行业App有4个。

应用案例如下。

工业网络平台实时采集分析海量数据，既方便银行对抵押品进行全方位追踪，随时获取供应链的上游和下游企业的生产经营状况，也方便保险公司了解客户产品及车辆驾驶员的行车习惯等，从而完成公平的产品保险定价。树根互联与久隆保险、三湘银行合作，将产业互联网和大数据分析应用于金融、保险等领域，并推出相关服务。基于平台，一是以挖掘数据和维修换件数据为基础，完成数据的评估和分析，针对设备使用情况与设备故障维修情况进行大数据挖掘与建模，建立挖掘设备的质量评估指数。二是根据模型开发用于精算定价与风险选择的数据产品，在用户使用场景、风险管理上为保险公司精算和研发部门提供技术、数据支持，帮助久隆保险完成UBI产品及延保产品的定价。

得益于与树根互联的合作，久隆保险可以从保费规模、利润和被保险汽车的数量入手，确定适合该业务的设备，再通过对设备维护的成本和利润率分析和排序，获得每个保险的正确定价。

2. 美的M.IoT

美的是一家业务遍布全球的高科技集团，列2019年《财富》世界第312位。美的的业务核心主要在家用电器、暖通空调、机器人和自动化系统、智能供应链（物流）等方面，具体为以家用空调、中央空调、供暖及通风系统为主的暖通空调业务；以库卡集团、安川机器人合资公司等为核心的机器人及工业自动化系统业务；以安得智联为集成解决方案服务平台的智能供应链业务。结合多年的制造实践经验，开始建设独立自主的工业互联网平台M.IoT。美的M.IoT平台架构如图4-12所示。

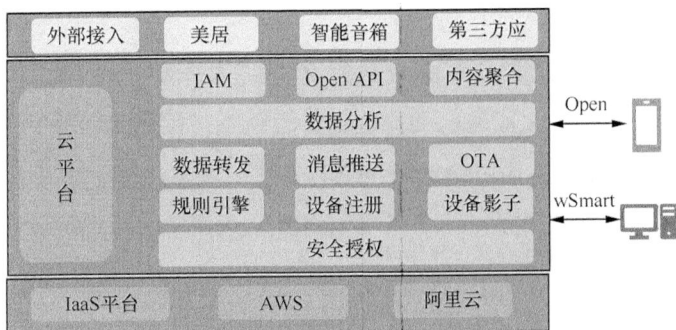

图 4-12　美的 M.IoT 平台架构

（1）数据采集层

支持 DCS、PLC、DDC、现场总线、智能仪表等多种设备的通信协议。

（2）工业 PaaS 层

由云开发平台 CDP、持续交付平台 CICD 和运维监控平台 OVO 3 部分组成，既可以支持 SaaS 应用建设，也支持传统单体应用的建设。

（3）工业 App

开发部署了各种智能应用，主要包括云端 MES 服务、企业间协作服务、数据服务和电子商务服务等。

应用案例如下。

美的工业互联网平台（M.IoT）工业云采用 AI 技术，并应用于注塑工厂的质量检测上。它使用视觉和声音 AI 代替人工检查，节省了近一半的检查成本，提高了 80% 的监测精度。M.IoT 平台也对美的整个企业的全价值链各个环节、各个工序进行了相同的改进，试点结果如下：渠道库存下降约 1/3，试制周期缩短近一半，零部件通用性提高 96%，排产效率提升 83%，原材料、在制品库存下降 31%，产品品质指标提升 17%、综合效率提升 15%，客户满意度从 95.1% 提高到 97%。

3. 海尔COSMOPlat

海尔集团成立于 1984 年，在全球拥有十大研发中心、24 个工业园、108 个制造工厂，是一家超大型的家电企业。目前，海尔集团互联网工厂模式为广大企业的转型升级提供了全套解决方案，为产业智能领域世界级资源的建设创造了条件，创造了互惠共赢的生态系统。COSMOPlat 平台是海尔集团面向制造企业转型升级构建的工业技术软件化通用平台。

COSMOPlat 以服务海尔集团自身制造工厂的平台为基础，进行重构和扩展，不断提高面向社会化服务的支撑能力，为企业提供全流程的智能制造解决方案 COSMOPlat 形成了包括协同创新、众包众创、柔性制造、供应链协同及分布式调度等全流程的应用解决方案。不同层级的企业都可以通过 COSMOPlat 迅速复制现有的智能制造成果，实现快速转型。COSMOPlat 以构建新的工业生态为主要目标，包括互联网工厂的简化、软化和云化，形成以用户为中心的社区经济新产业生态，用户、研发资源、供应商和创客整合形成共创共赢的生态。目前，平台已聚集了数亿用户资源和 300 多万生态资源，实现了 19 类非家电产品的创新设计，为近 100 家外部企业提供创新设计服务。COSMOPlat 平台架构如图 4-13 所示。

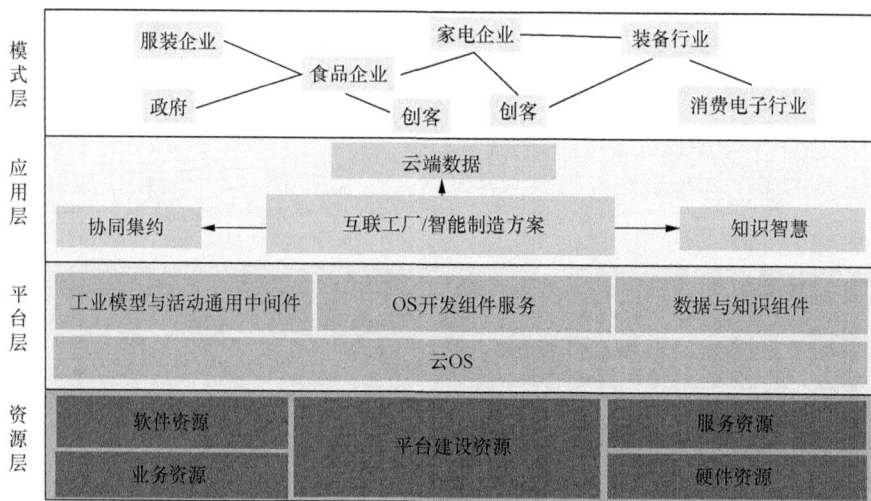

图 4-13　COSMOPlat 平台架构

（1）边缘层

在数据源接入方面，支持新建工厂的工业设备 100% 接入，老旧工厂改造升级后 85% 接入，除生产设备外，视频、网络、工装器具及实验室等工厂使用的可通信设备一并接入。协议兼容方面，兼容 80% 以上市场常用的硬件及协议。在边缘数据处理能力方面，目前正在试点应用，主要应用在现场端的质量分析上，如噪声检测、视觉检测等。在数据采集解决方案能力方面，已形成完整的解决方案，应对不同场景的应用，包括集团级、工厂级、产线级、设备级，均有相对应的解决方案及产品。

（2）工业 IaaS

COSMOPlat 工业互联网平台运用海尔集团自建的私有云，其私有存储能力达到 100TB，拥有 3 200 核的 CPU 和 25 600GB 的内存，并拥有双线接入大于 50Mbit/s 的宽带为网络服务提供支撑。

（3）工业 PaaS 层

在业务功能组件（包含微服务组件）方面，海尔集团构建了通用类、工具类和面向工业场景类的业务功能组件，其中通用类的业务功能组件包含通用邮件短信组件、CI 模块、AuthN 模块、AuthZ 模块、负载均衡器、监控平台、用户管理模块、Oauth2 模块、单点登录模块、QuickStart 快速开发系统、Mission 周清系统、SkyMach 管理系统、Docker 镜像仓库管理；工具类的业务功能组件包含 3D 模型构建、热力仿真、振动仿真、跌落仿真、工艺建模、设备建模、人工供血建模等；面向工业场景类的业务功能组件包含项目过程管理、项目目标管理、需求交互管理等。

在大数据处理和分析方面，提供行业机理模型，包括装备行业的滚动震动参数与固定螺丝质量关联分析、流水线车间生产调度优化模型、冰箱发泡质量预测模型、电子行业的空调噪声检测模型和产品故障诊断（PHM）模型，以及物流行业的厂区物流优化模型；提供通用分析算法，包括聚类算法、分类算法、回归分析、关联规则、深度学习、数据降维、异常值检测和优化算法；提供数据存储与管理，包括数据中台、大数据管理平台和数据管理中心。

（4）工业 App

COSMOPlat 工业互联网平台共部署包括传统应用软件云化后的和基于平台资源开发的工业 App 125 个，其中设计类有 4 个、仿真类有 3 个、生产类有 63 个、管理类有 33 个、服务类有 17 个、其他类有 5 个。同时，海尔工业 App 行业覆盖范围广泛，其中跨行业通用 App 有 125 个、装备行业 App 有 37 个、汽车行业 App 有 2 个、电子行业 App 有 42 个、轻功行业 App 有 46 个。

应用案例如下。

据洗衣机的使用回馈，现有的洗衣机内桶清洗周期短且清洁困难，用户希望获得具有方便清洗功能的新型洗衣机。

基于 COSMOPlat 平台，洗衣机用户的个性需求在众创汇平台上进行了交互，有 990 万用户、57 个设计资源参与新式产品创意设计；创意立项之后，借助开放平台引入 26 个外部专业团队，共同研发、攻克技术难题；产品样机通过认证之后，利用 26 个网络营销资源和 558 个商圈进行预约销售；用户下单后，开启模块采购和智能制造，在 125 个模块商资源和 16 个制造商资源的参与下，产品按需定制、柔性生产；产品下线后，通过涵盖 9 万辆"车小微"和 18 万"服务兵"的智慧物流网络，及时送达用户家里，并同步安装好。用户在使用产品的过程中，又可通过社群在免清洗的基础上持续交互，催生净水洗、无水洗（筒间）系列产品。

4. 航天云网 INDICS

中国航天科工集团公司于 2015 年 6 月启动中国工业互联网平台 INDICS 的建设。至今该平台已在北京、广西、广东、四川和江苏等区域实现落地并持续向全国推广。INDICS 为了响应国家"一带一路"倡议，已累积开发了英语、俄语、德语、波斯语等多个语言版本，打造了 INDICS 国际云平台，并在德国和伊朗落地，建立了国际工业云生态系统，并初步实现了"企业有组织、资源无国界"生产资源的全球配置。

2017 年 6 月 15 日，INDICS 平台正式向全球发布，随后逐渐被应用到各大领域。至今 INDICS 已经正常运行 4 年多，平台注册企业达 80 万家。同时，平台还提供拥有 126 款大型高端工业软件、1.37 万项专利、3.58 万份标准、上百位专家构成的线上资源池，接入超过 10 000 台的线下设备，打造了工业基础件数控加工柔性生产线、电缆接插连接柔性装配线、家具制造和汽车冲压模具智能制造生产线等智能制造样板工程，为近百家企业提供了基于云平台的智能工厂整体解决方案。INDICS 平台架构如图 4-14 所示。

（1）边缘层

在数据源接入方面，INDICS 平台接入 21 类、1 000 000 台工业设备，接入数据点 1 000 000 个。平台接入研发设计类、生产控制类和运营管理类的应用软件。在协议兼容性方面，INDICS 平台既遵循 OPC-UA 协议，又自行开发协议转换解析模块 1 个。在边缘计算方面，有边缘计算节点 500 个，具有数据清洗、数据缓存、实时分析功能。

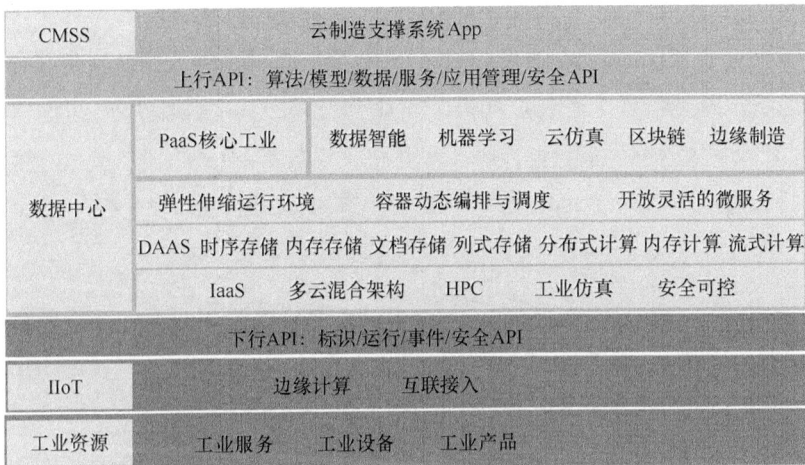

CMSS	云制造支撑系统App				
	上行API: 算法/模型/数据/服务/应用管理/安全API				
数据中心	PaaS核心工业	数据智能　机器学习　云仿真　区块链　边缘制造			
	弹性伸缩运行环境　　容器动态编排与调度　　开放灵活的微服务				
	DAAS 时序存储 内存存储 文档存储 列式存储 分布式计算 内存计算 流式计算				
	IaaS　　多云混合架构　　HPC　　工业仿真　　安全可控				
	下行API: 标识/运行/事件/安全API				
IIoT	边缘计算　　互联接入				
工业资源	工业服务　　工业设备　　工业产品				

图 4-14　INDICS 平台架构

在数据采集解决方案方面，集成华为、西门子、研华、固高和龙腾蓝天等第三方解决方案，自主开发软件网关的连接协议数量为 10 个，自主开发硬件网关的连接协议数量为 10 个。

（2）工业 IaaS

INDICS 平台采用自建云的方式部署 IaaS 基础设施，私有计算能力为 198 000 核的 CPU 和 358 400GB 的内存。

（3）工业 PaaS 层

在基础架构选型方面，平台采用 Cloud Foundry 成熟的开源架构体系。

在服务管理方式方面，INDICS 平台采用微服务、API 网关模式，支持用户敏捷开发和个性化应用的部署。目前，平台具有 20 个设计类微服务组件，1 个仿真类微服务组件，2 个生产类微服务组件，15 个管理类微服务类组件及 12 个服务类微服务组件。

在机理模型提供方面，平台具有装备行业机理模型 35 种，汽车行业机理模型 23 种，电子行业机理模型 15 种，冶金行业机理模型 8 种，石化行业机理模型 5 种及轻工行业机理模型 12 种。

在通用分析算法方面，引入了聚类算法、分类算法、回归分析、关联规则、文本分析和深度学习等数据建模和分析算法，具备工业数据处理、建模和分析的能力。

（4）工业 App

从应用场景来看，INDICS 平台上的工业 App 已基本覆盖从开发设计到生产制造、产品销售再到售后服务管理的产品生命全流程。其中设计类有 80 个、仿真类有 120 个、生产类有 45 个、管理类有 120 个、服务类有 90 个及其他类有 117 个。

从服务行业来看，INDICS 平台上的工业 App 实现全行业覆盖趋势日益明显。跨行业通用 App 有 125 个、装备行业 App 有 168 个、汽车行业 App 有 12 个、电子行业 App 有 38 个、冶金行业 App 有 25 个、石化行业 App 有 16 个及轻工行业 App 有 21 个。

应用案例如下。

河南航天液压气动技术有限公司是中国航天科工集团的高级液压气动元件制造商，传统生产模式存在工作重复、工作效率低、产品设计周期长及无法保证产品质量的问题。

针对上述问题，河南航天液压气动有限公司和航天云网合作，首先通过 INIDCS 平台，设计、研究包含复杂产品的虚拟系统，实现复杂产品设计的学科优化。第二个是与总设计部门和装配厂进行协作研发项目和设计过程。第三是实现创业计划和生产，从 ERP 总计划到 CRP 技能计划再到 CMES 运营计划的全过程控制，实现对计划进度收集和质量收集分析的反馈。

借助工业网络平台 INDICS，河南航天液压气动有限公司将其产品开发和设计过程缩短了 35%，资源效率提高了 30%，生产效率提高了 40%，大大提高了产品质量的一致性。

5. 阿里巴巴的阿里云

1999 年创立的阿里巴巴网络技术有限公司建设的阿里云平台，已经发展成全球第三、国内第一的公共云计算服务平台，是承载"阿里云工业互联网平台"的基础设施。阿里云工业互联网平台，依托自身国内规模最大的公共云计算平台，借助底层通用化的计算调度、数据管理、应用支撑界面，整合了包括阿里云 ET 工业大脑、Ali OS Things 物联操作系统、IoT 工业 PaaS、边缘计算平台、企业互联网架构 Aliware、淘工厂、云市场、阿里应用分发开放平台等在内的一系列产品和服务能力，为推动制造业企业的数字化、网络化、智能化转型提供全方面的工业互联网服务。阿里云平台架构如图 4-15 所示。

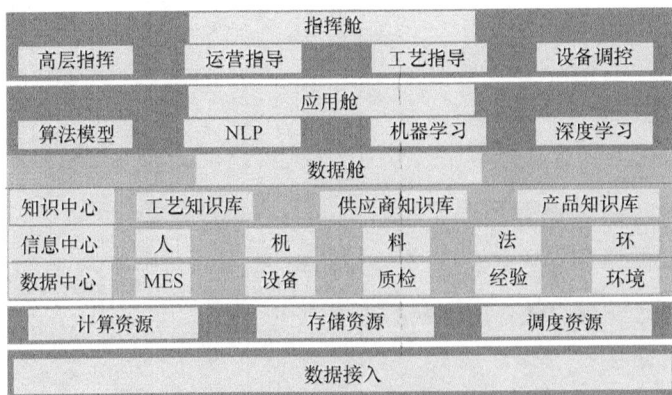

指挥舱			
高层指挥	运营指导	工艺指导	设备调控

应用舱			
算法模型	NLP	机器学习	深度学习

数据舱			
知识中心	工艺知识库	供应商知识库	产品知识库
信息中心	人 机	料	法 环
数据中心	MES 设备	质检	经验 环境

计算资源	存储资源	调度资源

数据接入

图 4-15　阿里云平台架构

（1）边缘层

在数据源接入方面，支持不同工业场景下多种主流协议的接入，多源异构数据（如文本文件、日志文件、消息流、工业 OPC 协议数据等）的实时接入和处理。

在协议兼容方面，支持基于 OPC、OPC-UA、Modbus 等协议数据采集；在边缘数据处理能力方面，支持数据清洗、数据缓存、实时分析功能；在数据采集解决方案能力方面，达到关系型数据库同步、日志文件同步、实时数据上云的条件。

（2）工业 IaaS

阿里云工业互联网平台由阿里巴巴网络技术有限公司投资建设的阿里云平台承载，其自建存储能力大于 100PB，拥有大于 10 万核的 CPU 和大于 1 万 GB 的内存，自有计算能力突出，并拥有双线接入大于 100Gbit/s 的宽带为网络服务提供支撑。

（3）工业 PaaS 层

在业务功能组件方面，阿里巴巴构建了通用类、工具类和面向工业场景类的业务功能组件，分别提供阿里云 EDAS 企业级分布式应用、阿里云 MQ 消息队列、数据传输 MQTT 服务等。

在大数据处理和分析方面，提供行业机理模型，主要包括纯物理、化学等知识固化后的模型和融合工业经验和数据科学后的模型，以通用算法引擎为基础，通过应用系统提供的多维全链路数据分析，为供、研、产、销、能、环等各个业务场景提供服务；提供通用分析算法，从阿里机器学习平台上数十种机器学习算法中适配合适的算法，包括 GBDT、随机森林和深度学习等；提供数据存储与管理，支持云数据库 RDS、对象存储 OSS 等。

（4）工业 App

阿里巴巴部署的工业 App 包括传统应用软件云化后的 App 和基于平台资源开发的 App。目前入驻阿里云市场的服务商已经超过 3 000 家，相应服务有 10 000 多种，面向应用场景涵盖设计、服务、管理等，阿里云市场采取开放式服务架构，服务企业客户超过 100 万，分布在 40 余个行业。

应用案例如下。

从 2016 年开始，阿里云工业互联网平台以"企业上云"为起点、"工业智能"为牵引，在支持浙江省"十万企业上云"工程、工业和信息化部"国家工业智能公共服务云平台"建设等方面，发挥了关键作用，涌现出了中策橡胶、天合光能、恒逸石化、盾安风电等一批成功案例。

天合光能公司是全球领先的光伏产品供应商，在产品生产过程中也受产品质量问题的困扰。在阿里云 ET 工业大脑平台的支持下，天合光能公司实现对光伏电池的材料数据、生产设备参数、MES 系统数据等的全方位掌握，并通过数据挖掘和关联性分析，对影响电池质量的重要环节进行相对应的高效优化，通过在实际生产线上的反复试验、对比调试，最终从整体上提高电池的生产良品率。

通过对天合光能产线关键环节的优化，帮助天合光能实现电池片生产良品率增加 5%，有效促进了天合光能产品整体质量的提升。

6. 华为FusionPlant

1987 年成立的华为技术有限公司于 2015 年打造了 FusionPlant 工业互联网平台。该平台以"云 + 连接 +EI"为核心能力，形成了通用的赋能能力。通过赋能行业平台，联合行业解决方案提供伙伴和具备行业 Know-How 能力的科研院所，为工业企业提供从研发设计、生产制造、经营管理、仓储物流到维护服务的端到端的解决方案。华为工业互联网架构如图 4-16 所示。

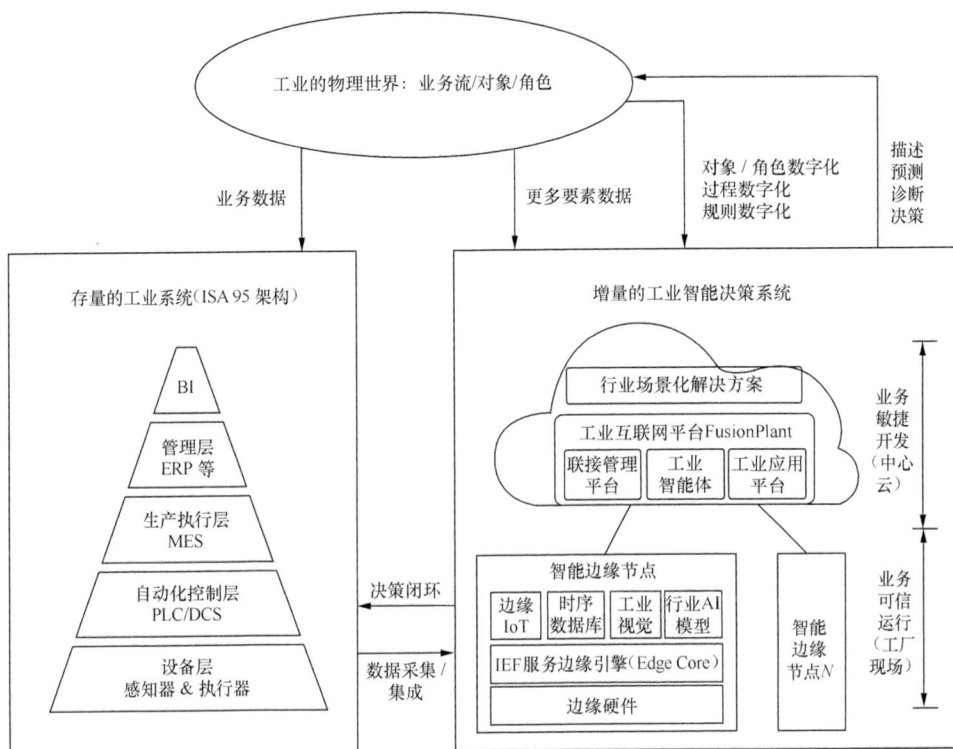

图 4-16 华为工业互联网架构

（1）边缘层

华为工业互联网平台具有数据清洗、实时分析能力。其中，在数据源介入方面，通过硬件的工业网关，连接、部署了总共上万台规模的多个领先电梯厂商的电梯产品；在协议兼容方面，通过合作伙伴的协议转换器产品，支持 OPC-UA，同时自研的 IoT 平台也支持 OPC-UA；在边缘数据处理能力方面，规划的边缘计算软件框架，支撑将公有云服务下沉到边缘，支持关键能力包括运行容器、实时计算、Serverless 事件处理、机器学习模型预测等能力；在数据采集解决方案能力方面，通过硬件网关的 AR 系列，支持工业以太网、RS485、DIDO 等硬件接口；通过软件网关的 IoT Agent 支持 HTTP、MQTT、COAP 协议。

（2）工业 IaaS 层

华为工业互联网平台运行自建的私有云，并租用华为公有云，因此，华为同时具有私有和租用的存储和计算能力，并拥有双线接入大于 1 000Mbit/s 的宽带为网络服务提供支撑。

（3）工业 PaaS

华为工业互联网在业务功能组件（包括微服务组件）方面，构建了通用类和工具类业务功能组件。通用类业务功能组件包括微服务引擎、应用编排、应用性能监控、软件仓库、性能压测服务、消息队列、分布式缓存、分布式数据库、API 网关；工具类业务功能组件具有可视化展示工具，有 13 个 PaaS 功能组件都可以提供界面操作，包括微服务引擎、应用编排、应用性能监控、软件仓库、性能压测服务、消息队列、分布式缓存、分布式数据库、API 网关、函数服务、函数编排服务、云容器引擎及微服务云应用平台。

在大数据处理和分析（包括实时和非实时的各类工业数据的处理、建模）方面，提供行业机理模型，主要涵盖了智能物流、故障诊断、状态预测及维修决策。其中，智能物流包括路径规划、智能装车、保管遵从检测、OCR；故障诊断包括统计诊断法、人工智能诊断法、集成化诊断法等；状态预测包括时序模型预测法、灰色模型预测法、神经网络预测法、支持向量回归预测法等；维修决策包括贝叶斯网络法和智能维修决策法等。

华为工业互联网平台提供通用的分析算法，涵盖了回归、异常检测、聚类、模型评估、数据预处理及其关系分析。其中，回归主要包括线性回归和向量回归 SVR，推荐最小交替而成、基于域的分解 FFM、神经网络 Netual Network；异常检测包括 PCA 和一类支持向量机 One-class SVM，分为梯度提升树、逻辑回归、随机森林、向量机、线性分类 Liblinear、K 最近邻 KNN、华为随机决策、森林优化版 Inforsight RF、XGBoost、多粒度级联森林 GcForest 等；聚类包括 K 均值、密度算法 DBSCAN、特征选择、华为 K 均值优化、GBDT 特种重要性、GBDT 过滤式特征选择、RF 特征重要性、特征编码、特征异常平滑等；模型评估包括复合模型评估、基本统计、一维统计和二维统计；数据预处理包括缺失值处理；其关系分析包括最短路径、K-hop、聚类系数、三角计数、Centrality、最大联通子图、Degree Correlation K-core、标签传播、社团发现、PPR、关系预测、传播模型等。

华为工业互联网平台提供数据存储与管理,包括 Hadoop、HDFS、HBase、MPPDB、MySQL、MongoDB、Redis、SQL Server、对象存储及网盘。

（4）工业 App

华为部署了 54 个工业 App,包括传统应用软件云化后的 App 和基于平台资源开发的 App,面向的应用场景包括研发设计、生产制造、市场营销、经营管理、增值服务、网络互联和系统集成,行业范围覆盖电子、先进装备制造、新能源、家电和汽车。在面向的应用场景中,有 4 个设计类 App、4 个仿真类 App、15 个生产类 App（包括 1 个能耗管理、7 个工艺优化和 7 个生产资源调度管理优化）、16 个管理类 App（包括 5 个客户关系管理、3 个供应链管理、2 个人力资源管理、3 个移动办公和 3 个资产管理）,此外还有 2 个数据采集、1 个仓储管理、2 个电商与全渠道、2 个大数据应用、2 个产品智能化连接、2 个设备智能化连接、1 个企业智能化等 15 个其他类 App。

应用案例如下。

华为有全栈、全场景的 AI 解决方案,可以在硬件、软件上支持物联网、AI 多个技术领域,是优秀的系统集成伙伴。通过华为云 EI 工业智能体释放产线柔性化能力,纤维生产企业能更好地应对下游的个性化需求。基于边缘计算解决方案提升纤维质检效率,用 AI 对丝饼的条干、染色性等物性指标进行预测。生产流程数字化,使产线成产过程的关键参数和指标透明化、可视化,让质量有参数可循。模型训练更新从月提升到小时,经过前期测试,有效提升下游需求匹配率 28.5%。并替代传统人工抽检式,提升检测效率 80%。

新日电动车使用华为云的制造协同平台、ROMA 和 WeLink 解决方案,建立供应链协同平台,解决了供应链黑盒难题。实现订单自动下发、全流程透明生产、实时进度反馈和实时质量监控。上下游供应链协同能力帮助新日电动车供应交期准确率提升 20%,交付质量达成率提升 15%。

4.4.3 国内工业互联网平台的特点

我国工业互联网平台在数据采集、工业 IaaS 部署、工业 PaaS 平台建设、工业 App 培育、开发者生态构建等方面取得了初步成效。

1. 边缘层数据采集的分析能力普遍提升

为解决当前工业现场数据采集数量不足、类型较少、精度不高等问题，各平台企业积极提升数据采集解决方案的能力。在协议支持方面，50% 以上的平台支持多种数据采集协议，64% 的平台采用通用协议 OPC-UA，接近 50% 的平台还采用自主开发的协议转换解析模块，协议兼容能力相对较强。在解决方案能力方面，超八成平台具有自主开发软件、硬件网关或集成第三方解决方案的能力，近四成平台通过部署边缘计算模块，实现了数据清洗、数据缓存及在生产场景中的轻量级运算和实时分析，如图 4-17 所示。

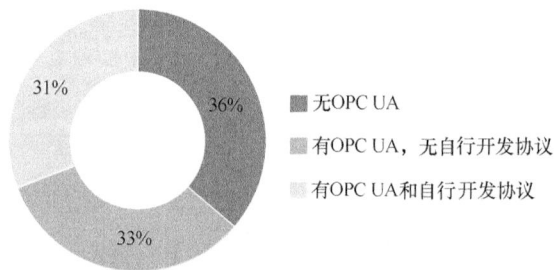

图 4-17　工业互联网平台协议兼容分布

2. 工业IaaS部署主要采取自建云方式

IaaS 是工业互联网存储和计算资源的关键载体，是各工业互联网平台建设的重点。一是从建设方式来看，59% 的平台采用自建云方式部署 IaaS 基础设施，29% 的平台采用租用公有云方式部署 IaaS 技术设施，基本以阿里云、腾讯云、华为云、微软 Azure、亚马逊 AWS 等为主，11% 的平台兼用上述两种方式部署 IaaS 基础设施，还有 1% 为两者皆无。二是从建设主体来看，采用租用公有云方式的企业中 73.3% 是 ICT 企业，制造企业出于企业知识产权、商业机密保护、业务系统安全等方面的考虑，大都采用自建云方式。目前，西门子 MindSphere、GE Predix 均与亚马逊 AWS 和微软 Azure 两家云服务商达成合作协议，租用公有云方式成为工业互联网平台部署和应用推广的可行选择，如图 4-18 所示。

3. 工业PaaS平台建设路径日益清晰

工业 PaaS 平台建设尚处于起步阶段，但建设路径逐渐清晰，为 SaaS 赋能的能力日渐增强。在基础架构选型方面，近六成的平台企业采用自主研发架构，其余的均采用 Cloud Foundry、Open Shift 等国外成熟的开源架构体系，如图 4-19 所示。

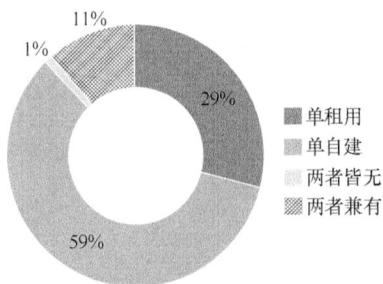

图 4-18　工业互联网配套基础设施部署方式

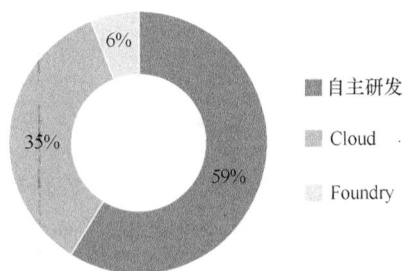

图 4-19　各类通用 PaaS 平台的基础架构类型

在服务管理方式方面，超六成的工业互联网平台采用微服务模式，能够有效支持用户敏捷开发和个性化应用的部署，如图 4-20 所示。

从不同工具类业务功能组件来看，建模类工具、可视化展示类工具应用最多，使用率超 50%，表明当下制造业在设计研发、决策展示等相关环节的工具

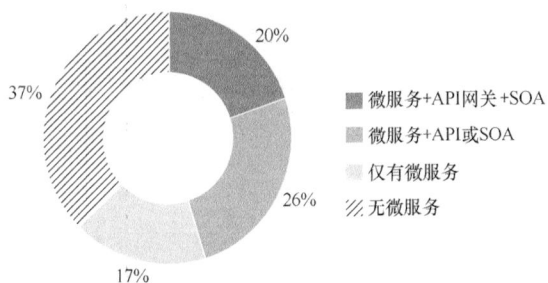

图 4-20　各类平台提供的服务管理方式

需求最大；从不同服务领域的平台来看，各类平台在业务功能组件的部署上各有优势，同样反映了各类平台的应用需求各有侧重。面向装备行业的平台在建模类工具、可视化展示类工具、仿真分析类工具、知识管理类工具等各种业务功能组件的部署数量上均超过其他行业平台；面向电子行业的平台在建模类工具、可视化展示类工具、知识管理类工具的部署上仅次于面向装备行业的平台；面向原材料行业的平台在建模类工具、可视化类工具的部署上排在第三位，如图 4-21 所示。

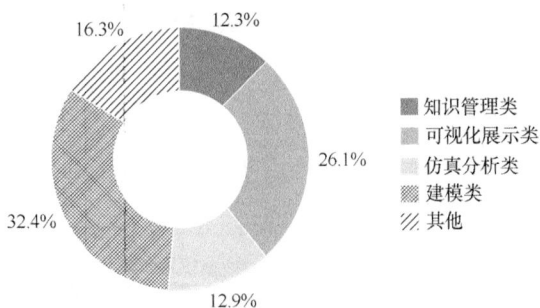

图 4-21　各类平台部署工具业务功能组件类型

从行业机理模型储备来看，各类机理模型分布不均，主要集中在装备类，约达 43.57%，其次分别是其他类和石化类，各占 20.18%、17.72%，而轻工、电子类占据最少，只有 2.29% 和 3.72%。装备类机理模型数量最多，主要因为装备行业数字化发展是大势所趋，数据层面的技术成熟度、设备端和平台端的协同程度、业务系统集成云化水平均较高。然而，从整体上看，全行业机理模型的类型不足，且无任何机理模型的平台占比接近 30%，是目前工业 PaaS 平台建设的主要短板，如图 4-22 所示。

为满足海量工业数据挖掘的要求，各类平台基本都引入了聚类算法、分类算法、回归分析、关联规则、文本分析等大

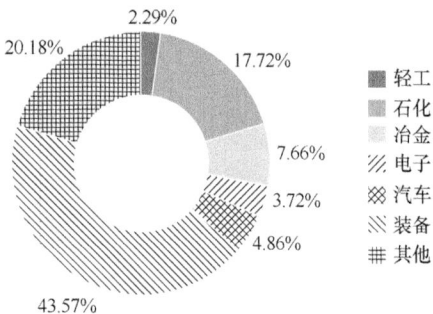

图 4-22　行业机理模型覆盖领域情况

数据处理分析技术或工具，据统计，仅有 6 家平台还不具备大数据分析能力，占比仅为 8%。从大数据处理分析能力来看，引入了深度学习算法工具的平台占比达 45%，这较大地提升了平台的数据分析、预测、优化和决策能力。随着越来越多的行业机理沉淀，深度学习等人工智能算法将有可能更加普及，以支撑越来越复杂的融合型数据分析任务。

第三方专业的数据存储和管理服务成为行业发展的主要方向，采购第三方服务的平台占比达 64%，比自主研发平台高出 28%，这与平台采购基础设施服务的趋势保持一致。

4. 工业App培育和应用全面展开

工业 App 的应用已经扩展到制造业的各个方面，在制造业环节中起着重要作用。在应用场景上，工业 App 基本参与了研发设计、生产制造、经营管理、售后服务等生产制造全过程。其中，生产制造类 App 总数最多，占比约为 35.8%，若将生产制造类 App 更细分来看，用于设备监控、运维和产品质量管理优化的生产类 App 总数最多，约占总数的 45.1% 和 19.5%。其次为营销服务类 App，占比约为 18.8%，若将营销服务类 App 更细分来看，产品远程监控的营销服务类 App 占比超过总数的一半，约占 60.3%，其次是产品故障检测分析类和产

品预测性维护类，分别是 27.3% 和 12.4%。

从服务行业来看，工业 App 在装备行业占比最高，高达 44.03%。其次是跨行业通用和石化领域，分别为 18.93% 和 14.73%。其中，App 跨行业通用的使用主要受益于传统的通用软件，开发难度、部署复杂度都相对不高。装备行业和石化行业都是行业机理模型占比最高的行业，从侧面说明行业机理模型对于工业 App 开发应用来说十分重要，两者将共同决定着工业互联网平台的核心能力与竞争优势，如图 4-23所示。

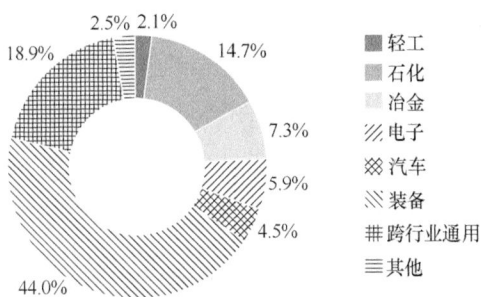

图 4-23　工业 App 行业分布情况

5. 开发者生态构建仍处于萌芽状态

企业对于工业互联网平台价值的认识日益增强，这也使得各类平台培育开发者积极建设开发社区。然而，PaaS 平台建设费用高、技术能力受限、开发度不足、开发者社区建设模型单一、共享机制不完全、运营模式不成熟，导致平台流量缺乏、活力不足。

从开发环境建设方面来看，开发工具的提供类别多少是开发者决定入驻平台与否的重要手段，例如有 24% 的平台为开发者同时提供 C++、Java/Objective-C、Ruby/PHP 等开发工具，如图 4-24 所示。

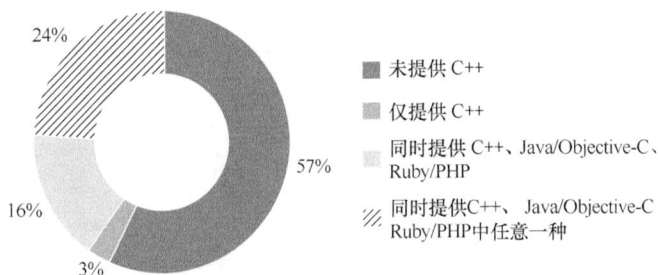

图 4-24　开发工具支持情况

从开发者社区建设方面来看，超过 50% 的平台企业已经建立或正在筹备建设开发者社区，用友精智工业互联网、阿里云、航天云网 3 家平台的开发者数量超过 10 万，其中前两家平台月平均活跃开发者数量均破万。

4.4.4　国内工业互联网平台的发展

1. 跨行业、跨领域平台构建能力薄弱

构建跨行业、跨领域工业互联网平台是跨国巨头巩固其在产业垄断地位的共识，综合实力较强的龙头企业基于平台向下整合多种类型的工业设备、向上承载海量工业的应用开发，才有可能打造产业新生态、抢占竞争制高点。国内缺乏类似 GE、西门子等产业巨头，从调查结果看，仅有航天云网、东方国信、树根互联等少数几家企业初步具备了建设跨行业、跨领域互联网平台的能力，但这些平台跨行业、跨产业链布局和协同水平不高，尚不具备整合控制系统、通信协议、生产装备、执行系统、管理工具、专业软件等各类资源的能力。

2. 平台建设技术支撑能力有待增强

工业互联网平台是一个涵盖工业技术、信息技术的复杂体系，涉及边缘层、IaaS、工业 PaaS、SaaS 应用等多个方面，目前国内企业在一些关键技术环节仍较为薄弱，主要表现在以下 3 个方面。

（1）数据采集和边缘计算能力欠缺，大多数平台的数据采集类型不够丰富，采集困难且互联能力不足。超过半数的平台数据库或数据点不足 1 000 个，64% 的平台缺乏完整的数据采集集成解决方案。

（2）工业 PaaS 服务能力受限，工业领域的行业机理、工艺流程、模型方法经验沉淀不够，算法库、模型库和知识库等微服务提供能力不足，平台在功能完整性、模型组件多样性、专业化服务等方面发展滞后，近 30% 的受调查平台没有形成任何行业机理模型。

（3）平台标准体系至今仍不统一，许多平台是根据各自的技术系统构建的。平台的系统结构、协议、运行服务、系统的互操作性等方面的标准基本不统一。 36% 的工业互联网平台没有通用的 OPC-UA 协议，因此很难转换和统一行业中不同的数据形式。只有 35% 的平台采用 Cloud Foundry 的通用开放架构，这

限制了 PaaS 平台的多功能性、开放性和灵活性。

3. 面向新型工业App的开发生态尚未建立

工业 App 是基于工业互联网平台，提供专业的工业知识经验和技术，满足某一用户对应需求的应用软件，是工业技术软件化的关键。现阶段，工业 App 供给能力不足、开发人才匮乏，主要表现如下。

（1）工业 App 统计分类标准尚不明确，从企业填报数据存在前后逻辑不一致、盲报、错报等现象来看，产业界对工业 App 的内涵界限和发展方向暂未明确。

（2）工业 App 质量尚有待提升，用于多行业、多领域、多场景的工业 App 应用数量不足，工业 App 的估值体系还未成熟。

（3）开发者社区建设技术欠缺，社区活力不足，多数平台的用户和月均流量均低于 1 000，与拥有 50 000 余名开发者的 Predix.io 相比差距较大，工业 App 开发与工业用户相互促进、双向迭代的双边市场生态远未形成。

（4）随着边缘计算、区块链和新一代人工智能等新兴科学技术的不断出现和发展，工业技术体系持续完善。同时，互联网上的工业联合生产、柔性化生产、定制适应和其他云计算新生产模式在制造企业中得到了越来越广泛的应用，并不断延伸到制造产业链，塑造生产生态系统，同时更新了传统生产模式并促进全球化产业转型。

4. 工业互联网技术体系不断完善

从一开始，工业网络技术就是一门跨学科技术和集成技术。其发展趋势为继续与边缘计算、区块链和新一代人工智能等新兴科学技术相融合，以不断改善工业互联网的技术体系。

（1）边缘计算技术带动工业现场智能化

万物互联的信息时代，新兴技术如同雨后春笋般出现并被广泛应用，边缘设备不再是单一地以数据消费者为主，而是同时兼顾数据生产和数据消费两方面。同时，网络边缘设备组建具有利用数据进行决策判断、本地文件传输、智能处理等功能所需的计算能力。在边缘计算中，计算资源更为接近数据源头，可实现数据的本地预处理、本地加密，并将预处理后的数据发送至数据中心，不仅可以降低对骨干网络的传输压力，还可减小终端敏感数据隐私泄露的风险。

与云计算不同，边缘计算使用终端侧设备（移动手机、智能音箱等）、边缘设备（网关、路由器、基站）来完成源头数据加密、本地数据通信和数据源决策。对于整个网络，不同地点的用户请求优先在本地进行处理，并进行分布式边缘计算。相较于集中式架构，其优点包括以下内容。对时延敏感业务，本地完成决策，避免网络传输时延；本地决策和数据压缩，减小网络传输的数据体量，降低网络拥塞；本地进行加密，提升数据安全性；在网络故障时，保证本地的基本功能可用。

（2）区块链技术打造更加安全、智能的工业互联网平台

区块链技术具有去中心化、公私钥数据加密等特性，同时数据共享公开且不可篡改。利用区块链技术改造工业互联网平台，能够把公共数据分布存储在参与者各自的节点中，避免由于平台上的单个数据中心受到攻击而导致的数据丢失和篡改，提高平台的数据安全性。一方面，公私钥的加密功能使得工业网络上能实现公开透明的数据共享；另一方面，它确保了有关商业信息的机密性、公司数据的安全性和对智能设备访问权限的独立性。区块链智能协商技术可以完全解决工业互联网平台中的"人对机"和"机对机"的通信问题，并以便捷、合理、安全的方式在互联网平台上实现各种业务场景。区块链技术已经在银行、金融和其他领域中相对成熟地应用，并且在物联网领域中存在不断的技术创新。

（3）新一代人工智能技术深度介入工业互联网

当前，人工智能技术的发展已经进入新一代人工智能阶段，其主要特征是数据驱动下深度强化学习的直觉感知、基于网络的群体智能、人机和脑机交互的混合智能和跨媒体推理等。由于智能化是工业互联网后续发展的重点之一，新一代人工智能技术必将与工业互联网深度融合，不断促进工业互联网系统的总体技术、平台技术和制造全产业链应用技术（特别是智能设计、智能生产、智能仿真试验、智能服务等技术）的快速发展，增强制造企业的竞争力，让全球制造业受益于人工智能的不断发展。

参考文献

[1] 工业互联网产业联盟 . 工业互联网平台白皮书 [R]. 2017.

[2] 中国电子技术标准化研究院 . 工业互联网平台标准化白皮书 [R]. 2018.

[3] 工业互联网产业联盟 . 工业互联网平台白皮书 [R]. 2019.

[4] 杨春立，孙会峰 . 工业互联网创新实践 [M]. 北京：电子工业出版社，
2019: 29-76.

[5] 王建伟 . 赢在平台——解锁工业互联网的动力密码 [M]. 北京：人民邮电
出版社，2018: 3-48.

[6] 魏毅寅，柴旭东 . 工业互联网技术与实践 [M]. 北京：电子工业出版社，
2017: 160-239.

[7] 李颖，尹丽波 . 虚实之间——工业互联网平台兴起 [M]. 北京：电子工业
出版社，2019: 155-244.

[8] 夏志杰 . 工业互联网体系与技术 [M]. 北京：机械工业出版社，2017: 173-
236.

[9] 王建伟 . 工业赋能——深度剖析工业互联网时代的机遇和挑战 [M]. 北
京：人民邮电出版社，2018: 63-145.

[10] 通用电气公司 . 工业互联网——打破智慧与机器的边界 [M]. 通用电气公
司，译 . 北京：机械工业出版社，2015: 123-132.

[11] 杨青峰 . 未来制造——人工智能与工业互联网驱动的制造范式革命 [M].
北京：电子工业出版社，2018: 155-158.

[12] 彭俊松 . 智慧企业工业互联网平台开发与创新 [M]. 北京：机械工业出版
社，2019: 46-68.

[13] 安筱鹏 . 工业互联网平台建设的出发点、切入点和着力点 [J]. 电力设备
管理，2018，（8）：17-20.

[14] MUTA, Y. Industrial Internet for the Power Industry[J]. Kami-pa-gi-kyō-shi, 2018, 72（3）:271-276.

[15] CHAI X，HOU B，PING Z，et al. INDICS: An Industrial Internet Platform[C]//2018 IEEE SmartWorld，Ubiquitous Intelligence & Computing，Advanced & Trusted Computing，Scalable Computing & Communications，Cloud & Big Data Computing，Internet of People and Smart City Innovation（SmartWorld/SCALCOM/UIC/ATC/CBDCom/IOP/SCI）. IEEE, 2018.

[16] WANG J，XU C，ZHANG J，et al. A collaborative architecture of the industrial internet platform for manufacturing systems[J]. Robotics and Computer-Integrated Manufacturing，2019.

[17] WANG C，SONG L，LI S. The Industrial Internet Platform: Trend and Challenges[J]. Strategic Study of Chinese Academy of Engineering，2018，20（2）: 15-19.

工业互联网安全

近年来，随着工业控制系统从封闭迈向开放，放眼全球，工控安全事件频发，工控系统安全防护能力严重不足的问题日益凸显，各国对工业互联网安全的重视程度逐步提高，我国也陆续出台了相关政策，推进工业互联网安全建设，提升工业互联网的安全保障能力。

根据美国工业控制系统网络应急响应小组（The Industrial Control Systems Cyber Emergency Response Team，ICS-CERT）发布的《ICS-CERT 年度回顾》，自 2010 年以来，发生在工业互联网中的安全事件逐年上升，如图 5-1 所示，这些安全事件涉及制造、通信、能源、供水、市政设施、交通、医疗、信息技术、核工业、化工等各行各业，对工业生产和国家安全造成了严重影响。

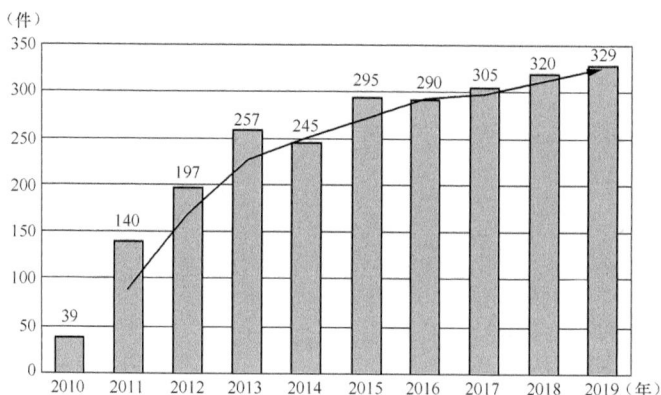

图 5-1　工业互联网安全事件统计

例如，2019 年 6 月，阿根廷因沿海输电系统故障导致全国性停电，同年 7 月，美国因某变电站继电保护系统失灵引起纽约曼哈顿发生大规模停电，委内瑞拉因供电系统遭受网络攻击而引发大规模停电。

2018 年夏天，数据平台管理公司 Level One Robotics 因服务器漏洞及权限设置等问题导致数据被泄露，造成包括通用汽车、菲亚特克莱斯勒、福特、特斯拉、丰田和大众在内的 100 多家制造企业的重要商业机密发生外泄。

2017 年 5 月，勒索病毒 WannaCry 影响了许多国家，入侵了包括中国、美国、英国、俄罗斯等在内的超过 150 个国家的信息系统，造成多个国家的能源、通信等重要行业损失惨重，给国家工业系统甚至是国家安全造成了严重威胁。

2015 年 12 月，黑客入侵了乌克兰电力系统，植入可远程访问并控制工控系统的恶意软件 BlackEnergy，导致电网数据采集和监控系统崩溃，造成了该国超过一半地区断电数小时，影响极为严重。

此外，美国 Kemuri 水务公司系统遭黑客攻击、以色列电力供应系统遭网络攻击、波兰航空公司操作系统被黑等工业安全事件频频发生，此类事件波及范围之广、危害程度之高，已经引起了各国的高度重视。

2017 年 12 月，我国工业和信息化部印发了《工业控制系统信息安全行动计划（2018—2020 年）》，从国家层面对工业控制系统的信息安全保障体系建设做出规划；2019 年 5 月，关键信息基础设施安全保护条例被纳入《国务院 2019 年立法工作计划》；同年 12 月，GB/T 22239—2019《信息安全技术网络安全等级保护要求》（简称"等保 2.0"）正式实施，工业控制系统安全被正式纳入其评测范围。从这些政策法规可以看出，我国高度重视工业互联网的安全问题，并通过制定相关的法规、标准保障工业互联网的安全。

工业互联网产业联盟发布了工业互联网安全框架，如图 5-2 所示，包括设备安全、控制安全、网络安全、应用安全、数据安全等部分，本章将主要从技术层面对工业互联网安全展开讨论，和该框架类似，本章将从网络安全、控制安全、数据安全、设备安全和应用安全等方面介绍工业互联网安全，以期读者对工业互联网安全有一个全面的了解。

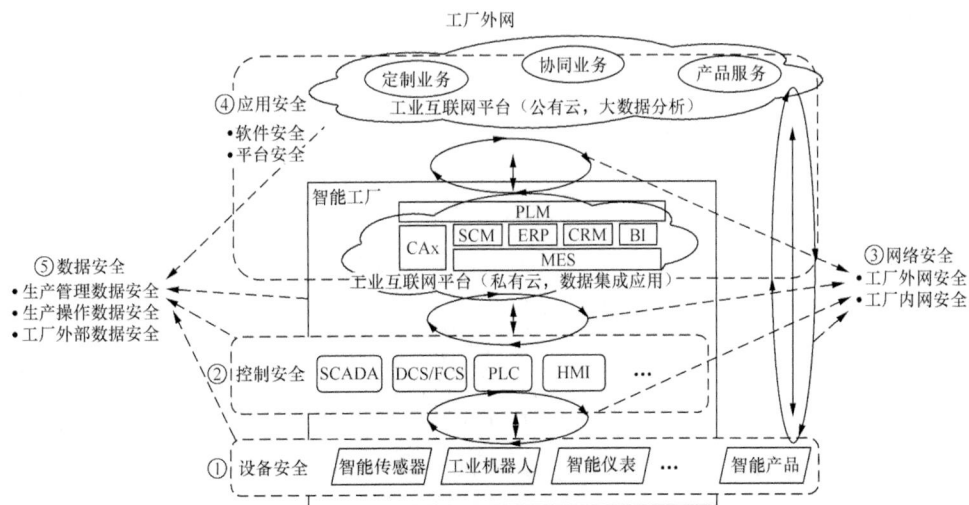

图 5-2　工业互联网安全框架

5.1 工业互联网的网络安全

工业互联网的网络安全是指工厂内部网络以及工厂与外部互联的公共网络之间的安全问题。

5.1.1 常见的网络安全威胁

早期的工控系统与信息技术（Information Technogly， IT）系统没有太多的相似之处，因为工控系统是使用专用硬件和软件、运行专有控制协议的隔离系统。随着工控系统采用 IT 解决方案来实现企业连接和远程访问等功能，并使用具有行业统一标准的计算机、操作系统和网络协议进行设计和实施，工控系统开始和 IT 系统有了一定的相似性。目前针对工业互联网的网络攻击通常结合了多种技术，具体的攻击表现形式包括：拒绝服务攻击（Denial of Service，DoS）、去同步攻击（Desynchronization Attack）、完整性（Integrity Attack）攻击、数据注入（Data Injection）攻击、中间人（Man-in-the-Middle Attack）攻击、重放攻击（Replay Attack）、利用可编程逻辑控制器（Programmable Logic Controller，PLC）程序病毒的攻击、利用勒索病毒的攻击、利用移动介质攻击、账号口令破解、漏洞攻击、利用无线网络入侵、逻辑炸弹（Logic Bomb）、高级可持续性威胁（Advanced Persistent Threat，APT）攻击等。

拒绝服务攻击：是指攻击者在网络中伪造大量数据包，导致工控设备及组件间流量拥塞，造成重要数据丢失，破坏系统的正常运行。

去同步攻击：工控系统中的控制或调度算法一般基于时间驱动，攻击者通过破坏工控设备间的时钟同步，导致基于时间驱动的控制或调度算法失效，使得系统无法持续、稳定地运行。例如，利用 IEEE 1588 精确时钟协议的脆弱性，通过破坏 IEEE 1588 的时钟同步过程达到攻击电力网络的目的。

完整性攻击：攻击者对工控数据进行篡改，破坏数据的完整性，从而影响系统的正常运转。

数据注入攻击：攻击者利用工控协议或工控设备固有的脆弱性，发送错误的控制信息，导致相关组件或工作人员误操作，从而影响工控系统的正常运转。例如，攻击者可通过操纵传感器采集的数据发起恶意攻击，基于相关优化函数取得最大化攻击收益。

中间人攻击：攻击者利用工控协议固有的缺陷，如 Modbus、DNP3 等协议缺乏认证、加密机制，通过伪装成合法的通信实体，与工控设备或用户进行通信，在通信过程中对数据进行拦截、篡改或删除，给工控设备下达恶意指令，破坏生产进程，造成生产事故。

重放攻击：攻击者通过拦截并记录工控设备或组件之间的通信数据，并在一段时间后重放数据包，影响系统的正常运转。

利用 PLC 程序病毒的攻击：攻击者通过控制编程服务器，感染相关程序，使恶意程序随 PLC 程序下发到 PLC 控制设备，篡改 PLC 控制流并将虚假数据发送给 PLC 并输出以防止设备告警。此类攻击难以及时被监测系统发现，但影响巨大，如造成工控现场设备的温度、压力失控而引起重大的安全事故。

利用勒索病毒的攻击：攻击者利用勒索病毒，对工控系统中的文件或数据进行加密而达到某些不可告人的目的。例如，2017 年 WannaCry 病毒大爆发，该病毒可对工控系统中的 IT 系统进行勒索攻击，波及上百个国家，石油、电力、交通等领域受到严重影响。

利用移动介质攻击：当带有病毒的移动介质连接到工程师站或操作员站时，移动介质病毒利用移动介质的自运行功能，启动对相关设备的攻击，进行病毒的自动感染和传播，导致系统性能下降，甚至造成安全事故。

账号口令破解：攻击者利用企业对外开放的应用系统，通过弱口令扫描、密码嗅探、暴力破解等手段获取应用系统的用户账号和口令，取得用户权限，调阅相关数据文件，从而实现进一步攻击。此外，工控系统设备数量多、位置分散，数量有限的技术人员可能需要维护大量的工控设备，有的技术人员安全意识薄弱甚至缺乏基本的网络安全知识，多个设备长期使用相同的密码或者直接采用默认密码，让设备密码形同虚设。

漏洞攻击：攻击者利用工业互联网开放服务的漏洞、工控网络协议的漏洞和工控设备的软硬件漏洞等，渗透工业控制网络，获取生产资料，篡改控制命令，影响生产流程。

利用无线网络入侵：工控设备分布于厂区各处甚至是野外，由于网络基础设施的局限性，通常采用无线网络进行控制信号及生产数据的传输。然而，无线网络一般缺乏足够的安全保护和加密手段，且无线通信信道本身存在噪声、干扰、衰减、时延等问题，很容易成为攻击者的攻击入口，攻击者利用无线网络入侵，进而实现对整个工控网络的渗透和控制。例如，针对分布式控制系统（Distributed Control System，DCS）中工业无线传感网络的攻击。

逻辑炸弹：是指攻击者在工控程序开发过程中，预留在代码中的攻击程序，当某种特定逻辑条件达到时，启动恶意攻击，导致系统运行失常。

高级可持续性威胁攻击：攻击者利用多种攻击手段，以破坏关键设施或阻碍某任务进行为目的，在长时间内潜伏并反复对目标进行攻击，最终达到攻击目的，例如伊朗核电站工控系统遭遇的震网病毒袭击。图5-3展示了APT攻击的几个阶段，一般先通过情报收集找到系统的薄弱环节，然后利用各种技术突破防线，从而建立据点，通过内部渗透进一步实施攻击，直至目标达成，如重要数据资源的窃取等。

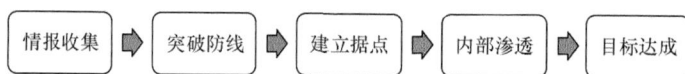

情报收集 ➡ 突破防线 ➡ 建立据点 ➡ 内部渗透 ➡ 目标达成

图 5-3　APT 攻击阶段

通过远程维护访问进行入侵：出于维护目的，从外部访问工控系统是目前一种较为普遍的做法。当维护人员访问一个系统进行维护时，缺乏身份验证和授权以及扁平的网络层次结构使其可以轻松访问其他系统，从而引发安全事件。

技术故障和不可抗力：由于极端的环境影响或技术缺陷而导致的系统故障。

社会工程学：通过非技术操作获得对系统或信息的未授权访问，在这一过程中，人类特征（如帮助、信任、恐惧或对权威的尊重）被利用。在维护工控系统安全方面，工作人员（包括企业内部员工以及所有参与施工或维护的外部人员）占据着特殊位置，安全永远不能仅靠技术措施来保证。

5.1.2 网络安全漏洞挖掘与利用技术

由于信息系统设计和实施时未充分考虑各种临界因素，或者由于系统信息依赖的各种框架、库函数等自身存在不足，信息系统存在多种漏洞，可能被攻击者利用。而在工业控制系统中，漏洞分类如表 5-1 所示。

表5-1　工业控制系统漏洞分类

按设备位置划分	上位机漏洞（操作系统漏洞、应用软件漏洞等）、下位机漏洞［协议漏洞、HMI（Human Machine Interface，人机接口）漏洞等］
按设备类型划分	RTU 漏洞、PLC 漏洞、网络设备漏洞等
按漏洞产生原因划分	缓冲区溢出、数据链路层劫持、固件后门、提权、暴力破解、安全绕过、重放攻击等
按漏洞攻击途径划分	远程服务器漏洞（主要为网络服务漏洞）、远程客户端漏洞（主要为 Activex 控件漏洞）、本地漏洞

针对工业控制系统的漏洞挖掘技术可分为动态测试技术和静态分析技术两大类。动态测试技术是在工控系统运行状态下使用的漏洞挖掘技术，其主流技术为模糊测试技术，一般用于挖掘操作系统、工控协议、Activex 控件等方向的漏洞。静态分析技术则是工业控制系统在非运行状态下使用的漏洞挖掘技术，具体包括静态代码审计技术、逆向分析技术、二进制补丁比对技术等，一般用于挖掘工控固件后门、工控移动应用等方向的漏洞。下面将详细介绍几种常用的漏洞挖掘技术，包括网络流量分析技术、模糊测试技术、静态代码审计、逆向分析技术、二进制补丁比对技术等。

1. 网络流量分析技术

网络流量分析属于漏洞挖掘的基础技术。具体而言，将网络流量进行抓包，交给分析软件进行分析，获取工控系统中各网络节点之间的通信信息，解析当前的网络协议，判断是否有明文传输的数据、提取账号口令等关键信息。

2. 模糊测试（Fuzzing）技术

模糊测试采用黑盒测试的思想，通过向目标输入大量非预期、异常的甚至随机的数据，监控目标的异常结果以发现系统安全漏洞。按照测试数据生成方法的不同，模糊测试可分为基于变异的模糊测试和基于生成的模糊测试：基于变异的模糊测试，其测试数据是将正常运行状态下采集到的数据作为基础样本进行变异获得；基于生成的模糊测试，其测试数据是通过解析目标设备的数据规则来自动生成。

在工业控制系统中，主要针对工业控制协议进行模糊测试，从而发现工业控制协议中的漏洞。首先，需要对工业控制协议的格式进行分析，在深入理解协议的规约特征后，在数据结构、内容、序列等各方面引入异常，构造出测试数据；然后将异常数据发送给上位机服务器或下位机并监控其响应；最后，根据异常响应对测试用例进行回溯分析，定位漏洞。在实际测试过程中，建议对设备最容易发生故障的范围进行密集测试，监测异常响应，动态构造新的测试样本，实现更为高效的漏洞挖掘。

3. 静态代码审计

静态代码审计是指采用静态代码审计工具或人工审查的方式，对软件或系统源代码进行检查分析，发现由源代码缺陷或编码不规范而引发的安全漏洞。通过静态代码审计较容易发现非边界检查函数可能导致的缓冲区溢出漏洞、缺乏输入验证的 SQL 注入漏洞等高危漏洞。但静态代码审计的方法只适用于有源码的工控系统或软件。

4. 逆向分析技术

逆向分析技术主要针对无法获得源代码的应用程序。首先对程序的二进制代码进行反汇编，再进一步分析数据处理算法和流程等，挖掘安全漏洞。在实际操作过程中，因时间和精力的限制，无须对每个软件的每个细节都进行详细分析，而要有所侧重。例如，工控现场设备的监控和设置均通过工程师站的软件实现，那么只需对这部分软件进行逆向分析、挖掘漏洞，就可实现破坏工控现场设备运行的目的。

5. 二进制补丁比对技术

工控系统厂商在发现系统漏洞后，出于安全考虑，可能只提供补丁而并不公布漏洞。二进制补丁比对技术就是利用二进制程序比对工具，通过对比原程序和补丁程序的异同来发现原程序安全漏洞的技术。

5.1.3　网络安全防护技术

现有的安全解决方案旨在处理典型 IT 系统中的安全问题，在将这些解决方案引入工控环境时，必须进行改进以适应特殊的生产环境。工业控制网络安全防护是一个系统工程，仅依靠单个安全产品或单项安全技术无法实现，因此需要通过一系列的安全防护手段构造面向工业信息系统的纵深防御体系。具体而言，首先，使用网络分区隔离技术、工控防火墙等划分网络边界，防止外部入侵；其次，采用漏洞扫描技术、入侵检测技术等发现网络内部异常；再者，通过安全审计等手段进行事后检查修复；最后，使用工控蜜罐技术主动出击，为工控系统增加一道额外的防线。下面将介绍多种常用的网络安全防护技术，包括网络分区隔离技术、边界保护技术、身份认证和授权、访问控制（Access Control）技术、虚拟专用网（Virtual Private Network，VPN）技术、漏洞扫描技术、入侵检测技术、节点强化（Endpoint Hardening）技术、安全审计技术、工控蜜罐技术等。

1. 网络分区隔离技术

在为工控系统部署设计网络体系结构时，通常建议将工控网络与公司网络分开，公司网络允许访问互联网而工控网络则不应允许其访问外部公共互联网，如此一来，公司网络的安全和性能问题将不会影响工控网络。但实际情况下，工控网络和公司网络之间需要连接，此连接存在重大安全风险，必须采取网络分区隔离和边界保护等安全保护措施。

网络分段和隔离的目的是尽量减少无关系统和人员对敏感信息的访问，同时确保组织能够继续有效运作。正确实施网络分段和隔离，将很大限度上减少对敏感信息的访问。可参考 NIST SP 800-82、IEC62443 等国际工控领域指导性文献的深度防御（Defense-in-Depth）架构，将工控网络划分为外部区域集合、控制网络区、企业网络区、远程访问区与生产现场，并在各网络间部署工控防火墙，保护网络免遭外部攻击。

网络隔离可以分为逻辑隔离和物理隔离两种：逻辑隔离即通过加密或网络设备强制实施的逻辑网络分离，如虚拟局域网（Virtual Local Area Network，VLAN）；物理隔离则是采用物理设备防止域之间流量的任何互联，如数据二极管，这些设备物理上缺乏硬件来反向传输数据，从而形成物理分段网络。

2. 边界保护技术

边界保护设备可控制互相连通的安全域之间的信息流，以保护工控网络免受恶意网络攻击以及非恶意错误和事故的侵害。不同的安全域可能有着不同的安全策略，在安全域之间传输信息可能违反一个或多个域的安全策略。边界保护设备是保证这些安全策略实施的关键组件。边界保护设备包括网关、路由器、防火墙、邮件网关等，这些设备通常通过检查数据或关联元数据来确定是否允许数据传输。

3. 身份认证和授权

身份认证是用户或系统验证身份的过程，授权是授予通过身份认证的用户或系统访问权限的过程，授权应基于某些访问控制机制进行。身份认证和授权可用于控制对多个系统（例如 HMI、现场设备、SCADA 服务器）和网络（例如远程变电站 LAN）的访问。工控环境中一般包含了大量系统，每个系统有不同的用户进行访问，如何有效地执行这些用户的身份认证和授权是对工控系统的一个挑战。随着系统和用户数量的增加，员工被添加、删除以及角色发生变化，管理这些账户的过程会变得越来越复杂。

下面将对工控环境中可使用的身份认证形式及其特点进行详细阐述。

（1）密码身份验证

密码身份验证技术根据对设备或请求访问的人应该知道的内容（即密码）进行测试来确定其身份的真实性。密码身份验证方案被认为是最简单、最常见的身份验证形式。

工控环境中的计算机系统通常依赖传统的密码进行身份验证，但这种认证方式却有着许多安全问题。①系统供应商通常为系统提供默认密码，这些密码通常很容易猜测，或系统用户不常更改密码，都会产生额外的安全风险。②密码易被第三方窃听。工控环境中的数据传输协议大多缺乏加密措施的保护，明文的密码传输导致任何网络抓包工具都可以获取密码。此外，在键盘上键入密码很容易被观察或记录，尤其是在对手可能安装微型无线摄像头或击键记录器的区域。③用户输入密码的能力可能会受到当前压力的影响。在发生严重危机需要人工干预来控制流程时，操作员可能会惊慌失措，难以记住或输入密码，如果系统对密码输入错误次数有限制，操作员账户还可能会被锁定，延时对事件做出响应。

（2）挑战 / 响应身份验证

挑战 / 响应身份验证要求服务请求方和服务提供方事先知道机密代码。请求服务时，服务提供方会向服务请求方发送随机数字或字符串作为质询，服务请求者使用机密代码生成唯一响应，如果响应为服务提供方所预期的响应，则证明服务请求者有访问权限。在整个验证过程中，该机密代码无须在网络上公开，因而消除了窃听的风险。此外，如果服务提供方永远不能发送相同的质询，并且接收方可以检测到所有重复，则消除了重放攻击的风险。

在工控环境中，挑战 / 响应身份验证可能并不适用于生产区的控制系统，因为控制网络一般需要快速响应，而该验证方法可能会引入时延。但对于网络服务或工控设备的身份验证（参见 5.4.4 节中的物理不可克隆函数技术），使用挑战 / 响应身份验证比传统的密码方案更可取。

（3）令牌身份验证

令牌身份验证与密码身份验证类似，它是通过测试请求访问的人员拥有的设备所产生的密码来确定其身份的真实性。令牌产生的密码按照当前时间或者使用次数不断地动态变化。某些令牌仅支持单因素身份验证，即只需拥有令牌即可进行身份验证；还有的支持多重身份验证，即除了拥有令牌外，还需要知晓 PIN 码等。

令牌身份验证解决的主要问题是密码的窃听和共享，并且消除了类似于将密码写在操作台上这样常见的安全问题。此外，由于令牌身份验证依托于物理设备实现，一旦令牌丢失，合法用户也将失去系统的访问权限，不会像传统密码一样，用户可能在毫不知情的状态下就已经丢失了密码。

（4）智能卡身份验证

智能卡类似于令牌身份验证，但还提供了一些额外的功能。智能卡上可运行多个程序，以支持楼宇访问、计算机双因素身份验证及公司内部消费等。智能卡一般同银行卡一样大小，且可进行个性化制作，例如印上公司 Logo 或员工照片等。

智能卡本身功能多、成本较低，但若要在工控环境中使用，则需完善相关的管理措施和技术手段，例如发卡及撤销流程、卡丢失 / 损坏的处理方式等。

（5）生物识别认证

生物识别认证技术通过确定请求访问的人的独特生物特征来确定其身份的真实性。可用的生物识别包括指纹识别、面部识别、虹膜识别、语音识别等。生物特征对于个人来说是唯一的，生物识别认证无须人工记忆复杂的机密信息，解决了前述方式存在的丢失或被盗的问题。但生物识别也存在一些问题，包括人类的某些生物特征可能随着时间的推移或因特殊事件影响而改变，需要现场对每个用户进行生物信息录入，而不能像智能卡一样进行批量分发。在工控环境中还可能存在一些特殊的问题，例如，某些员工可能需要佩戴安全眼镜或手套等影响生物信息的扫描、录入、识别，或者某些生物识别设备对环境背景音、湿度等有特殊的要求，但工业现场环境不能满足此类要求。因此，在实际应用生物识别认证技术之前，必须对工业应用环境及安全需求进行仔细的评估，不能盲目使用。

（6）物理身份验证

物理身份认证通过确定请求访问的人拥有的物理设备来确定其身份的真实性。例如，传统的物理锁和钥匙。

4. 访问控制技术

用于指定授权用户、程序、进程或其他系统可以访问的系统资源，访问的形式包括查看、使用、更改特定数据或设备功能。

在工控系统中，建议使用基于角色的访问控制（Role-based Access Control，RBAC）机制。RBAC 技术可以在具有大量智能设备的网络中降低安全管理的复杂性和成本，通过使用角色、层次结构和约束来确定用户访问级别，可以接受员工频繁地更换角色和职责，简化了管理过程。基于角色的访问控制机制遵循最小权限原则为每个角色配置权限，即仅配置每个人工作所需的权限。它可统一管理对工控设备的访问，减少维护单个设备的成本。需要特别指出的是，对于某些情况下因工作需要赋予的临时访问权限，在工作结束后需要及时取消，这一点至关重要。

5. 虚拟专用网技术

VPN 技术就是在公共网络的基础上叠加运行专用网络，实现基于公共网络的加密通信。智能手机、平板电脑、笔记本电脑等便携式移动设备在工控系统中的大量使用，在给工控系统应用和管理带来开放性、便捷性的同时，也给工控系统的安全带来了新的挑战。在工控系统中可利用 VPN 技术保障远程访问过程的安全性，正确的 VPN 配置可以极大地限制对控制系统主机和控制器的访问，美国国土安全部还为此发布了工业控制系统远程访问指导文献。在工控环境中，用于保护控制系统的 VPN 设备应经过全面测试，以验证 VPN 技术是否与应用程序兼容，并且 VPN 的实现不会不可接受地影响网络流量。目前常见的实现技术包括互联网安全协议（Internet Protocol Security，IPSec）、安全套接字层（Secure Sockets Layer，SSL）、安全外壳（Secure Shell，SSH）等，本书不进行详细介绍。

6. 漏洞扫描技术

漏洞扫描技术是指基于漏洞数据库、利用扫描等手段对目标系统或网络进行检测，并发现漏洞的一种安全检测技术。目前国内外均有比较成熟的针对工控系统的漏洞扫描工具，漏洞数据库则可参考中国国家漏洞库、中国国家信息安全漏洞共享平台（China National Vulnerability Database，CNVD）、CVE（Common Vulnerabilities Exposures，通用漏洞披露）、ICS-CERT（美国工业控制系统网络应急响应小组）中的工控系统漏洞。

7. 入侵检测技术

入侵检测技术是通过对系统进行实时监测分析，以发现异常攻击行为的安全技术。传统的网络入侵检测技术已经比较成熟，但由于工业控制网络环境与传统网络环境的差异，使得传统技术不能直接应用于工控系统。

工控系统与传统网络的差异性主要表现在以下两方面：第一，对于连续生产的工业控制系统，需首先保障其可用性，一般不允许随意进行停机重启；第二，工控网络中的数据除了网络流量数据、主机状态数据等传统数据外，还有控制系统模型参数、设备操作命令等工控环境下特有的数据。

目前，针对工控系统的入侵检测方法主要包括误用检测、异常检测和综合检测。

（1）误用检测。误用检测首先分析异常攻击行为，提取行为特征并建立知识库，然后将新的行为特征与知识库中的已有特征进行匹配，即可实现攻击行为检测。误用检测技术对已知类型的攻击有较高的检测率，但对未知攻击的检测能力则较弱。误用检测的具体检测方法包括模式匹配法、专家系统法、基于状态转移分析的检测法等。

（2）异常检测。异常检测首先提取反应系统行为的数据特征，建立系统的正常行为模式，并通过特定的检测算法识别出异常行为，实现攻击检测。异常检测技术可对新型的未知攻击进行检测，但误报率较高。异常检测的具体检测方法包括基于贝叶斯推理的检测法、基于特征选择的检测法、基于贝叶斯网络的检测法、基于统计的异常检测法、基于机器学习的检测法等。针对工控系统的异常检测在大部分情况下是相对容易的。因为工控系统的运行环境、配置参数、运行模式等不会经常改变，一旦建立起标准模式，就很容易发现系统是否偏离了正常值。

（3）综合检测。综合检测即为误用检测和异常检测的结合应用。

检测特征的有效提取及应用是提高检测性能的关键，在实际应用过程中，需要根据工控环境、检测对象、安全目标等的不同，分析提取不同的数据特征。一些可以提取分析的特征列举如下：通信协议特征，包括 TCP/IP 协议特征和工业通信协议特征（如 MAC 地址、Modbus 功能码、协议标志符），通信流量特征，系统工作状态参数（如内存利用率），系统统计数据（如数据包发送 / 到达时间、客户端响应时间），控制系统参数（如 PID 控制参数），系统控制输入 / 输出数据等。

入侵检测系统的性能评价指标一般有检测率（True Positive Rate，TPR）、漏报率（False Negative Rate，FNR）和误报率（False Positive Rate，FPR）。由于工控系统的特殊性，产生误报并进行拦截操作可能影响系统的正常运行而造成比攻击本身更为严重的影响。因此，针对工控环境设计入侵检测系统时需综合考量，在可用性和安全性间达到平衡。

8. 节点强化技术

节点强化旨在缩小节点系统的攻击面，减少节点的潜在威胁。系统的攻击面越小，攻击者发现的潜在安全漏洞就越少，可采取的具体措施包括但不限于禁用未使用和不需要的服务、卸载未使用的应用程序以及删除已安装的示例脚本、程序、数据库和其他文件。以上操作应在节点部署前执行，并在之后定期执行。此外，还可将安全基准配置纳入节点系统的生命周期来减少潜在威胁。首先建立一组安全配置过程（基线），任何计算机系统在启动其生命周期时都可使用这组经过验证的安全设置，然后根据将要在此系统上运行的应用程序，有针对性地进行调整。

9. 安全审计技术

安全审计，即利用技术手段将系统事件记录下来，以供事后的检查、分析、追踪，定位事故责任，进行系统修复，保障系统安全。工业控制系统的信息安全审计技术可作为防火墙、入侵检测技术等的补充，对潜在威胁者进行威慑。工控系统的安全审计可分为上位机安全审计、下位机安全审计和上下位机通信安全审计。其中，上位机安全审计的内容包括移动介质访问记录、设备安全配置记录、工控软件更新记录、账号访问和创建记录等，下位机安全审计的内容包括安全区域划分、访问控制行为、在线状态、安全状态等，上下位机间通信安全审计的内容包括区域间隔离状态、VPN 远程访问、OPC 客户端和服务器通信行为等。

10. 工控蜜罐技术

蜜罐技术是指通过布置诱饵主机或服务，欺骗攻击者对其进行攻击，从而捕获并分析攻击行为，推测攻击意图和威胁源，了解攻击方法和工具，进而探索防御手段，增强安全防护能力。

工控系统蜜罐通过对工控设备和系统进行模拟，诱导攻击者对其进行攻击。工控蜜罐部署在真实系统外，并不影响实际工控系统的业务功能，且能第一时间捕获攻击者的试探性扫描和攻击。工控蜜罐具有以下特点及优势：第一，让防御方提前获取攻击方式，及时部署防御措施；第二，作为又一道安全防线，影响攻击者的判断，延缓攻击者对真实系统的发现及入侵；第三，收集相关攻击数据，用于反向研究攻击者，提供威胁情报，发现潜在威胁。

工控蜜罐应用实例如下。2013 年趋势科技搭建的包含了 SCADA 系统典型安全漏洞的模拟 SCADA 蜜罐设备，在 18 小时后被攻击，并在接下来的一个月时间里，遭受到来自 14 个国家的 39 次攻击。

5.1.4　态势感知技术

态势感知（Situation Awareness，SA）在 20 世纪 80 年代由美国提出，包括感知、理解和预测 3 个层次。10 余年后，随着网络的兴起而发展出网络空间态势感知（Cyberspace Situation Awareness，CSA）。工业控制网络态势感知是传统的网络空间态势感知技术与工控环境相结合，感知、理解工控系统的状态信息，识别并应对工控网络的安全威胁。

工业控制网络的态势感知包括态势感知、态势理解、态势预测 3 个阶段，如图 5-4 所示。其中态势感知包括数据采集等，态势理解包括多源数据分析等，态势预测包括综合分析推理，并预测安全威胁等。

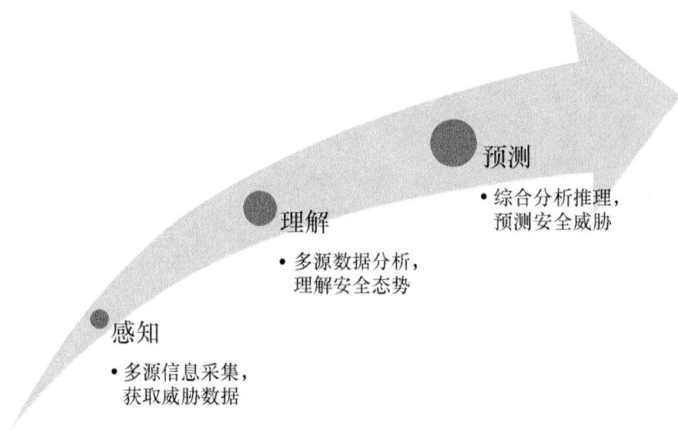

图 5-4　工业控制网络态势感知阶段

在数据采集阶段，即感知阶段，需依靠数据采集引擎采集网络中的信息。可使用的引擎包括资产信息采集引擎、威胁监测引擎、主动探测引擎等，需采集的信息包括设备资产信息（如 PLC、DCS、RTU 等）、工控协议信息（如 Modbus、DNP3、Ethernet/IP 等）、非法外联信息等，采集方式运用主动采集和被动采集相结合的方式，针对不同系统，进行有针对性的数据采集。例如，针对应用 SCADA 系统较多的电力行业，重点采集非法外联信息和外部威胁数据。

在数据分析阶段，即理解阶段，建立工控安全知识库，具体包括工控网络漏洞库、工控系统恶意行为知识库、工业恶意组织指纹库等，构建工控网络安全指标体系，并结合工控设备主动探测技术、威胁监测技术、工控旁路审计技术等形成的数据源，依托机器学习、关联分析等算法，对工控网络的整体安全状况进行综合评估。

在预测展示阶段，提取工控系统的历史数据，结合当前状态，对工控系统运行状态轨迹进行趋势预测，对系统非正常状态进行分级预警，同时进行可视化展示，帮助相关人员理解网络态势并发现潜在问题，辅助决策并提高决策效率，助力建设完善工控网络安全保障机制。

工控网络威胁态势感知各阶段涉及的关键技术列举如下。

1. 工控网络运行态势综合评估技术

运行态势评估是态势感知理解阶段的核心，包括构建评估指标体系和分配指标权重两部分。其中，指标体系中指标的选取具有一定的行业相关性（例如智能电网系统可选取设备安全、运行安全、供电可靠性、电能质量、成本、收益等指标），指标选取完成后，如何将各个独立的指标联系起来，如何采用合理的量纲对各指标进行量化，都是指标体系构建中的难题。在指标权重分配阶段，主要有3 种实现方式，即主观权重法、客观权重法和组合权重法。

2. 工控网络态势预测技术

工控网络安全态势预测的关键是预测模型的建立，目前常用的方法包括神经网络法、时间序列预测法、灰色预测法和支持向量机法。神经网络法具有较好的自学习自适应性和非线性处理能力，且权值矩阵可变，有良好的容错率和稳健性，但其训练时间较长且过度拟合。时间序列预测法具有较高的短期预测精度，且可操作性强，但其建模过程复杂，对模型参数要求高，且该方法忽略事物发展的因果关系，不适合中长期预测。灰色预测法应用简单，无须人工设置参数，但预测结果会忽略原始数据的随机性和不确定性。支持向量机法对高维度问题的建模相对简单，预测精度高，但该方法对缺失数据较为敏感。此外，由于影响工控网络安全态势的因素繁多、网络攻击具有不确定性，单一的模型建立方法难以满足目前的需求，因此一般采用组合的方法进行工控网络态势预测。

5.1.5 工业互联网标识解析安全

工业互联网标识解析是实现工业互联网资源互联互通的重要基础设施，可为工业设备、产品等提供注册解析服务，涉及关系国计民生的众多关键行业，工业互联网标识解析安全与国民经济、国家安全密切相关。2017年，国务院发布《关于深化"互联网＋先进制造业"发展工业互联网的指导意见》将"推进标识解析体系建设"列为主要任务之一，要求"重点突破标识解析系统安全"。

目前，工业互联网标识解析的相关研究刚刚起步，缺乏相关安全的标准，安全保障技术尚不完善，工业互联网标识解析系统面临着标识劫持、重定向攻击、缓存污染、隧道攻击、隐私泄露等各类安全风险，安全挑战不断加剧。工业互联网标识解析系统安全可从节点安全、协议安全、数据安全等几方面着手。节点安全方面，需做好节点可信认证、节点接入授权，同时加强对关键节点的安全防护力度；协议安全方面，可采用国密算法实现协议架构加固；数据安全方面，标识数据数量大且携带敏感信息，因此需对标识数据实施分级、分类管理，加强标识数据隐私保护。

5.2 工业互联网的控制安全

工业互联网的控制安全是指生产控制安全，包括控制协议安全、控制软件安全及控制功能安全等。

5.2.1 控制协议安全威胁及防御

在工业控制系统中，不同的行业或领域都有其特定的一种或几种控制协议，如表5-2所示，如电力领域常使用 Modbus、Profibus、DNP3、IEC 等协议，交通领域常使用 MOXA NPORT 系列协议和 iLon_SmartServer 协议等。

表5-2 各行业或领域的特定协议

行业或领域	协议
电力	Modbus、Profibus、DNP3、FF、IEC 系列等
交通	MOXA NPORT 系列、iLon_SmartServer 等

续表

行业或领域	协议
油气	Modbus、Profibus、DNP3、MOXA NPORT 系列等
供水	Modbus、Profibus、DNP3、GE-SRTP 等
楼宇控制	Profibus、MOXA NPORT 系列、Tridium Niagara Fox、BACnet 等
制造业	FF、Profibus、CC-link、DeviceNet 等
轧钢	GE-SRTP 等
重电设备	MELSEC-Q 等

1. 控制协议的脆弱性分析

工业控制协议在设计之初定位应用于与互联网隔离的环境，因而缺乏必要的安全防护机制，导致协议本身存在一系列的安全隐患，如缺乏认证授权机制、数据明文传输等。随着技术的进步，越来越多的工控协议开始与以太网协议结合，在提升可用性和易用性的同时，也引入了以太网协议的安全漏洞，而遭受如 Smurf 攻击、Idle Scan 攻击、Arp 欺骗攻击、网络窃听、中间人攻击、重放攻击等。由于已有许多文献资料对以太网协议的漏洞进行了详细的讨论，本节将略去此部分内容，仅选取几种有代表性的工业控制协议，重点讨论协议自身的安全隐患。

（1）Modbus 协议

Modbus 协议的安全问题包括以下几点。

① 缺乏认证机制。无法判断收到的信息是否来自合法的用户，所有的控制命令均会被执行。在 Modbus 协议中，只要是拥有合法地址的攻击者，均可使用功能码建立一个 Modbus 会话，发送恶意控制命令，扰乱生产过程。

② 缺乏授权机制。Modbus 协议没有对用户进行分类和权限划分，也就是任意一个用户都可以执行任何操作，这带来了极大的误操作风险和内部攻击隐患。

③ 缺乏加密机制。Modbus 协议采用明文方式传输地址和命令，通信数据极易被捕获和篡改，攻击者可由此识别通信设备、篡改操作命令等。

④ 功能码滥用。Modbus 功能码提供了数据访问、异常响应、设备标识读取等功能，是控制命令的核心。一旦被攻击者滥用，则可能用于获取敏感设备信息、非法重启设备等。目前，功能码滥用是导致 Modbus 网络异常的一个重要

因素。

⑤ 可编程性。利用 Modbus 协议的可编程性，可将恶意代码注入 PLC 或者 RTU。

⑥ 缺乏广播抑制机制。串行 Modbus 协议缺乏广播抑制机制，若攻击者频繁发送无意义的命令，则串接的设备都将收到信息，从而可能引发 DoS 攻击。

（2）DNP3 协议

传统的 DNP3 协议与上述协议类似，同样存在缺乏认证、授权、加密等安全问题。不过，DNP3 协议还有 DNP3-Sec 和 DNP3-SAv5 两个安全版本。两种安全协议均加入了认证、授权、加密、完整性校验等安全机制，其中，DNP3-Sec 协议侧重链路层安全加固，DNP3-SAv5 协议侧重应用层安全加固。尽管如此，它们仍然具有一些安全隐患，例如，存在数据篡改、重放、欺骗、缓冲区溢出等安全漏洞，难以抵抗中间人攻击。

（3）OPC 协议

OPC 协议与前述协议不同，它是基于 Windows 操作系统，Windows 系统的漏洞、主机安全问题等均会影响到 OPC 的安全，具体如下。

① 服务器安全问题。攻击者可伪造一个 OPC 服务器来进行消息监听、服务干扰、恶意代码注入等。

② 授权机制隐患。由于工业互联网环境下更新升级困难，许多系统仍在使用，如 LM、NTLM 等不安全的授权机制。

③ 弱口令。OPC 依赖 Windows 的授权机制，而大量 OPC 主机常使用弱口令，是目前较为严重的安全隐患之一。

④ 多余的端口与服务。许多系统默认启用与工业任务无关的 Windows 服务器，导致许多非必要的端口开放，给攻击者带来可乘之机。

2. 基于工控协议的防御技术

基于工控协议的防御技术包括：网络隔离＋协议防火墙技术、协议入侵检测技术、协议蜜罐、协议漏洞管理、深度分组检测技术、协议安全评估等。

（1）网络隔离＋协议防火墙技术

网络隔离需取得协议相关的所有设备清单，对其进行安全域划分，具体可划分为外网区、内网区、生产区、非军事区等。在各安全域间部署协议防火墙，同时，针对各特定协议，结合网络隔离技术、端口过滤技术、白名单机制、数据二极管技术等，有效地隔离外部攻击，保证协议数据安全。

（2）协议入侵检测技术

工控协议入侵检测技术包括基于行为的检测、基于机器学习的检测、基于模型的检测和其他检测方法。基于行为的检测通过解析工控协议、行为数据和系统状态等，建立如白名单等检测规则。基于机器学习的检测通过解析工控协议、行为数据和系统状态等得到所需的训练集，使用决策树、神经网络、贝叶斯分类器等，得出检测模型。基于模型的检测首先对工控协议进行建模，通过对比实际数据与模型预测数据间的差异来进行检测。此外，由于工业控制系统的结构复杂、参数众多，学者还提出了基于当前状态签名的入侵检测技术、自适应网络拓扑变化的入侵检测技术等。

（3）协议蜜罐

协议蜜罐通过模拟工控协议，捕获并分析攻击者的攻击行为，为防御体系的构建提供参考。关于蜜罐技术的定义和特征，可参考 5.1.3 节的相关部分。

（4）协议漏洞管理

基于漏洞数据库扫描并发现漏洞，及时更新补丁。漏洞数据库则可参考中国国家漏洞库、中国国家信息安全漏洞共享平台、CNVD、CVE、ICS-CERT 中的工控协议漏洞。

（5）深度分组检测技术

深度分组检测技术广泛应用于协议安全分析。深度分组检测技术以流为基本研究对象，从流数据中提取如流大小、流速率等特征，从而判断一个流是否正常。该技术包括流特征选择、流特征提取和分类器 3 部分，相关算法有 BIF（Best Individual Feature）、MIFS（Mutual Information Feature Selection）、MIFS-U（Mutual Information Feature Selection-Uncertainty）、FCBF（Fast Correlation-Based Filter）等。

（6）协议安全评估

协议安全评估是指通过收集和分析工控协议行为数据，判断是否存在针对协议的攻击。具体评估方法包括基于协议模型的安全评估、基于异常的安全评估、基于聚类分析的安全评估、基于中间件的安全评估等。

（7）工控协议安全改进

针对工控协议的安全改进主要通过加密技术实现，包括节点加密和端到端加密。节点加密是通过在节点处连接一个密码装置，数据在经过每个节点时都需要在密码装置内进行解密和再加密，数据在链路和节点上均为密文。端到端加密只在源节点和目的节点进行加密，传输过程中消息始终以密文形式存在，更易实现。

5.2.2 控制软件安全威胁及防御

1. 控制软件的安全威胁分析

随着硬件可靠性的提高和冗余技术的应用、软件功能复杂度的提高及现代社会对软件依赖程度的增加，工控系统的安全问题更多地集中到了软件层面。然而，软件设计、开发、测试、安全验证等过程的不规范使得软件的安全性难以得到有效的保障。

工业互联网中的控制软件包括数据采集软件、组态软件、过程监督与控制软件、单元监控软件、过程仿真软件、过程优化软件、专家系统等。工业控制软件目前面临的安全风险包括以下几类。

（1）软件设计缺陷带来的安全隐患

一方面，早期的工控软件大多应用于封闭的内网环境，设计阶段并未考虑安全需求，也就没有相应的安全机制，以至于在工业系统进入互联网时代后，难以应对网络环境变化带来的安全风险。另一方面，软件设计也是由人来完成的，设计阶段的不规范、设计人员缺乏安全相关知识，以及风险因素考虑的不全面都可能引入安全隐患。

（2）软件实现过程带来的安全隐患

在程序员进行软件开发的过程中，一些不严谨的实现方式可能给系统引入高危漏洞。以工控软件中的组态软件为例。组态软件是指用户按照功能需要，选择功能模块进行组合，实现对自动化设备的监控和管理、对传感器数据的采集和处理等，而无须重新编写代码，如 PLC、DCS 等均可称为工控组态软件。由于组态软件中有大量的数据读写操作，若在相关代码部分对数据长度格式等没有严格的校验，则攻击者可能通过发送精心构造的数据包引发程序异常甚至引起缓冲区溢出。

（3）安全机制形同虚设

在软件安装运行过程中，由于现场人员缺乏安全知识，并未启用或错误使用软件提供的一些安全机制，如使用弱口令、为所有用户都赋予最高权限等。

（4）高权限运行带来的高风险

仍以工控软件中的组态软件为例。由于在工控系统中，对数据采集的实时性要求高且多为长期采集，组态软件一般会以守护进程或系统服务等形式运行于上位机中，不论是守护进程还是系统服务，其运行权限都较高，若此时组态软件被攻击者攻破，攻击者则可能以高权限执行操作，对部分或整个系统造成巨大的破坏。

（5）补丁更新不及时带来的安全隐患

由于工控系统大多对实时性有较高的要求，在工控系统运行的过程中，不允许随意进行更新重启。即使相关厂商及时发现了系统漏洞并发布了补丁程序，但由于生产的需要，可能补丁程序没有及时地部署，从而给攻击者带来了可乘之机。

2. 控制软件的安全防御

通过以上对工控软件的安全威胁分析可知，工控软件的安全防御需要多方着手，从全生命周期保障其安全。每当设计部署新的控制软件前，必须花时间解决安全性问题。如果在部署之前没有足够的时间和资源来保护系统，以后则更不太可能有足够的时间和资源来解决安全性问题。

在国际标准 IEC 61508 中，对安全相关系统进行了理论和技术的总结，相应的中国国标为 GB/T 20438 电子 / 电气 / 可编程电子安全相关系统的功能安全。参考 GB/T 20438 第 3 部分《软件要求》，结合工业互联网产业联盟提出的《工业互联网安全框架》，将工控软件的安全防御方法总结如下。

（1）规范软件设计开发过程

在软件设计之前，首先应参考相关标准形成安全功能要求文档，并进行明

确的责任划分。在设计阶段，应依照相关要求
选择适当的软件结构，也可称作功能描述或功
能设计规范。在开发实现阶段，应选择合适的
工具和编程语言，可参考标准 GB/T 20438 第
3 部分的附录，编程过程中遵循既定的编程规
范。在开发完成后，应依照安全功能要求对软
件的安全性进行逐条验证。同时，以上每个过
程均需形成规范化的文档，如图 5-5 所示，将
安全融入软件开发的全生命周期。

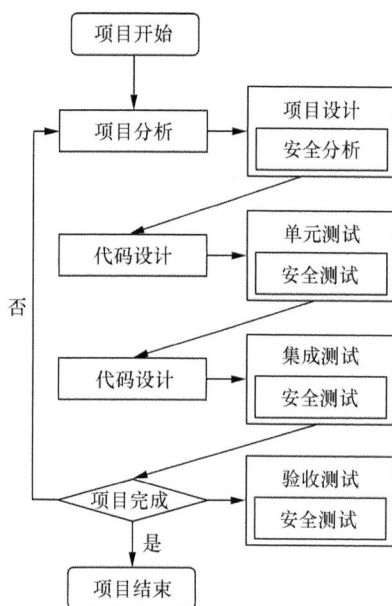

图 5-5　将安全融入软件开发全生命周期

（2）软件防篡改

采用完整性校验措施对工业控制软件进行
校验，对部分代码进行加密，及时做好相关程
序的备份工作。

（3）认证授权

工业控制软件应具备认证授权机制，例如，基于角色的访问控制机制。

（4）最小化原则

遵循最小化权限原则进行功能实现，例如，关闭可能被利用的非必须端口或
服务等。

（5）恶意软件防护

安装恶意代码防护软件，如病毒防护软件、入侵检测软件、入侵防御软件等，
并及时对其进行更新。还可采用白名单机制，构建可信环境，抵御恶意攻击。

（6）补丁更新

及时更新控制软件的补丁程序。但需要特别注意的是，补丁更新前，需进行
严格的测试并制定详细的回退计划，以防在更新过程中引入新的更严重的安全问
题。补丁程序对系统或其他软件有不利影响的情况并不少见。例如，补丁程序在
修补漏洞时可能更改操作系统或应用程序的某些设置，导致应用程序失去某些功
能；工控软件供应商可能不再支持旧版本的操作系统，导致其提供的补丁程序并
不适用于当前的系统。

（7）安全监测审计

安全监测审计平台可实现重要操作行为审计、告警日志审计、攻击异常检测等功能。针对控制软件进行安全监测审计，可及时发现网络安全威胁，尽力避免造成重大安全事故，同时为事后调查、取证提供翔实的数据，有利于日后建立更为完善的安全防御体系。

5.2.3　控制功能安全威胁及防御

工业控制系统是一个庞大且复杂的系统，它除了其本身包括的硬件设备和软件系统外，还需工作人员进行操作或维护，同时它又受到物理环境（包括工厂内部环境及外界自然环境）的影响，任何一部分出现问题都可能给控制功能带来安全威胁。那么，为了更好地保障控制功能的安全，现阶段可采取的措施包括但不限于以下几类。

1. 明确物理环境威胁源

明确可能面临的地震、雷电、磁场、风暴、爆炸、火灾、毒气等自然灾害及人为灾害，评估当前设备及系统对上述事件的检测、抵抗及应急处理能力。

2. 明确软硬件安全威胁

结合生产过程及工艺、硬件设备状态、质量管控等评估当前的软硬件问题，明确可能出现的事故（如元器件失效、程序故障等）、事故危险程度、安全影响，确定需要采取的预警机制、数据收集机制、诊断机制和恢复机制等。

3. 明确人员安全威胁

明确操作人员在操作过程中可能产生的合理、可预见的误操作，以及恶意攻击人员可能进行的恶意操作，确定当前系统对上述两类操作的检测和处理能力。

5.3　工业互联网的数据安全

工业互联网的数据安全是指保护管理数据、操作数据、用户数据等各类数据的安全，包括数据机密性保护、完整性保护等。

5.3.1 数据安全的威胁与挑战

工业互联网数据包括在工业生产及管理过程中所产生、采集、传输、存储和使用的所有数据。工业数据一般具有较高的敏感性，可能涉及商业机密甚至国家机密，对工业数据的破坏或窃取可能造成严重的经济损失甚至威胁国家安全。因此，工业数据的安全保护刻不容缓。然而，工控网络从传统封闭的工业内网发展到工业互联网，使工业数据存在的范围发生了根本性的改变，给数据安全保护带来了巨大的挑战，加之虚拟化等平台技术的应用，进一步加大了工业数据的保护难度。工业互联网中数据安全面临以下威胁和挑战。

1. 数据隐私泄露

工业控制系统大多结构复杂，数据传输方式多样，各类信息系统深度融合，导致数据在传输、使用、存储、共享等各个阶段均可能发生数据隐私泄露。例如，无线智能传感器、智能仪表等智能终端的广泛应用，工控数据的明文传输，缺乏身份认证机制，数据访问没有严格的权限控制等，都可为攻击者提供可乘之机，引发数据隐私泄露问题。数据在使用、存储、传输状态下可能遇到的数据泄露风险如图 5-6 所示。

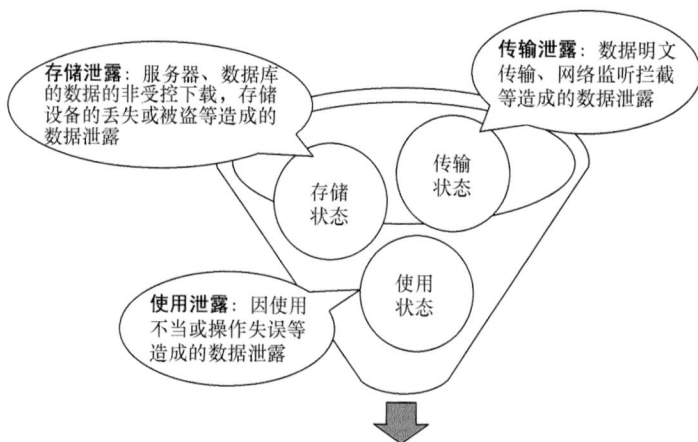

图 5-6　数据泄露的途径

2. 虚假数据注入攻击

在智能电网中，为保障电力系统安全可靠地运行，需要在系统各处布置测量节点持续采集传输功率等数据，并通过状态估计分析获得电力系统的运行状态，以优化调度决策、进行安全校正等。2009 年，Liu 等首次提出了虚假数据注入攻击（False Data Injection Attacks，FDIA）的概念，攻击对象就是智能电网的状态估计模块。研究表明，若攻击者掌握了系统拓扑信息矩阵并控制了所有的测量单元，那么虚假数据攻击就可以绕过系统监测，任意改变状态估计结果，影响系统调度，危害系统安全。由于此类攻击的隐蔽性和严重危害性，使其得到了广泛关注和深入研究。图 5-7 为智能电网中虚假数据注入攻击示意图。

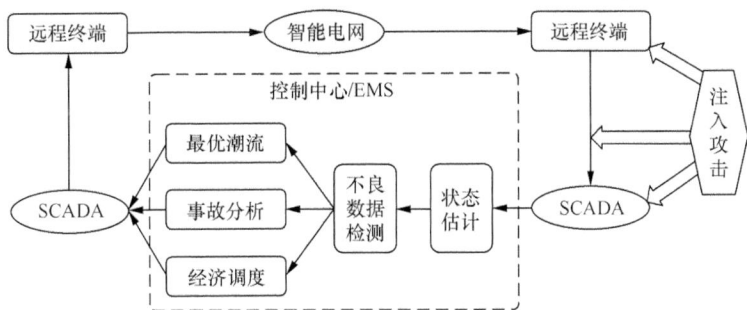

图 5-7 智能电网中虚假数据注入攻击示意图

3. 针对云平台的攻击

工业云平台的应用可帮助企业提高生产效率、降低管理维护成本、优化服务等，但新技术的运用也会带来新的安全问题。例如，工业数据迁移到云平台后，数据拥有者丧失了对数据的实际控制权，使得数据的完整性和隐私性难以得到保证。此外，工业云平台中，云计算资源共享，使其容易遭受跨虚拟机的非授权访问攻击。

5.3.2 数据安全存储与传输技术

在《工业控制系统信息安全防护指南》的"数据安全"一节中指出，"对静态存储和动态传输过程中的重要工业数据进行保护，根据风险评估结果对数据信息进行分级分类管理。"即对重要的工业数据应进行加密存储、加密传输，使用 VPN 等方式进行隔离保护，实施访问控制，进行风险评估并建立和完善数据分级分类管理制度。应"定期备份关键业务数据"，即对关键的业务数据，如配置文件、生产数据、工艺参数等，应定期备份。

在传统的计算机网络中，数据安全主要考虑机密性（Confidentiality）、完整性（Integrity）和可用性（Availability），且三者的重要性依次降低，然而，在工业互联网环境下，工业系统的连续性和实时性才是第一要务，需要保证工业系统的正常运转。因此，数据安全的重要性排序也变为了可用性、完整性和机密性。

图 5-8 展示了数据安全在传统计算机网络和工业互联网中 3 种属性重要性的变化情况。工业控制系统中设备类型多样、型号各异、数量巨大，由此会产生大量的不同类型、不同格式的实时数据，且大部分数据为一次存储、多次读取。因此，

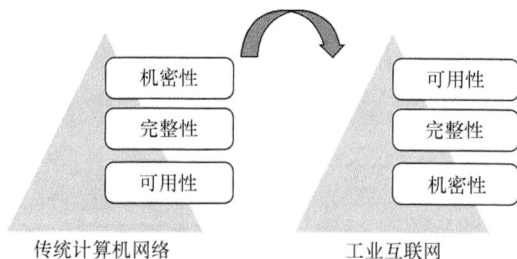

图 5-8　数据安全重要性

在保障工控数据存储和传输安全的同时也需要保证系统的性能和数据查询效率。

1. 数据加密存储与检索技术

实现数据安全存储最常用的方法是进行数据加密，然而，由于工控数据特别是 SCADA 系统的数据，具有较高的采集和存储频率及较大的数据量，传统的集中式加密存储模式难以满足其存储需求，因此，采用分布式的存储模式及相应的加密技术成为必然。

在部署加密之前，首先要确定加密算法是否适用于特定的工控应用程序，在工控环境中使用加密可能会引入通信时延，因为加密、解密和验证每条消息需要额外的时间和计算资源。对于工控系统而言，使用加密或任何其他安全技术引起的任何时延不得降低终端设备或系统的运行性能。加密技术还会引入密钥管理问题，随着工控系统规模的增加，定期更改密钥的过程变得越来越困难。因此，应根据风险评估、所保护信息的价值及系统当前约束条件来选择是否使用、如何使用加密方案。

数据加密存储技术的应用带来了密文检索需求，密文检索技术的分类如表 5-3 所示。结合工控数据的检索需求，一般采用基于密文索引的模糊密文检索。

表5-3 密文检索技术的分类

分类标准	类别	描述
按照密文生成者和检索者是否相同划分	对称可搜索加密（Symmetric Searchable Encryption，SSE）	密文生成者和检索者相同，仅适用与单用户检索场景
	非对称可搜索加密（Asymmetric Searchable Encryption，ASE）	密文生成者和检索者不同，适用于多用户检索场景
按照检索方法划分	基于密文全文的检索	检索效率极低
	基于密文索引的检索	
按照检索匹配精度划分	精确密文检索	对输入内容和格式错误缺乏健壮性
	模糊密文检索	

2. 数据安全传输技术

工业控制系统的传输网络相较于传统的网络系统有着许多限制条件。第一，工业控制现场设备大多基于嵌入式系统开发，内存资源和计算资源有限，处理速度较慢，难以支持复杂度较高的算法。第二，工业控制系统多用于监控生产过程，对组件间数据传输的实时性要求较高，也就是采集到的数据需及时反馈给控制端，控制端下发的控制指令也需及时传达到生产端。第三，工业控制系统中的设备位置分散，通信链路复杂，通信带宽一般较低，传输速率不高且有一定的网络时延。

结合工控系统传输网络的上述特点，针对工业数据安全传输技术的研究主要集中在满足工业实时性和资源受限的轻量级密码算法。轻量级密码算法与侧重安全性的传统密码算法不同，它需要更多地考虑算法执行占用的资源和执行性能，在计算资源、计算效率和安全性间进行权衡。简单来说，密钥长度越长，加密轮数越多，其算法的安全性更强，破解难度更大，反之，安全性更低，但执行效率更高。因此，除了针对资源受限的环境设计全新的轻量级密码算法外，也可以通过减少密钥长度、加密轮数等方法对现有的密码算法进行轻量化，并将其应用于工业控制网络。

5.3.3 数据隐私保护技术

数据隐私，顾名思义，是指个人或团体等不愿意被外部知晓的信息，涉及数据的模糊性、隐私性和可用性。需要特别指出的是，即使对数据进行了访问控制和加密传输存储，保证了通信和访问数据过程的安全，仍有可能面临数据隐私泄露的风险，如在数据加工和使用过程中攻击者利用数据融合技术获取用户隐私等。

图 5-9 展示了协同数据中的隐私保护需求，当数据在产生及存储、加工及使用、传播及管理等过程中均面临隐私泄露的风险，需要有针对性地进行数据隐私保护。

现有的数据隐私技术主要包括匿名化技术、差分隐私技术、数据聚合技术等。

1. 匿名化技术

匿名化是通过技术手段隐藏或模糊数据及数据源。也就是说，即使数据本身是

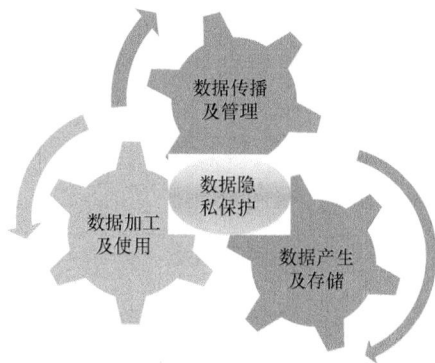

图 5-9 协同数据隐私保护

公开的，但攻击者并不能将数据与某个特定的个体或组织相对应。匿名化技术中常用的操作手段包括抑制、泛化、剖析、切片、分离等。以早期具有代表性的 k-匿名技术为例，泛化后的数据可实现一条数据表示的信息至少和其他 $k-1$ 条数据不能区分。但 k- 匿名策略仅适用于静态数据，也就是说，当出现数据增加或删除时，如果再次采用原来的匿名策略，攻击者可能基于多个版本进行推理，获取隐私信息。因此，学者们又针对该问题提出了支持更新的匿名策略。

2. 差分隐私技术

差分隐私技术是 Dwork 在 2006 年针对统计数据库隐私泄露问题提出的一种隐私保护技术。它是通过向数据集中添加噪声，实际是对敏感数据的保护，同时又不影响数据的统计特征。ε- 差分隐私的定义为：给定数据集 D 和 D'，一个隐私算法 A，Range (A) 为 A 的取值范围。若算法 A 在数据集 D 和 D' 上任意输出结果 $Q(Q \in \text{Range}(A))$ 满足不等式 $\Pr[A(D)=Q] \leqslant e^\varepsilon \times \Pr[A(D')=Q]$，则 A 满足 ε- 差分隐私。其中，概率 $\Pr[\cdot]$ 由算法 A 的随机性控制，隐私预算参数 ε 表示隐私保护程度，ε 越小隐私保护程度越高。与其他的隐私保护技术相比，差分隐私技术的数学基础坚实、隐私保护水平可量化、可抵御最大知识背景攻击，即使攻击者已掌握除某条记录外的所有信息，也不影响针对该条记录的隐私保护。差分隐私保护实现的核心是噪声机制，目前常用的噪声机制包括拉普拉斯噪声机

制和指数噪声机制。目前，已有学者研究并提出差分隐私技术在智能电网数据隐私保护中的应用。

3. 数据聚合技术

数据聚合是指在一定规则下利用计算机对采集到的信息进行分析整合，进而辅助决策或评估的一种信息处理技术。数据聚合技术在工控系统中的应用，可有效降低工控网络中传输的数据量，减少冗余，提高网络性能。例如，在智能电网系统中，对智能电表中采集到的电力数据进行聚合后再传输，电力公司可快速获得多个用户的总电量而不知道每个用户的用电量，既保护了用户的用电数据隐私，又实现了电力公司分析用电数据、优化资源调配的目的。根据具体策略的不同，数据聚合技术可分为基于同态加密的数据聚合、基于扰动的数据聚合及基于数据分片的数据聚合。

（1）基于同态加密的数据聚合技术。同态加密技术的特点是用户对密文进行某项操作得到的一个输出 O_E，将输出 O_E 进行解密得到输出 O_P，O_P 与用户直接对明文进行该操作得到的输出是一样的。那么，利用同态加密这一特性，数据采集设备可使用根节点公钥进行数据加密，中间聚合者在不解密数据的情况下直接对密文进行聚合操作，最后根节点使用私钥对数据进行解密即可得到最终的聚合结果，从而达到隐私保护的目的。

（2）基于扰动的数据聚合技术。该技术通过向原始数据中添加随机干扰来达到数据隐藏的目的。具体来说，可直接使用随机噪声生成随机数添加到原始数据中，也可在传输信道中加入干扰信号形成扰动。但是，此类技术的计算和通信开销较大，对通信网络会产生较大的影响。

（3）基于数据分片的数据聚合技术。该技术利用数据切分，将原始数据切分为多个数据分片，而实现对真实数据的隐藏。但是，此类技术的应用，极大地增加了节点间的通信数据量，还可能导致节点数据丢失等问题，影响聚合结果的准确性。

4. 其他隐私保护技术

数字签名（包括群签名、盲签名和环签名）、证书、零知识证明、承诺方案等技术，在工控系统中，可用于在实现用户身份认证的同时保护用户身份信息。例如，智能电网中，基于零知识证明技术可实现智能电表用户向电力公司证明其用电量数据来自一个合法的用户，但电力公司无法得知该用户的具体身份。此外，针对某些特定行业，还有一些特殊的隐私保护方法。例如，在电力行业，可在用电设备和智能电表间安装蓄电池，用户不用电时蓄电池充电，用户用电时蓄电池放电，由此切断了用电情况和电表读数间的实时关系，从而保护了用户隐私信息。

5.3.4　云数据安全防护

工业云上的数据根据数据形态划分，可分为结构化数据、非结构化数据和半结构化数据。结构化数据包括各企业的门户网站数据、ERP（Enterprise Resources Planning）平台和业务平台的关系型数据库中的数据。非结构化数据包括企业的办公文档、报表、图片及音视频资料等。半结构化数据包括 XML、JSON 文件等。不论是哪类数据，都面临着来自内部和外部的安全威胁，例如，内部人员进行数据外发、运维人员对数据库进行误操作或恶意操作、攻击者对云平台进行攻击而盗取或篡改数据等。针对工业云数据的安全防护，可采用以下措施。

1. 数据隔离与权限管理

工业云平台通常会涉及不同业务平台或不同网络间的数据交换，可采用数据交换平台实现异构数据间的安全交换。同时，采用严格的权限管理机制，实现对用户的操作行为管控，有效减少误操作和恶意操作引起的数据泄露问题。

2. 数据防泄露（Data Leaking Prevention，DLP）

数据泄露防护是指通过一定的技术手段防止数据违反安全策略地流出，具体的实现技术包括内容识别、端口管控和加密，如图 5-10 所示。从目前的研究和应用来看，内容识别技术是数据防泄露的核心技术，具体的检测手段包括正则表达式检测（标识符）、关键字和关键字对检测、文档属性检测、向量分类比对等。针对工业云平台上的数据，尤其是非结构化数据，可使用 DLP 方案来应对数据泄露的问题。

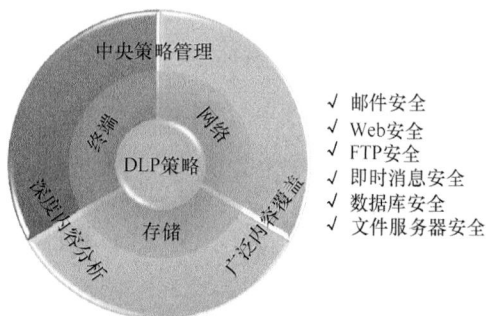

图 5-10　数据防泄露

3．终端接入管控

工业云除了与互联网进行连接实现对外业务外，还需要与生产网络中的各类终端设备进行数据交换，以获取生产状态、调配生产资源、优化生产过程。因此，需要对接入工业云的终端实施严格的接入管控，以防止敏感数据的非受控传输等。

4．数据加密与备份

当数据从企业内部迁移到云平台上时，从本质上说，企业就已丧失了对数据的最终控制权。因此，对云上数据的加密和备份便显得尤为重要。

5．安全审计

工控云平台上，各业务平台的非授权或是越权使用，也可能导致数据泄露。可通过对网络日志、系统日志、业务日志等进行安全审计，以发现工业云上违规操作、恶意操作行为，从业务审计自身的角度解决数据安全的问题。

6．安全评估

通过基于工业云上业务平台的关系、数据的类别和安全分级进行安全评估，可以发现数据传递过程中的可能存在的安全威胁，评估当前安全防护水平，以此制定或完善针对数据安全防护的策略。

5.4 工业互联网的设备安全

工业互联网的设备安全是指工业智能装备和智能产品的安全，包括操作系统与相关应用软件安全及硬件安全等。

5.4.1 设备安全的特点及安全挑战

工业互联网的发展促使现场设备由机械化向高度智能化转变，海量的智能设备暴露在网络攻击之下。目前，大量终端设备中存在命令注入、硬编码等安全漏洞，设备固件可能存在厂商植入的后门，加之大部分组件严重依赖国外厂商，还存在被境外机构操控的风险。此外，部分工控设备部署于野外或某些特殊环境，如图 5-11 所示，面临着高温、高压、腐蚀、强电及盗窃、克隆等安全威胁。针对上述威胁，可采取的安全措施包括固件安全增强、漏洞修复加固、补丁升级管理、硬件安全增强、运维管控等。

图 5-11　特殊环境威胁

许多 IT 人员可能直接将保护传统 IT 资源的方法用来保护工控资源，这也许适用于某些网络基础设施和服务，但对许多工控设备并不适用。这是由于大多数工控设备都是外形小巧的嵌入式设备，只需低配置的内存和 CPU 即可完成工作，有限的资源使得制造商难以在设备上实施耗电的和计算资源要求高的安全控制手段，如身份验证或加密。除了受到资源的限制外，工控设备通常持续运行数十年，不能随意进行更换，若在此期间设计的用以解决安全问题的方案与设备本身不兼容，导致更新升级极其困难。同时，随着时间的流逝，设备本身的老化也进一步增加了安全隐患。因此，工控设备的全生命周期管理也是一个独特的挑战。

5.4.2　物理层安全威胁及防护技术

物理层安全是指利用物理信道的唯一性和互易性，来实现信息加密、用户鉴别等。物理层安全可作为上层安全的补充，增强系统的安全性能。工控网络中的智能设备大多位置分散，一般采用更为灵活的无线组网方式。但因无线传输的广播性和开放性，也使其面临了巨大的安全威胁。下面将重点讨论无线通信网络下物理层的安全问题及其防护技术。

1. 物理层安全威胁

物理层面临的安全问题主要包括消息窃听、干扰辅助攻击、消息伪造及模仿攻击等。下面将介绍各种安全问题。

（1）消息窃听

攻击者通过捕获网络中正在传播的数据以获取合法用户的信息，是物理层中一种十分常见的安全威胁，其实现方式包括主动窃听和被动窃听两种。窃听信道模型如图 5-12 所示，窃听信道模型包括 1 个发送者、1 个接收者和 1 个窃听者，发送者使用编码模块对信息进行编码，然后发送到主信道，接收者通过解码模块将接收到的信号可靠地恢复出正确的信息，而窃听者无法通过其接收到的信号恢复出正确的信息。该模型的目标是保证合法用户正常通信的同时，通过设定信息传输的速率等手段使窃听者无法获取信息，从而保障信息传输安全。

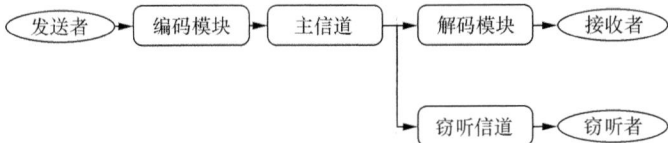

图 5-12　窃听信道模型

（2）干扰辅助攻击

干扰辅助攻击也是一种窃听攻击，与窃听传统消息不同的是，攻击者是采用干扰信号进行窃听，具体实现方式一般有两种。一种是攻击者隐秘传输能量较小的干扰信号，降低信道的保密性能，实现窃听的目的。另一种是攻击者放大干扰信号的能量，使窃听端被误认为是合法监听者，实现窃听的目的。

（3）消息伪造

攻击者在信号传输过程中，通过修改或伪造消息影响正常的信息传输。

（4）模仿攻击

攻击者伪装为合法用户或直接盗用其他用户身份，达到窃取信息的目的。

2. 物理层防护技术

针对上述攻击，物理层安全防护技术主要包括物理层加密技术、物理层密钥管理技术、物理层认证技术、安全编码技术和物理层鉴权技术等，如图 5-13 所示。

（1）物理层加密技术

现有的物理层加密技术多是直接将上层的加密技术应用于物理层，在物理层对数据进行加密和解密操作，而并没有充分利用物理层信道资源本身的特性。

（2）物理层密钥管理技术

无线信道具有唯一性和互易性，即源、目的双方在短时间内获取的信道状态信息是一样

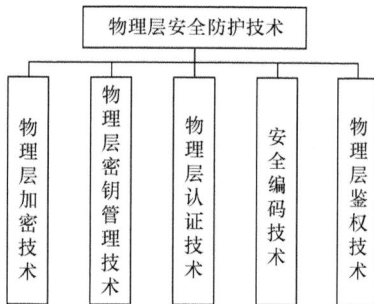

图 5-13　物理层安全防护技术

的，利用此特性，通信双方可以将信道状态作为通信密钥，从而省去了密钥分发和管理的过程。例如，用于正交频分复用系统的基于叠加码的密钥产生方案、基于信道的连续时间相位的密钥生成方案。

（3）物理层认证技术

物理层认证的理论基础来自 Jakes 均匀散射模型。该技术利用无线信道的时空唯一性和在相干时间内的相关性，通过比较连续消息信道响应的相关程度来认证消息源，保证接收到的消息都来自合法的发送者。与传统的加密技术相比，物理层认证技术的计算量低、时延小、通信开销小，十分适用于资源受限的工业控制系统的无线网络环境。例如，将物理层认证技术与数字签名和消息认证码结合，实现智能电网中的单向跨层认证；利用物理层信道响应反映节点位置的特性，将物理层认证技术用于检测智能电网中的恶意节点攻击。

（4）安全编码技术

编码的目的是在保证合法用户可靠通信的前提下，使攻击者在信道状况比合法用户差的情况下，无法通过窃听的方式获得可用信息，可实现保密容量的信道编码称为安全编码。研究表明，稀疏校验矩阵的分组纠错码（Low-density Parity-check，LDPC）、格型编码等很多信道编码经过适应性改变均可达到保密容量，其中，应用最为广泛的是 LDPC 码。

（5）物理层鉴权技术

物理层鉴权技术是指基于物理层信号的细微特性进行设备识别，完成设备鉴权。

5.4.3　节点的物理安全威胁及防御技术

物理安全即是防止有形资产的破坏。工控系统的节点主要面临风、水、雷、电等自然灾害的威胁，设备本身的硬件老化等带来的安全隐患，以及攻击者对设备的物理非授权访问或破坏。对于自然灾害风险的防护，可构造防风、防水、防火、避雷等相对良好的物理环境并部署自然威胁检测与报警系统。对于设备老化等问题，可采用 PHM 等技术来监控设备状态。对于攻击者的物理破坏行为，可以通过将设备部署在一个受控的环境中，还可以采用嵌入式安全技术来监控设备状态，以便及时采取应对措施，可采用的防御技术包括但不限于以下几种。

1. 物理环境安全

在建筑物、设备或其他信息资产周围设置物理屏障，如墙、门、柜子等，建立物理安全边界。服务器、控制器、交换机、路由器等应放置在受控区域，设备放置的方式应符合一定的安全要求，如设备全部放置于机架上，接线应整洁且在机柜内。此外，还应考虑某些设备所处的特殊环境，例如，在处理煤或铁的场所，扬尘可能具有导电性，则应将其置于一个可以隔离扬尘的位置。工控系统中某些设备的电源可靠性也至关重要，因此应提供不间断电源（Uninterruptible Power System/Supply，UPS）。

设置出入控制与访问监控系统。出入控制系统应确保只有经过授权的人员才能进入受控空间，授权验证的方法包括但不限于钥匙、工作卡、识别码（PIN）等。出入控制应遵循最小权限原则，即对受控区域的访问仅限于有需要的人，但控制系统的应用不应影响日常工作或紧急事件的处理。访问监控系统包括摄像机、传感器等识别设备。这些设备并不阻止人员对特定位置的访问，但对整个访问过程进行记录，以备可以追溯取证。

2. 故障预测与健康管理（Prognostics and Health Management，PHM）

PHM 技术以传感器采集的系统数据为基础，依托人工智能等技术手段，监控、诊断、评估系统的健康状况，预测系统故障，并提供维护建议。与传统的定期检修或故障后进行维修相比，PHM 技术的应用可提高系统维修的准确性和系统运行的可靠性，PHM 技术提供的功能如图 5-14 所示，它能保障工业互联网中设备节点的安全。

3. 嵌入式安全技术

嵌入式安全是指将物理攻击检测机制、逻辑攻击检测机制集成到嵌入式系统，用以检测系统安全隐患并采取相应措施。物理攻击检测可检测如器件外壳被打开、器件被移动或外界环境变化等，逻辑攻击检测可检测如系统存储器异常变化等，一旦检测到攻击发生，设备可根据预定方案执行如主动联系管理中心、删除部分数据或密钥等操作。

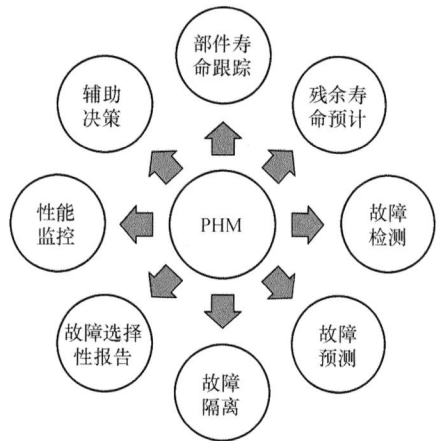

图 5-14　PHM 技术提供的功能

5.4.4　物理不可克隆函数（PUF）技术

PUF 的概念最初是由 Pappu 等人正式提出的，并实现了光 PUF。但由于光 PUF 对设备要求高、应用范围小且集成困难，实用价值不高。随后，Gassend 等人提出了硅 PUF，硅 PUF 可使用数字电路实现且易于集成，使其成为安全领域一个热门的研究方向。

物理不可克隆函数（Physical Unclonable Function， PUF）是基于设备随机性物理差异形成的一种特殊映射关系，可以反映设备的独特属性。当对一个物理实体输入一个激励时，利用其独特的物理构造，可输出一个唯一的不可预测的响应。在工控领域，PUF 技术可应用于身份认证、密钥生成、硬件加密的可计算函数等。PUF 可有效抵御物理克隆的发生，还可在资源受限的设备中降低密钥存储、计算的开销。

一个简单的应用示例就是基于 PUF 实现的设备身份认证，其实现过程主要包括两个阶段。（1）注册阶段，设备生成一个激励响应对，并通过安全的通道存储到服务器数据库。（2）认证阶段，服务器将激励通过不可信的通道发送给待认证设备，设备基于物理不可克隆函数获得响应并返回给服务器，服务器通过与之前存储到数据库的响应值，实现对设备身份的认证。虽然这个认证过程相对简单且缺乏一定的安全性，但将其作为一个基本单元嵌入到某些协议中时，可在一定程度上增加安全性。

5.5 工业互联网的应用安全

工业控制产品结构如图 5-15 所示，包括工业平台、系统软件、应用软件、网络通信等，工业互联网中的应用安全主要包括工业平台安全及应用程序安全。

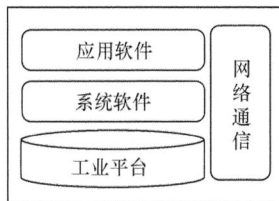

图 5-15 工业控制产品结构

5.5.1 应用安全威胁分析

1. 工业平台安全威胁分析

目前，工业互联网平台面临的安全风险包括账户劫持、数据丢失、泄露或篡改、设备异常接入等。

账户劫持。攻击者利用软件漏洞或钓鱼攻击的手段，劫持账户登录会话，仿冒合法用户获取工业平台访问权限，盗取平台资源。

数据丢失、泄露或篡改。工业互联网平台中存储着大量的企业敏感数据，敏感数据的丢失、泄露或篡改可能造成重大的经济损失甚至危害国家安全。

API 安全风险。工业平台一般会给 IT 人员提供一些 API 接口，供其进行开发、配置、管理等，提供个性化服务。然而，API 接口很容易直接暴露在攻击者面前，成为攻击云平台的突破口。

平台漏洞。由于工业平台上的业务系统共用平台的基础资源，攻击者可利用平台漏洞，耗费较低的研究成本，一次性攻破多个业务系统。

非法设备接入。工业平台涉及大量的智能设备的接入，若工业平台对接入设备缺乏严格的控制，则攻击者可以借助这些智能设备作为攻击跳板，通过攻击智能设备，进一步发起对工业平台的攻击。

恶意内部人员威胁。组织内部的对组织不满且伺机报复的员工、前员工利用其已经掌握的资源，进行系统破解、数据盗取、病毒传播等。

APT 攻击。工业平台涉及许多国家关键行业，其重要性不言而喻，也更容易遭受到别有用心的组织发起的 APT 攻击，常用的 APT 攻击手段如图 5-16 所示。

2. 应用程序安全威胁分析

操作系统曾经是网络攻击的头号目标，不过，随着操作系统安全性的逐步提高，攻击者开始越来越多地关注运行于操作系统上的应用程序。据估计，现在 85% 的网络攻击都是针对应用程序漏洞的。

在工控系统中，我们可将应用程序分为本地应用程序和远程应用程序。本

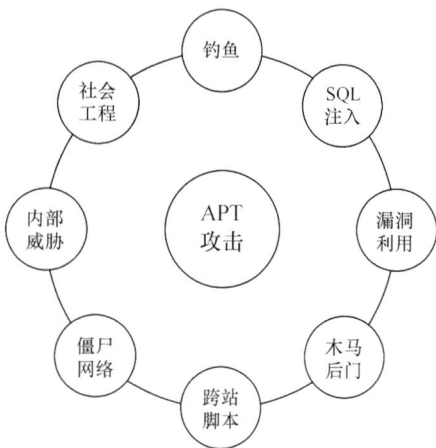

图 5-16　APT 攻击手段

地应用程序一般直接安装在操作人员的设备上，通过工厂内部的无线网络连接到 PLC、RTU 等工业设备，其安全性相对较高。远程应用程序则允许相关人员通过互联网连接到工业设备，面临着更多的安全威胁。对工控应用程序而言，最大的安全风险来自漏洞，应用程序的开发管理的不规范、开发人员利用第三方库或开放源代码组合构建应用程序和服务，都会引入应用程序漏洞。

2015 年，研究人员 Alexander Bolshev 和 Ivan Yushkevich 分析了 20 个设计用于工业控制系统的移动应用程序，当时发现了约 50 个安全问题。两年后，他们又随机选择了 34 家供应商在 Google Play 商店中提供的 SCADA 应用程序，共发现了 147 个漏洞，攻击者可利用这些漏洞发动攻击，影响工业流程。

工业应用程序主要存在以下安全问题。

缺乏代码防篡改机制。若程序缺乏代码混淆机制，攻击者可通过逆向工程发现程序代码中的漏洞，进而实施攻击。或者应用程序缺乏代码防篡改检测机制，被攻击者修改并植入恶意代码的应用程序仍可直接执行。

输入验证漏洞。输入验证漏洞，即应用程序未能在使用之前验证来自用户或应用程序运行环境的输入，攻击者可通过该漏洞强制运行脚本语言的代码段或转发敏感的系统命令，从而触发应用程序的意外行为。这个漏洞在工业应用程序中非常常见。

缺乏安全的授权机制。较为常见的问题是不设置密码或者设置"记住密码"功能。

缺乏安全的数据传输和存储机制。明文传输数据、数据存储于虚拟分区而缺乏访问控制或其他机制的保护。

其他程序漏洞。与传统 IT 系统中的应用程序类似，工业控制应用程序也存在诸如 SQL 注入、缓存区溢出、暴力破解等漏洞。

5.5.2 应用安全威胁防护

1. 平台安全防护技术

对工业互联网平台可采取的安全措施包括安全隔离、认证授权、安全监测与审计等。

安全隔离。安全隔离包括应用间的隔离和用户间的隔离。平台上不同应用间采取安全隔离措施可防止单个应用程序的漏洞扩散影响其他应用程序甚至平台安全。平台上不同用户间采取安全隔离措施，可防止蠕虫病毒等通过平台在不同用户间传播。

认证授权。工业平台上有着不止一个企业的应用程序和数据，只有采取认证授权机制才能保证用户对应用和数据的合法访问。

安全监测与审计。通过实时监测工业平台上程序运行情况、资源使用情况，记录运行参数和日志，自动对其进行分析，实现性能监控、故障检修等，保障工业平台安全平稳地运行。

2. 应用程序安全防护技术

工业应用程序的安全防护核心是漏洞的检测与预防，而漏洞的预防则可以从全生命周期的安全软件开发（Secure Software Development Life，SDLC）的角度展开，在应用程序生命周期的早期集成安全性。由于工控设备对探测和测试的敏感性、严格的停机时间要求等，在应用程序生命周期的早期有着更好地发现漏洞的条件，从而相对轻松地解决这些问题。

图 5-17 展示了应用程序安全防护的系列措施，在不同阶段的安全防护技术分别如下。

应用程序开发前。对开发人员进行培训，进行安全架构设计，规范开发工具及语言等，要求所有开发人员熟悉安全开发标准，知晓源代码漏洞的产生机制和预防措施，从根本上提高应用程序的安全水平。

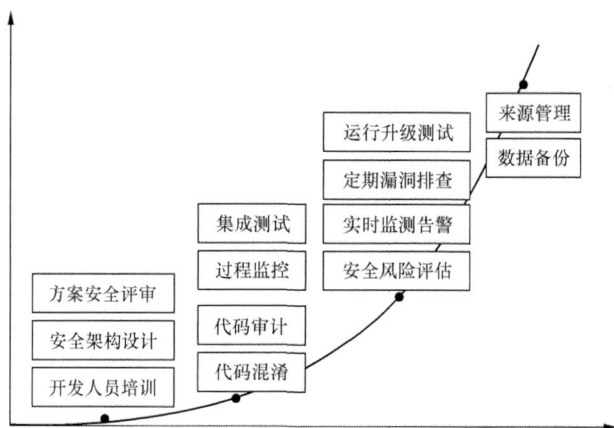

图 5-17 应用程序安全防护

应用程序开发测试阶段。采用代码防篡改机制，具体实施手段有两类，一类是采用代码混淆等方法加大攻击者篡改程序的难度，提高篡改攻击成本；另一类是通过检测篡改事件并采取相应的措施（如禁止程序运行）。执行代码审计，发现应用程序中的功能问题、逻辑问题等安全缺陷，提出相应的修补措施或建议，减少程序漏洞的引入。规范开发测试流程，实施过程监控（如里程碑式监控、全程监控），保障项目有序推进。进行集成测试，保证每个通过单元测试的模块可按照预先设计进行交互，避免高质量模块间发生非预期交互而导致系统失效等问题。

应用程序启动控制。采用白名单机制，禁止在工业环境中启用未经授权的应用软件。

应用程序运行阶段。明确工业控制系统中当前安装并使用的所有应用程序，对其进行安全风险评估并实时监测其运行状况，一旦发现可疑行为立即发出告警或进行阻止。借助专业的漏洞扫描工具定期进行漏洞排查，及时修补。如果无法进行程序修补，则应采取其他防护措施，如添加防火墙规则以阻止对应用程序易受攻击的服务的访问。定期运行升级测试，测试系统能否被正确升级。

此外，还应加强应用程序来源管理，保证应用程序及修补程序均来自于可靠的供应商，同时应采取数据备份等措施，防止应用程序配置文件、控制指令等重要文件丢失。

5.5.3 区块链与工业互联网应用安全

区块链技术是密码学、分布式数据存储、共识机制、点对点传输等多种计算机技术的集成创新，提供了一种在不可信的网络中进行可信信息传输的方式。运用区块链技术可保障工业互联网的数据安全、实现可信共享协作、支撑监管审计、促进安全事件联动响应、提升网络攻击恢复能力。区块链可在多方面与工业互联网应用结合。例如，在工业物流领域，可以打破上下游企业间数据不互信的壁垒，实现整个产业链上企业的互联互通；在智能制造等领域，可以解决设备注册管理、状态监控、生产质量追溯等问题，保障工业互联网的安全和效率。此外，可以运用区块链等系列关键技术加快推进国家工业互联网大数据中心建设，构建完善的工业互联网数据资源管理和服务体系。

技术的发展和进步必然伴随着新的风险，工业互联网作为工业信息系统和互联网技术融合集成的一种新的产业和应用生态，其控制环境更加开放、组网方式更为灵活、工业设备更加智能，也使其面临着新的安全挑战。鉴于篇幅有限，本章仅从网络、控制、数据、设备和应用等方面对其面临的安全风险及防御技术进行了简要介绍。随着安全技术在工业互联网中的广泛应用，必将促进工业互联网安全领域的发展，进而催生新一代的安全技术。

然而，要做好工业互联网安全保障工作，除了安全核心技术的积累，还需要从制度建设、产业支持、人才培养等全局角度出发，建立完善的工业信息安全产业生态，切实保障工业信息的安全。

参考文献

[1] 国家工业信息安全产业发展联盟 . 工业信息安全态势白皮书 [R]. 2017.

[2] 工业互联网产业联盟 . 工业互联网安全框架白皮书 [R]. 2018.

[3] 张尼，刘廉如，田志宏，等 . 工业互联网安全进展与趋势 [J]. 广州大学学报（自然科学版），2019（3）.

[4] YANG Q，DOU A，WEI Y. On time desynchronization attack against IEEE 1588 protocol in power grid systems[C]// 2013 IEEE Energytech. IEEE，2013.

[5] REN，PIN YI，QING He，et al. Fountain-Coding Aided Strategy for Secure Cooperative Transmission in Industrial Wireless Sensor Networks[J]. IEEE transactions on industrial informatics，2016，12（1）:291-300.

[6] LIU Y，REITER M K，NING P. False data injection attacks against state estimation in electric power grids[C]//Proceedings of the 2009 ACM Conference on Computer and Communications Security. Chicago, Illinois, USA:ACM, 2009:21-32.

[7] Dwork C. Differential Privacy[J]. ICALP'06 Proceedings of the 33rd international conference on Automata, Languages and Programming，2006.

[8] 陈雍珏. 基于复合窃听信道的物理层安全问题的研究 [D]. 哈尔滨工业大学，2015.

[9] WEN H，HO P H. Physical Layer Technique to Assist Authentication Based on PKI for Vehicular Communication Networks[J]. KSII Transactions on Internet and Information Systems，2011，5(2): 440-456.

[10] HONG W，Zhang X，LEI C，et al. A novel detection scheme for malicious nodes in smart meter system[C]//2013 IEEE Conference on Communications and Network Security (CNS). IEEE，2013: 379-380.

[11] PAPPU R，RECHT B，TAYLOR J，et al. Physical One-Way Functions[J]. Science，2002，297（5589）: 2026-2030.

[12] GASSEND B, CLARKE D E, DIJK M V, et al. Silicon physical random functions[C]//Proceedings of the 9th ACM Conference on Computer and Communications Security. Washington，DC，USA: ACM，2002: 148-160.

[13] PASCAL Ackerman. Industrial Cybersecurity—Efficiently Secure Critical Infrastructure Systems[M]. Birmingham, UK: Packt Publishing，2017.

[14] 国家工业信息安全发展研究中心 . 工业互联网平台安全白皮书 [R]. 2020.

[15] "工业互联网＋区块链"有望在多个领域实现融合发展 [N/OL]. 人民周刊网，[2019-11-11].

第 6 章

工业互联网标准

随着新一代信息技术与制造业融合发展的不断深入，工业互联网技术正成为制造业创新发展的重要抓手，技术标准化工作的重要性日益凸显。建设工业互联网技术标准体系应以实际需求为导向，以工业互联网应用为驱动，大力推动工业互联网相关技术标准体系的建设及应用推广，推动实现工业经济的高质量发展。

本章 6.1 节介绍工业互联网的标准体系的建设原则及体系架构，6.2 节介绍工业互联网的关键标准化需求，包括工业互联网业务视图、用户视图、功能视图及其标准化需求，6.3 节介绍工业互联网标准的推进路径。

6.1 工业互联网的标准体系架构

为指导和落实工业互联网标准化工作，工业和信息化部、国家标准化管理委员会等根据《国务院关于深化"互联网＋先进制造业"发展工业互联网的指导意见》，组织制定了《工业互联网综合标准化体系建设指南》，加快了建立工业互联网标准体系的相关工作。

《工业互联网综合标准化体系建设指南》主要介绍了目前工业互联网技术的发展现状，以及下一步的建设思路、目标等。指南中提出，要重点研制和推出工厂内网、边缘设备、异构标识互操作、网络资源管理、工业大数据、工业微服务、工业 App 开发部署、安全能力评估等产业发展中最为急需的标准。同时，指南提出需要研制"工业互联网体系架构"等基础共性标准 10 项以上，研制"工业互联网时间敏感网络技术要求""工业互联网 IPv6 地址分配技术要求""工业互联网标识解析体系要求""工业互联网平台功能架构""工业互联网工业 App 要求""工业互联网网络安全总体要求"等总体标准 30 项以上，研制"工业互联网个性化定制分类指南"等应用标准 20 项以上，并推进标准在重点行业、重点企业中的应用。指南提出，预计到 2025 年基本建成统一、综合、开放的工业互联网标准体系，形成上百项工业互联网相关标准，涵盖工业互联网关键技术、产品、管理及应用需求，能够达到并实现这些标准在企业中进行广泛应用，并且与国际先进标准水平同步发展的良好局面。

6.1.1　工业互联网标准体系建设的思路和原则

1. 指导思想

《国家智能制造标准体系建设指南（2018 年版）》指出，针对国内工业界现状，应充分发挥标准体系在推进工业互联网产业健康有序发展中的支撑和引领作用，进一步贯彻和落实《工业互联网发展行动计划（2018—2020 年）》等相关政策文件的工作部署，针对工业互联网标准跨专业、跨行业、跨领域的特点及难点，需要立足行业需求，同时兼顾国际标准体系，建立起一套涵盖基础共性、实际应用等不同类别的工业互联网标准体系。因此，建设工业互联网标准体系的指导思想包括：需要加强宏观指导与统筹规划，加快并创新技术成果向标准体系的转化，强化标准的实际应用与实施，提升工业互联网标准对我国制造业的整体支撑作用，为产业发展保驾护航。

2. 基本原则

在国务院的指导思想下，我国该领域专家共同制定了工业互联网标准体系建设的基本原则。《工业互联网标准体系 2.0》中给出下列原则。

（1）统筹规划，做好顶层设计。建设工业互联网标准体系应加强工业互联网标准体系框架设计，明确标准化过程中的重点领域和方向，有效地指导行业标准、国家标准的上升和转化。

（2）需求牵引，推进产业发展。建设工业互联网标准体系应坚持以应用需求为牵引，强化标准工作的先进性、适用性和有效性，并结合产业共性需求，规划和部署重点领域，并对工业互联网的标准体系进行动态更新。

（3）兼容并蓄，推进国际合作。建设工业互联网标准体系应加强我国工业互联网技术创新成果向国际标准的转化，并充分借鉴国际工业互联网技术和标准化成果，协同推动国际标准研制。

此外，《工业互联网综合标准化体系建设指南》中给出了如下相似的原则。

（1）统筹规划、协同推进。建设工业互联网标准体系应做好工业互联网标准体系顶层设计，明确标准化的重点领域和方向，指导标准化工作分领域同步推进实施，加强工业互联网标准制定工作的整体协调。

（2）共性先立、急用先行。建设工业互联网标准体系应结合产业发展需求，加快基础共性、产业急需标准的制定，实现标准与工业互联网产业发展的同步推进，同时提升标准的先进性、适用性和有效性。

（3）兼容并蓄、合作共享。建设工业互联网标准体系应加强与国际标准化组织、产业联盟等的技术交流与标准化合作，形成产业发展共识，促进国内外工业互联网先进技术成果的应用与共享，鼓励国内外的产业界共同制定标准。

从上述指南文件中可以看出，研制工业互联网标准体系的基本原则主要包括统筹规划、协同推进、重点需求牵引、兼容并蓄、合作共享等。

6.1.2　工业互联网标准体系框架

工业互联网标准体系框架包括基础共性、总体、应用三大类标准，《工业互联网标准体系 2.0》给出的标准体系框架如图 6-1 所示。其中各大类的标准分别包括以下内容。

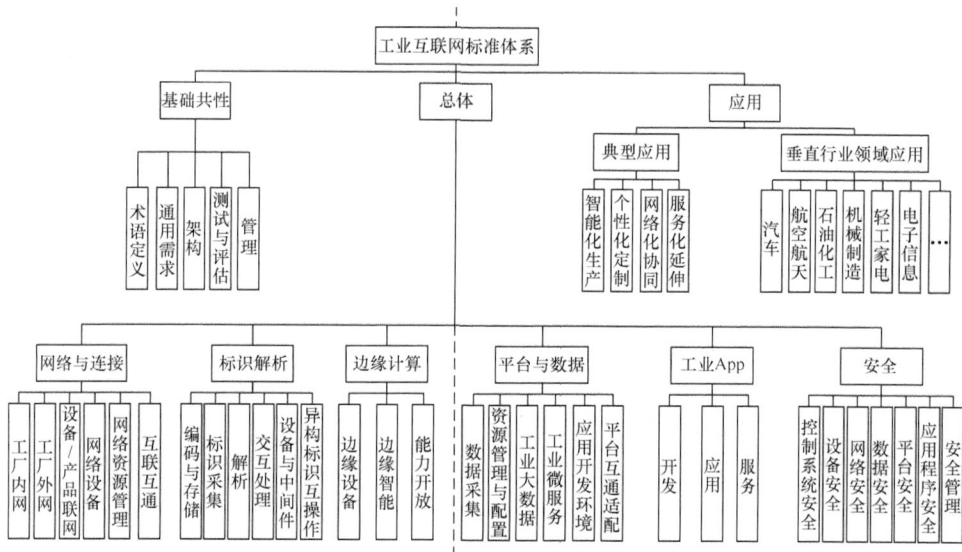

图 6-1　工业互联网标准体系框架

1. 基础共性标准

工业互联网标准体系的基础共性标准主要包括规范工业互联网通用性和指导

性的标准，具体包括术语定义、通用需求、架构、测试与评估、管理等标准。

术语定义标准主要规范工业互联网相关概念，包括工业互联网场景、技术、业务等主要概念的定义、分类、相近概念之间的关系等。

通用需求标准主要规范工业互联网的通用能力需求，包括业务、功能、性能、安全、可靠性和管理等方面的需求。

架构标准包括工业互联网体系架构及各部分参考架构，用以明确和界定工业互联网的对象、边界、各部分的层级关系和内在联系等。

测试与评估标准主要规范工业互联网技术、设备、产品和系统等的测试要求，以及工业互联网应用领域、应用企业、应用项目的成熟度要求，包括测试方法、评估指标、评估方法等。

管理标准主要规范工业互联网系统建设及运行相关责任主体和关键要素的管理要求，包括工业互联网系统运行、管理、服务、交易、分配、绩效等方面标准。

2. 总体标准

工业互联网标准体系的总体标准包括以下几个方面。

网络与连接标准主要包括工厂内网络、工厂外网络、工业设备／产品联网、网络设备、网络资源管理、互联互通等标准。

工厂内网标准主要规范工业设备／产品、控制系统、信息系统之间网络互联的要求，包括工业以太网、软件定义网络、低功耗无线网络、第五代移动通信技术工业应用等关键网络技术标准。

工厂外网标准主要规范连接生产资源、商业资源及用户、产品的公共网络要求，包括基于多协议标签交换、软件定义网络等技术的虚拟专用网络标准，以及基于蜂窝的窄带物联网等蜂窝无线网络标准。

工业设备／产品联网标准主要规范工业设备／产品联网所涉及的功能、接口、参数配置、数据交换、时钟同步、定位、设备协同、远程控制管理等要求。

网络设备标准主要规范工业互联网内使用的网络设备功能、性能、接口等关键技术的要求。

网络资源管理标准主要规范工业互联网涉及的地址、无线频谱等资源使用、管理的要求及网络运行管理的要求。

互联互通标准主要规范工业互联网中跨设备、跨网络、跨域数据互通时涉及的协议、接口等技术要求。

其次，总体标准还包括标识解析标准，其中主要包括编码与存储、标识数据采集、解析、数据交互、设备与中间件、异构标识互操作等标准。

工业互联网标准定义了关于边缘计算的标准，主要包括边缘设备标准、边缘智能标准、能力开放标准 3 个部分。其中，边缘设备标准主要规范边缘云、边缘网关、边缘控制器等边缘计算设备的功能、性能、接口等要求；边缘智能标准主要规范实现边缘计算智能化处理能力技术的相关标准，包括虚拟化和资源抽象技术、分布式计算任务调度、边云协同等；能力开放标准主要规范基于边缘设备的资源开放能力、接口、协议等要求，以及边缘设备之间互通所需的接口等要求。

工业互联网中定义的平台与数据标准，主要包括数据采集标准、资源管理与配置标准、工业大数据标准、工业微服务标准、应用开发环境标准，以及平台互通适配标准等。其中，数据采集标准主要规范工业互联网平台对各类工业数据的集成与接入处理相关技术的要求；资源管理与配置标准主要规范工业互联网平台基础资源虚拟化、资源调度管理、运行管理等技术要求；工业大数据标准主要包括工业数据交换、分析、管理、建模、数据服务等标准。

此外，工业互联网标准定义的工业 App 标准主要包括工业 App 开发类标准、工业 App 应用类标准、工业 App 服务类标准。其中，工业 App 开发类标准用于规范工业 App 参考架构、开发方法、开发平台等相关标准；工业 App 应用类标准用于规范工业 App 的应用需求、应用模式、应用评价等相关标准；工业 App 服务类标准规范了服务于工业 App 生态建设、用于规范工业 App 的知识产权、质量保证、流通服务、安全防护等相关标准。

工业互联网中的安全标准主要包括设备安全、控制系统安全、网络安全、数据安全、平台安全、应用程序安全、安全管理等标准。其中，设备安全标准主要规范工业互联网中各类终端设备在设计、研发、生产制造、运行过程中的安全防护、检测等要求；控制系统安全标准主要规范工业互联网中各类控制系统中的控制软件与控制协议的安全防护、检测等要求；网络安全标准主要规范承载工业智能生产和应用的通信网络、标识解析系统等的安全防护、检测等要求；数据安全标准主要规范工业互联网相关的数据安全防护、检测等要求；平台安全标准主要规范工业互联网平台的安全防护、检测、病毒防护等要求；应用程序安全标准主要规范用于支撑工业互联网智能化生产、网络化协同、个性化定制、服务化延伸等的安全防护与检测要求；安全管理标准主要规范工业互联网相关的安全管理及服务要求。

3. 应用标准

工业互联网标准中的应用标准主要包括典型的应用标准和垂直行业领域的应用标准等。

（1）典型应用标准

典型应用标准包括智能化生产标准、个性化定制标准、网络化协同标准、服务化延伸标准等。其中，智能化生产标准主要包括面向工业企业的生产制造环节制定的通用的业务应用等标准；个性化定制标准主要是面向个性化、差异化客户需求而制定的通用业务应用等标准；网络化协同标准主要面向协同设计、协同制造、供应链协同等场景制定的通用的业务应用等标准；服务化延伸标准是面向产品远程运维、增值服务等典型场景，制定的通用业务应用等标准。

（2）垂直行业领域的应用标准

垂直行业领域的应用标准主要是依据基础共性标准、总体标准和典型应用标准，面向汽车、航空航天、石油化工、机械制造、轻工家电、电子信息等重点行业领域的工业互联网应用，优先在重点行业领域实现突破，兼顾传统制造业转型升级的需求，逐步覆盖更多、更全的制造业领域。

6.2 工业互联网的关键标准化需求

2017 年 11 月，国务院印发了《关于深化"互联网＋先进制造业"发展工业互联网的指导意见》，提出了构建工业互联网标准体系、实施标准研制及试验验证工程，并明确表示将打造平台体系作为主要任务之一。2018 年推出了《工业互联网平台标准化白皮书（2018）》。营造可持续发展的工业互联网平台生态，从而支撑政府、服务产业是工业互联网平台标准化的重要使命。因此，应充分发挥"标准化 + 工业互联网平台"的最大价值，推动互联网和实体经济融合发展。

6.2.1　工业互联网业务视图及其标准化需求

工业互联网业务视图主要梳理平台各相关方共同的业务愿景和应用价值，以构建新型工业基础设施、培育核心竞争力、推动业务转型升级为愿景，实现资源聚集共享、生产管理优化、设备健康管理、协同设计制造、制造资源租用等应用价值。业务视图如图 6-2 所示。

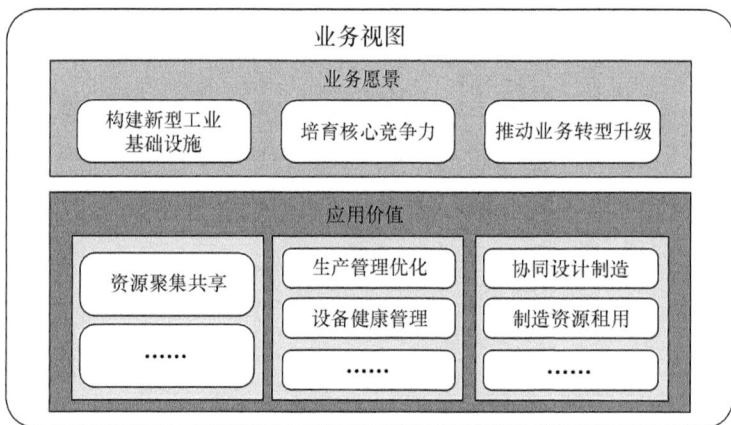

图 6-2　业务视图

工业互联网平台的基础业务愿景是构建新型工业基础设施，通过提供各类资源泛在连接、弹性供给、高效配置的平台，为各类创新应用和新型商业模式提供资源保障。在这个过程中，如何实现资源的开放共享和互联互通等是标准化制定工作的聚焦之处，包括数据资源、制造资源、软件资源、仿真环境资源等的开放共享要求，以及通信协议、数据交换、接口规范等互联互通要求。

工业互联网平台的核心业务愿景是通过工业互联网平台的应用，缩短产品生产周期、提高设备利用率和生产效率等。工业互联网标准化需求主要聚焦在业务流程优化、资源利用等方面，包括制造过程可视化、业务跨平台集成、设备健康维护等。

工业互联网重点支撑的业务愿景是推动业务转型升级，通过互联网平台的应用实现更大范围、更高效率、更加精准的优化生产和服务资源配置。标准化需求主要聚焦在业务协同、增强生产灵活性、提高应变能力等方面。

6.2.2 工业互联网用户视图及其标准化需求

工业互联网用户视图主要梳理平台涉及的各类角色、子角色及对应的业务活动，如图 6-3 所示。

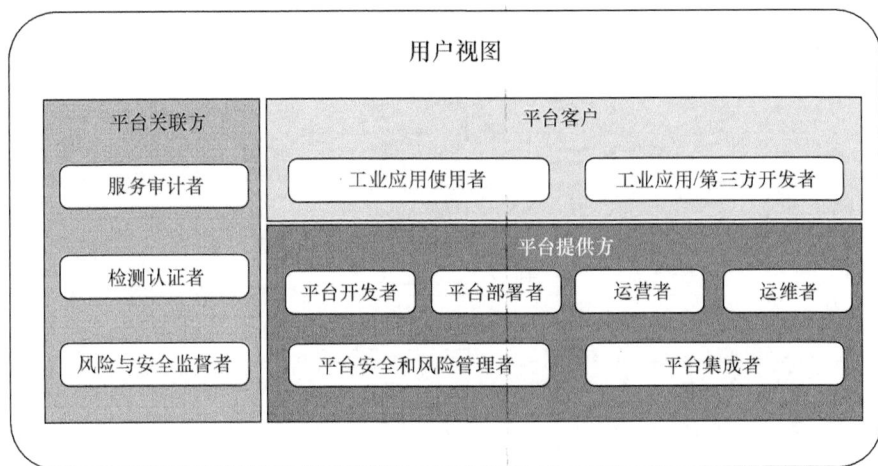

图 6-3 用户视图

平台提供方为平台客户提供工业互联网平台，主要负责平台的运维和安全管理等相关工作。标准化需求主要聚焦在平台的开发、部署、运营、运维、集成、安全、风险管理等方面。

平台客户包含工业应用使用者和工业应用第三方开发者两类子角色。工业应用使用者主要使用工业互联网平台上的工业应用或微服务，用以支撑相关的工业活动；第三方开发者则是基于工业互联网平台上提供的开发工具和开发环境，开发相关的工业互联网应用，提供给使用者使用并创造价值。标准化需求主要聚焦在工业应用开发、平台选型、服务规范、应用指南等方面。

平台关联方一般负责平台的审核和监管。标准化需求主要包括审计的过程规范、相关的技术要求，此外包括度量和测试规范、评估评价规范、风险评估、安全监管等。

6.2.3 工业互联网功能视图及其标准化需求

工业互联网功能视图主要描述工业互联网平台的功能框架、功能组件，及其相关关系，如图 6-4 所示。

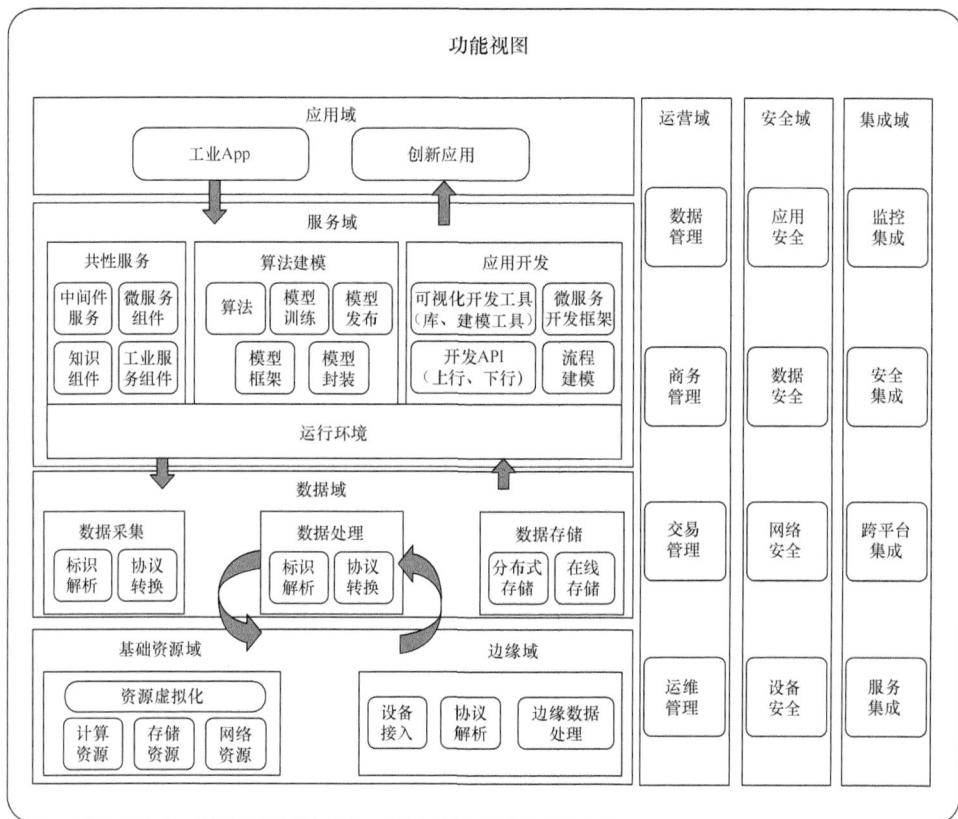

图 6-4 功能视图

基础资源域主要包括工业互联网平台提供计算资源、存储资源和网络资源等。标准化需求主要包括网络和通信管理、设备管理规范、存储、备份、虚拟化技术等，主要聚焦在资源管理、资源虚拟化等方面。

边缘域主要包括工业互联网平台提供工业设备等的管理和接入，标准化需求主要包括接口、协议、互联互通、边缘数据处理等技术，主要聚焦在设备接入、协议解析、数据处理等方面。

数据域主要是对工业互联网平台的数据进行管理，标准化需求主要包括数据采集、接口规范、数据接入规范、数据格式要求、标识解析、协议适配、数据质量、数据治理、数据管理等，其中主要聚焦在数据接入、存储、管理、处理等方面。

服务域为应用域提供共性服务、算法模型、应用开发等基础支撑，标准化需求主要聚焦在微服务框架、基础模型、不同类型的算法、微服务组件等的开发和应用，以及实际部署和使用等方面。

应用域主要面向特定行业、特定场景，提供不同类型的工业应用，标准化需求主要包括工业 App 的需求分析、设计、开发、测试、使用周期，以及在这个过程中的质量要求、产品要求、评估评价要求等，主要聚焦在工业 App 研发和应用等方面。

集成域主要实现工业互联网平台、跨功能域的集成能力，以及跨平台的集成能力，标准化需求主要聚焦在异构消息的转换适配、可移植和互操作等方面，主要包括标识解析规范、平台互操作、数据移植、应用移植等。

运营域主要负责工业互联网平台的日常运营，标准化需求主要包括资源和性能监控、事件跟踪管理、应急管理等运维要求，主要聚焦在平台要素的运维管理和平台运营等方面。

安全域则是主要负责工业互联网平台的安全防护和管理，标准化需求聚焦在应用安全、数据安全、网络安全、设备安全等方面，包括产品服务安全、API 安全等，以及数据的可用性、完整性和保密性等数据安全要求，也包括数据安全传输、访问控制、加密通信等网络安全要求，同时包括网络设备安全、防护产品安全等设备安全要求。

《工业互联网综合标准化体系建设指南》中提到，工业互联网作为新一代信息技术与制造业深度融合的产物，日益成为新工业革命的关键支撑和深化"互联网＋先进制造业"的重要基石，将对未来工业发展产生全方位、深层次、革命性的影响。工业互联网通过系统构建网络、平台、安全三大功能体系，打造人、机、物全面互联的新型网络基础设施，有助于形成智能化发展的新兴业态和应用模式，是推进制造强国和网络强国建设的重要基础，是全面建成小康社会和建设社会主义现代化强国的有力支撑。

《工业互联网网络建设及推广指南》指出，要在工业互联网领域和国际社会保持同步发展，需要建立国际标准、国家标准、行业标准、企业标准和团体标准等的协同推进机制。指南指出需要建立一批工业互联网新技术标准的试验验证系统，开发和推广相关的测量工具，并针对重点行业、重点区域，组织开展工业互联网标准的宣传培训工作。

国家标准化管理委员会、工业和信息化部将持续对工业互联网标准体系进行动态更新及完善，着力于解决我国在工业互联网方面存在的标准缺失、滞后、交叉重复等问题。

6.3　工业互联网标准的推进路径

为贯彻落实《国务院关于深化"互联网＋先进制造业"发展工业互联网的指导意见》，加快工业互联网相关的基础设施建设、各类应用推广，实现工业环境下人、机、物的全面互联，《工业互联网标准体系2.0》中给出了工业互联网标准化推进路径及具体实施建议。

首先，实施工业互联网标准协同推进策略，逐步解决当下标准体系不健全、不统一的现象，顺应标准化改革新方向，构建市场自主建设与政府主导建设的两级新型标准体系。其次，在参考框架与深化平台应用等方面协同推进，同步开展标准创新与成果转化，以达到双向迭代、互促共进的工作格局。同时，以共赢理念为引导，加强国际标准化合作，携手推进标准制定，推动中国标准"走出去"。

我国不断强化工业互联网标准的验证及推广，以市场为驱动，加快创新技术的标准试验验证平台的建设，为应用落地做好部署。因此，为了更好地推进工业互联网标准的制定和实施，本节将介绍部分相关的工作和意见。

6.3.1　工业互联网标准协同推进

当下我国工业互联网平台标准化工作尚处于起步阶段，标准体系还不健全，核心关键标准亟须制定，为了解决当下工业互联网平台各自为战的局面，工业互联网的标准制定需协同推进，为此，可从以下几个方面开展相关工作。

（1）顺应标准化改革新方向，构建新型标准体系，面向平台标准化需求，构建市场自主建设和政府主导建设的两级新型标准体系。市场自主建设标准以市场为导向，旨在提升市场竞争力；政府主导建设的标准是通过制定相关的政策文件，为工业互联网提供基础支撑，促进工业互联网的发展。

（2）参考架构先行，营造标准研制与平台建设互促共进的工作格局。以不同视角对工业互联网平台进行剖析和描述，有助于形成一致的平台架构，指导平台的建设与使用，梳理平台的生态关系。

（3）标准应用服务模式创新，与成果转化同步开展。依靠市场的主导作用，政府的积极推进，以及科研院所的技术支撑和企业应用的实施，推进标准成果转化和标准应用示范，实现标准与应用的协同发展，促进成果的高效转化。

（4）强化融合发展。2020 年 6 月 30 日，中央全面深化改革委员会第十四次会议审议通过了《关于深化新一代信息技术与制造业融合发展的指导意见》，强调要加快推进新一代信息技术和制造业融合发展，顺应新一轮科技革命和产业变革趋势，以供给侧结构性改革为主线，以智能制造为主攻方向，加快工业互联网的创新发展，加快制造业生产方式和企业形态的根本性变革，夯实融合发展的基础支撑，提升制造业数字化、网络化、智能化发展水平，健全工业互联网相关标准。

综上，推进工业互联网标准相关工作，需要以合作共赢为原则，携手推进标准制定。工业互联网涉及工业、通信业和其他产业，涵盖的产业多、领域广，是新一代信息技术与制造业深度融合的产物，要在标准化工作上团结合作，树立合作共赢的理念，协同配合推进标准制定，营造"1+1>2"的效果。

6.3.2　工业互联网标准验证及推广

《工业互联网平台标准化白皮书（2018）》中指出，工业互联网平台标准试验验证是生态体系的重要组成部分，包括推进产业联盟、企业、科研机构等联合建设标准试验验证平台，对标准开展的合理性、完整性进行验证；配套开发和推广仿真与测试工具，增强标准试验验证平台的可操作性；在航空航天、汽车电子、石油化工等重点行业建设行业测试床，推动应用落地。

提升工业互联网平台的核心能力，应增强 5G、人工智能、区块链、AR/VR 等新技术的支撑与验证能力。当前，工业互联网与新技术的融合应用日益深入，覆盖的场景也日趋广泛，涌现出了一批基于工业互联网平台的创新解决方案，显著提升了工业互联网平台的核心能力，拓展了发展空间。为了更好地推广 5G、人工智能、区块链等新技术与工业互联网平台的融合，应建立工业互联网评估体系，定期评估新技术在工业互联网平台的成效，有助于主管部门科学、精准地制定政策，推动我国工业互联网高质量的发展。

因此，在推进工业互联网标准时，需要打造符合市场驱动、技术所需的标准应用推广体系，将标准化工作的成果转化为实践应用的技术，为标准的落地应用做好各项部署。同时，为了促进标准的广泛应用，推动建设一批工业互联网平台工程实训基地，应加快工业互联网人才队伍的建设，通过组织开发者大会、应用创新竞赛，提供经验交流的平台，在体系内实现良性互动，推动对相关标准的验证及推广。

2019 年 1 月 18 日，工业和信息化部印发《工业互联网网络建设及推广指南》，着力构建网络标准体系、加强技术引导，着力打造工业互联网标杆网络、创新网络应用。指南指出了对工业互联网网络标准的制定和推广，其中主要包括建立一批工业互联网网络新技术标准符合性试验验证系统，开发和推广网络测试、测量工具等。

6.3.3 工业互联网标准国际合作与交流

当今世界是一个全球化的世界，工业互联网标准的制定和推广离不开国际合作，国际化的工业互联网标准能够助力中国企业走出国门，搭建资源与需求之间的桥梁和纽带，并使中国企业在国际上拥有更加强大的竞争力。《工业互联网标准体系 2.0》和《工业大数据发展指导意见（征求意见稿）》中对于工业互联网标准的国际化也提出了相关的建议。

首先，应加强与国际标准化组织的交流与合作，定期举办工业互联网标准化国际论坛，组织中外企业和标准化组织开展交流合作，通过参与国际标准化组织、国际电工技术委员会、国际电信联盟等相关国际标准化组织的标准化工作，积极向国际标准化组织输出我国的工业互联网标准，并支持工业互联网产业联盟参加国际会议，在标准、测试床、应用推广等方面开展国际合作。

其次，应促进国际交流合作，打造国际合作示范项目，围绕"一带一路"进行国际合作，推进工业大数据技术、标准、人才培养等不同领域的合作试点示范，培育、支持若干个具有示范性、引领性和标志性的合作项目。同时，应加强国际协调沟通，与相关国际组织、产业联盟和国外的科研机构开展战略合作，推广相关技术、产品、标准和服务，深化国际合作，互利共赢。

目前，我国工业互联网产业联盟已为此做了很多工作，并取得了卓越的成就。2019 年 6 月 28 日，国际电信联盟未来网络与云计算工作组会议在瑞士日内瓦召开，由工业互联网产业联盟理事长单位中国信息通信研究院主导的国际标准《工业互联网网络架构与技术要求（基于未来包交换网络演进）》在会议上成功立项。这个标准的成功立项，不但首次把"Industrial Internet"的概念写入国际标准，开辟了工业互联网国际标准化工作的新领域，而且初步奠定了我国对于工业互联网网络标准研制的主导地位，扩大了国际社会对于工业互联网的认知。同时，中国信息通信研究院提出的工业互联网网络、工业互联网边缘计算等议题被列入 SG13 下一研究期（2021 ～2025 年）的潜在研究方向，为未来 5 年依托 ITU 开展工业互联网网络标准制定铺平了道路。

参考文献

[1] 国务院. 关于深化"互联网＋先进制造业"发展工业互联网的指导意见 [R]. 2017. 11.

[2] 工业和信息化部，国家标准化管理委员会．工业互联网综合标准化体系建设指南 [R]. 2019. 1.

[3] 工业和信息化部，国家标准化管理委员会．国家智能制造标准体系建设指南（2018 年版）[R]. 2018. 7.

[4] 工业和信息化部．工业互联网发展行动计划（2018—2020 年）[R]. 2018. 5.

[5] 工业互联网产业联盟．工业互联网标准体系 2.0 [R]. 2019. 2.

[6] 中国电子技术标准化研究院．工业互联网平台标准化白皮书（2018）[R]. 2018. 2.

[7] 工业和信息化部．工业互联网网络建设及推广指南 [R]. 2019. 1.

[8] 工业互联网专项办公室．工业互联网专项工作组 2020 年工作计划 [R]. 2020. 6.

[9] 中央全面深化改革委员会．关于深化新一代信息技术与制造业融合发展的指导意见 [R]. 2020. 6.

[10] 工业和信息化部．工业大数据发展指导意见（征求意见稿）[R]. 2019. 9.